차별적 사랑과 무차별적 사랑

인과 겸애는
어떤 차이가 있는가?

차별적 사랑과 무차별적 사랑

– 인과 겸애는 어떤 차이가 있는가?

2019년 6월 22일 초판 1쇄 인쇄
2019년 6월 28일 초판 1쇄 발행

지은이 | 정재현
펴낸이 | 김태화
펴낸곳 | 파라아카데미(파라북스)
기획 · 편집 | 전지영
디자인 | 김현제

등록번호 | 제313－2004－000003호
등록일자 | 2004년 1월 7일
주소 | 서울 특별시 마포구 와우산로 29가길 83 (서교동)
전화 | 02) 322－5353   팩스 | 070) 4103－5353

ISBN 979－11－88509-23-2 (93150)

* 이 도서는 2014년 정부(교육부)의 재원으로 한국연구재단의 지원을 받아 수행된 연구입니다. (NRF-2014S1A6A4026198)

* 이 도서의 국립중앙도서관 출판예정도서목록(CIP)은 서지정보유통지원시스템 홈페이지(http://seoji.nl.go.kr)와 국가자료종합목록 구축시스템(http://kolis-net.nl.go.kr)에서 이용하실 수 있습니다. (CIP제어번호 : CIP2019024213)

* 파라아카데미는 파라북스의 학술 관련 전문 브랜드입니다.

* 값은 표지 뒷면에 있습니다.

차별적 사랑과 무차별적 사랑

인과 겸애는
어떤 차이가 있는가?

정재현 지음

파라아카데미

이 책은 유가의 인仁과 묵가의 겸애兼愛를 중심으로 한 몇 개의 글로
이루어져 있다. 이 글들 중의 몇몇은 이전 논문으로 발표되었던 것을
수정해서 실은 것이다. 예컨대, 4.2와 4.3, 그리고 5.1과 5.3이 그것
이다. 물론 그 글들도 원래의 내용을 그대로 전재한 것이 아니라, 이
책에 포함된 다른 내용과의 일관성을 위해 일정 부분 수정을 한 것들
이다.

1장은 서론으로 왜 인과 겸애의 이해가 중요한 것인지의 이유, 즉
이 책의 저술 동기를 적었다. 그것은 단순히 고대 중국의 사상가들인
유가와 묵가를 이해하기 위한 것뿐만 아니라, 이 두 개념이 가진 보편
적 의미 때문에 이들을 파헤치는 것이 현재의 우리 삶에도 도움이 된
다고 보았다.

2장은 인과 겸애를 좀 더 구체적으로 비교하기 위해, 두 부분으로
나누어서 살펴보았다. 첫 번째는 덕성으로서의 인과 겸애의 측면을

다루었고, 두 번째는 사랑으로서의 인과 겸애의 측면을 다뤄 보았다.

　3장은 흔히들 유가의 인을 겸애와 비교하여 개별주의를 지지하는 덕성으로 보는데, 어떤 측면에서 그렇게 볼 수 있는지, 혹은 그렇게 볼 수 없는지를 인이 가지고 있는 예禮라는 관습의 측면, 친친親親과 측은지심惻隱之心이라는 도덕 감정의 측면, 그리고 충서忠恕라는 도덕 원리의 측면을 통해 살펴보았다.

　4장에서는 보편적 관심이라 일컬어지는 묵가의 겸애를 어떤 측면에서 그렇게 볼 수 있는지, 혹은 그렇게 볼 수 없는지를 사랑함(애愛)과 이익을 줌(이利)의 구분, 무차별애로서의 겸애와 통합적 보살핌으로서의 겸애의 구분, 마지막으로 보편universal과 총칭generic의 구분을 통해 탐구하였다.

　5장은 도덕의 토대와 수양의 문제에 초점을 맞추어 인과 겸애의 개념을 살펴보았다. 도덕의 토대를 다룸에 있어서는 『맹자』「등문공상」

에 나오는 일본一本과 이본二本의 문제를 다루었다. 수양의 문제를 다룸에 있어서는 『맹자』「공손추상」의 부동심不動心에 관한 이야기와 묵가와 맹자에서의 사욕의 극복 문제를 살펴보았다. 이 장에서는 주로 도덕성(의義)과의 관계 속에서 언어(언言), 마음(심心), 기운(기氣) 등의 상호 관련성을 탐구하였다.

일련의 글을 완성하고 보니 어떤 면에서 내용이 다소 중복되는 것을 느꼈다. 아마도 각각의 장의 글을 따로따로 완성한 데에 따른 불상사인 것 같다. 그럼에도 이런 중복적 언급이 하나의 논의를 여러 각도에서 바라본 것으로 이해해 주셨으면 한다. 결과적으로 이렇게 미완성의 책을 시장에 다시 내놓자니 정말 얼굴이 뜨겁다. 지난번 부실한(?) 책들을 내면서 정말 앞으로는 후회 없는 책을 내자고 결심했는데, 이번에도 초기의 야심 찬 생각과는 달리 무능력, 게으름, 집중력 부족

등으로 일정에 쫓겨 허겁지겁 책을 내게 되었다. 그런데도 이 책이 나오게끔 도와준 몇몇 분들에게는 감사를 드려야 할 것 같다.

　부족한 스승이지만 늘 곁에 있어 주면서 함께 공부해 주는 학생들과 항상 바쁜 가장을 이해해 주는 가족들에게 무엇보다도 감사를 표한다. 그리고 돈 안 되는 책을 흔쾌히 출판해 주시겠다고 하셨던 파라아카데미 출판사의 김태화 사장님, 그리고 바쁜 일정에도 기꺼이 도와주신 출판사 직원 여러분께 경의를 표한다.

2019년 6월
정재현 배상

■ 내용의 출전 표시 ─────────────────────────

4.2:「墨家 兼愛思想의 의미와 의의 ─ 儒家 仁思想과의 비교」,『유교사상문화연구』57,
    한국유교학회, 2014.

4.3: "Why is loving a thief not the same as loving all men for the Mohists?," Asian
    Philosophy, 28/3, Routledge, 2018.

5.1:「夷之는 二本인가?:『맹자』「등문공상」5장을 중심으로」,『중국학보』58, 한국중국
    학회, 2008.

5.3:「맹자와 묵자에 있어서의 私欲의 조정혹은 극복의 문제 ─ '수양'과 '지성의 운용'」,
    『철학논집』46, 서강대 철학연구소, 2016.

1장

왜 차별적 사랑과
무차별적 사랑인가?

유학의 차별주의에 대한 보편주의의 도전

이 글은 소위 유가의 차별적 사랑인 인仁과 묵가[1]의 무차별적 사랑인 겸애兼愛에 대한 이야기이다. 이 개념들을 다룬 이유는 동아시아 전통에서의 윤리와 정치철학에 있어서 핵심적인 개념들일 뿐만 아니라, 그 보편적 의미 때문에 이들을 파헤치는 것이 현재의 우리 삶에도 도움이 된다고 보았기 때문이다. 특별히 고대 중국의 사상 전통 중에서 가장 대표적인 유가와 묵가가 바로 이 개념들을 중심으로 갈라질 뿐만 아니라, 바로 이 개념들 간의 상호 비판과 상호 영향을 통해 동아시아 사상 전통이 한 단계 성숙되었다고 할 수 있다. 즉 중국에

---

1. 여기서는 유가의 입장을 나타낼 때, 때로는 공자나 맹자와 같이 구체적 인물을 적시하지만, 묵가의 경우는 일관되게 묵가라고 할 것이다. 특히 현행본 『묵자』 8장 ~38장은 전기 묵가가 썼고, 39장~45장은 후기 묵가가 썼다고 가정한다.

서의 유학사상은 그 중심적 위치를 찾아가는 데 있어서 끊임없이 라이벌 학파들에게서 비판을 받고 그에 따라 수정을 하면서 발전하였는데, 그 유가사상의 핵심에 차별적 사랑으로서의 인仁이 있고, 그 비판적 대안으로서 처음으로 등장한 것이 보편적이고 평등적 사랑이라고 할 수 있는 겸애兼愛적 사고였다. 어떻게 보면, 도가의 제물齊物, 명가 특히 혜시의 범애汎愛, 법가의 법法, 나아가 불교의 자비慈悲 등이 공히 유가의 차별주의를 극복하려 한 점에서 겸애적 사고, 보편적 사고의 형태들이라고 할 수 있다.

유가가 후대의 발전과정에서 불교와 천주교와 같은 자신의 라이벌 학파들을 이단으로 몰아가면서 그 이단의 예로 묵가를 지칭하는 것이 반드시 우연적인 것만은 아니었다. 이처럼 인과 겸애의 대비는 단순히 유가와 묵가의 대표적 개념이었다는 역사적 사실에서만이 아니라, 특수(개별)와 추상(보편) 간의 차이와 갈등을 암시한다. 예컨대 인은 특수적(개별적) 보편이고 겸애는 추상적 보편[2]이라는 식이다. 이런 대조는 서구의 윤리·정치 전통에서의 '자연적 미덕'natural virtue과 '인위적 미덕'artificial virtue의 차이,[3] '직접적 보살핌'caring-for과 '간접적 보

---

2. 모종삼은 흥미롭게도 특수·개별과 추상·보편 간의 대조적 차이를 받아들이지 않는다. 그는 헤겔을 따라 '구체 보편'concrete universality의 개념을 강조하며, 그 예로 공자의 인仁과 맹자의 성性을 제안한다. cf. 牟宗三, 『中國哲學十九講』, 牟宗三全集 29, 35쪽. 나는 묵가의 겸애도 '추상 보편'이 아니라, '구체 보편'의 개념으로 더 잘 설명된다고 주장할 것이다. 더욱 정확하게는 '총칭'generic의 개념을 사용한다. 이에 대해서는 본문의 4. 3장을 참조.

3. 흄David Hume은 우리의 덕성을 자애로움benevolence과 같은 '자연적 덕성'natural virtues과 정의justice와 같은 '인위적 덕성'artificial virtues으로 나눈다. 전자가 자연

살핌'caring-about의 차이,[4] 나아가 불평등과 평등의 차이, 개인과 사회의 차이, 심지어 감정과 이성 혹은 이기심과 이타심 간의 차이를 둘러싼 치열한 논전을 연상시킨다. 다시 말해 인과 겸애는 과거 한때, 동아시아 전통에서 의미가 있었지만, 지금은 사라진 개념들이 아니라, 여전히 현대 사회에서도 유의미한 상황을 지칭하는 개념들로 보인다.

구체적으로 살펴보자면, 위에서 예시한 자연적 미덕과 인위적 미덕의 구분은 적어도 미덕이 자연적 본능에 가까운 것으로서의 미덕과 노력을 통해 성취되어야 할 성질이어야 된다는 당위성을 함유하는 미덕을 구분해야 한다는 생각에서 나왔다. 이러한 구분은 불평등과 평등 개념 간의 구분에도 적용될 수 있을 것이고, 그 밖에 개인과 사회, 감정과 이성, 이기심과 이타심, 사私와 공公, 풍습과 법의 구분에서도 발견할 수 있을 것이다. 한마디로 일종의 자연적 혼돈과 인위적 질서(체제, 제도 등) 간의 개념 차이를 가리킨다고 할 수 있다. 이것은 인과 겸애의 구분이 전통적 중국철학에서의 천天(자연)과 인人(인간)의 구분까지 함축할 수 있음을 보여준다.[5] 따라서 인과 겸애의 개념은 구체

적 정서의 "세련되고 완성된" 형태라면 후자는 인간 상호간의 성공적인 협조를 위해 만들어낸 관습에 기초를 둔다. cf. Stephen C. Angle, "Virtue Ethics, the Rule of Law, and the Need for Self–Restriction" in Brian Bruya, The Philosophical Challenge from China, MIT Press, 2015, p. 165에서 재인용. (이후에는 Angle (2015)로 약칭)

4. 노딩스Nel Noddings는 직접 접촉을 하는 '직접 보살핌'과 그렇지 못한 '간접 보살핌' 을 구분한다. cf. Nel Noddings, Caring: A Relational Approach to Ethics and Moral Education, Berkeley: University of California Press, 2013, xiv.

5. 물론 인의 경우가 '자연'에 가깝다는 것은 맹자를 염두에 둔 경우이다. 맹자는 인을

적으로는 고대 중국에서 이상적 인간의 덕성에 대해 논의를 하는 중에 나왔으면서도, 추상적으로는 인간 삶의 차별적 상황과 그런 차별적 상황의 극복이라는 보편적 요구를 반영한 개념이라고 할 수 있다.[6]

최근 동아시아 철학의 연구 경향

앞서 말했듯이, 인과 겸애는 고대 중국에서의 최초의 경쟁학파였던 유가와 묵가의 핵심주장으로, 처음부터 상호 충돌되는 주장으로 여겨져 왔다. 이런 핵심적인 주장을 앞장서서 수행한 양 학파의 대표적 인물이 맹자와 묵자라고 할 수 있으므로 우리의 연구는 자연스럽게 주로 이들을 중심으로 이루어진다. 물론 인은 그 후로도 계속 동아시아에서 핵심적인 역할을 해왔고, 겸애도 그 모습은 바뀌었지만 그 기본적 정신은 계속되어 왔다고 생각하기에,[7] 이들 두 개념이 후대에 미친

인간본성으로 보았기 때문이다. 같은 유가이면서도, 순자는 그렇지 않다.

6. 유학이 반대자들의 보편적 사고를 수용한 것은 강유위의 인학仁學을 소수자 담론과 연결한 다음의 논문을 통해서도 알 수 있다. 정종모, 「소수자 담론으로서 유학의 가능성: 강유위 『대동서』를 중심으로」, 『중국학보』 83, 2018. 오랫동안 UN에서 활동한 강경화 외교부 장관이 한 TV 매체와의 인터뷰에서 정의justice를 유학의 인仁을 연상시키는 '어려움에 빠진 사람들에게 느끼는 일종의 자비심'으로 정의한 것은 정의나 인권 같은 보편적 가치도 다양한 문화적 표현 (구체성)을 가질 수 있음을 보여준다고 하겠다.

7. 겸애의 다른 모습으로 내가 염두에 두는 것은 공평성의 개념과 밀접하게 연결된 의義나 법法의 개념이다. 인仁은 이런 개념에 상대되는 자비mercy 개념을 가리킨다. 인이 동아시아 사상 특징을 잘 나타낸다고 보는 까닭은 그러한 인의 개념이 보편적 합

영향에 대해서도 결론 부분에서 약간은 언급하게 될 것이다. 인과 겸애에 관한 비교연구는 사실 그동안 국내외로 적지 않게 이루어져 왔다. 그런데도 이 책을 덧붙이려는 이유는 이들 개념이 그 중요성에도 불구하고, 상당히 많이 오해되어 왔을 뿐만 아니라, 여전히 충분히 해명되어지지 않았다고 보기 때문이다. 특별히 이들 사상의 현대적 의미, 혹은 철학적 의미에 관한 연구가 많이 이루어지지 못한 것 같다. 게다가 동아시아 철학 일반과 묵가사상에 대한 최근 서구권의 활발한 연구 성과는 이를 반영한 인과 겸애에 관한 새로운 책을 필요로 한다. 이 책은 이러한 요구를 반영하면서 종래의 연구에서 충분히 다루어지지 못했던 인과 겸애의 다양한 측면들을 다루려고 한다.

　　최근의 주목하는 연구는 20세기 중반 이후 서구의 덕윤리virtue ethics의 부활과 함께 시작된 도덕 심리학을 기반으로 하여 진행되는 동아시아 사상에 관한 연구들이다. 서구에서 덕윤리의 등장은 1958년 앤스콤G. E. M. Anscombe이 그의 논문 〈현대 도덕 철학Modern Moral Philosophy〉에서 칸트의 의무론과 공리주의자들의 결과주의 윤리를 비판하면서, 근대 이전의 덕윤리 전통을 새롭게 부각한 이래, 매킨타이어Alasdair MacIntyre의 ≪덕의 상실After Virtue≫를 거쳐 이루어졌다. 최근에 슬로트Michael Slote와 같은 덕 윤리학자들은 단순히 아리스토텔레스의 덕윤리가 아니라, 허치슨Hutcheson이나 흄David Hume의 도덕 감정론을 기반으로 하는 새로운 종류의 덕윤리를 주장하면서, 이를 조심스럽게 유교의 사단과 연결시키고 있다. 도덕 심리학과 유교 윤

리성의 추구보다는 구체적 합리성의 추구를 잘 드러낸다고 보기 때문이다.

리 혹은 동아시아 윤리와의 본격적인 연결은 아리스토텔레스 윤리학에서의 주요 개념인 '의지박약'the weakness of the will의 개념을 통해 유교 윤리에서의 지행문제를 깊이 있게 천착한 저명한 중국학자 니비슨David S. Nivison[8]과 그의 제자들을 통해서 시작되었다고 보아야 할 것이다.

오랫동안 스탠포드 대학에서 고전 중국어와 동아시아철학을 강의한 니비슨과 그의 영향을 받은 아이반호Philip J. Ivanhoe, 신광래Kwong-loi Shun, 밴 노던Bryan W. Van Norden[9] 등의 학자들은 아리스토텔레스의 덕윤리를 중심으로 한 덕윤리학과 도덕 심리학의 성과들을 이용하면서 새롭게 동아시아의 핵심개념들을 살피는 작업을 시작하였다. 이들에 더해 덕윤리의 거장인 슬로트Michael Slote, 그리고 저명한 서양 윤리학자인 플래나간Owen Flanagan과 웡David Wong 등에 의해서 이루어진 비교철학적 작업들도 우리가 주목해야 할 성과들이다. 그들은 동아시아에서 말했던 덕德이 무엇인지, 지행합일知行合一의 의미는 무엇인지, 덕德과 인륜人倫의 관계는 무엇인지, 나아가 감정과 이성의 관계, 다원주의 윤리 등등의 문제를 현대 철학과 심리학은 물론이고 실험 과학의 여러 성과들을 이용하여 해명하고 있다. 이처럼 동아시

---

8. 그의 논문을 모아놓은 책이 바로 David S. Nivison, The Ways of Confucianism, La Salle: Open Court, 1996이다. (이후 Nivison (1996)으로 약칭)

9. 밴 노던의 대표저서 Virtue Ethics and Consequentialism in Early Chinese Philosophy, New YorK: Cambridge University Press, 2007은 유가와 묵가의 사상 차이를 덕윤리와 결과주의의 차이로 바라본다. 나는 그 둘의 차이를 '윤리적 덕'과 '지성적 덕'의 다른 덕을 제시한 것으로 바라본다.

아 덕윤리를 현대의 심리학 혹은 인간의 다양한 심리현상과 연관시켜 보려고 하게 된 것은 동아시아 덕윤리에서 강조하는 덕이 단순히 행위자의 행위에 의해서 성립되는 것이 아니라, 그런 도덕적 행위와 함께 도덕적으로 올바르게 생각하고, 올바르게 느껴야 하는 감정과 성향의 문제이기도 하기 때문이다.

또한 현대의 실험 도덕심리학이나 인지과학과 같은 영역을 통해 인간의 성격이나 품성이 단지 개인의 내면적 영역만이 아니고, 주위 환경을 포섭한 것이라 생각된 점도 이러한 과학적 연구경향을 부추겼다. 즉 어떤 사람이 덕이 있다는 것은 그가 다양한 주위의 환경에 대해서 특정한 반응이나 성향을 보이는 것으로 해석할 수 있다는 것이다. 그것은 한두 개의 행위에 대한 단일한 판단만이 아니고, 우리의 인격을 구성하는 감성이나 의지와 연관이 있고, 어떤 환경에 대한 긍정이나 부정을 함축하는 그야말로 '다양한 경로로 이루어진 성향'multi-track disposition에 대한 판단이라고 할 수 있다. 이처럼 최근 부각된 덕윤리에서는 기존의 규범윤리와는 달리 도덕적 가치가 바로 어떤 동기에서 행동했느냐에 있으므로, 자연스럽게 행위자의 성향과 동기를 문제 삼았던 것이다. 아리스토텔레스의 행복론적 덕윤리와는 달리 흄의 도덕 감정론에 주목한 슬로트Michael Slote가 최근 그의 이론을 조심스럽게 유교 윤리에 적용하고 있는 것도 주목할 만한 사실이다. 도덕 심리학이나 덕윤리에서 덕virtue과 함께 중요한 개념이라고 할 수 있는 '실천지혜'phronesis에 대한 논의도 기존의 의무론자나 공리주의자에 의해 강조된 추상적 이성의 역량과는 다른 구체적 이성의 역량이 도덕적 삶에 있어서 필요하다는 생각에서 가능했다. 이에 관한 연구도 다양한 인간의 심리현상을 규범과 연결시키는 도덕 심리학의 한 작업으로 볼 수 있다. 이 밖에 에임스Roger T. Ames와 같은 일련의 서구 중국학자들은 유교 윤리의 특이성을 지적하기 위해서 유교윤리를 덕윤리가 아니라 이른바 '역할윤리'role ethics로 규정하여 다룸으로써 기존의 유교 덕 윤리주의자들의 해석에 도전하고 있다.

이러한 덕윤리 접근방식의 의의는 윤리의 문제를 단순히 행위가 아니라 행위자에 주목하였다는 것이 아니라, 윤리에 대한 탐구가 단순히 윤리적이고 당위적 차원에서가 아니고, 인간의 감정과 이성 나아가 심신 관계 문제라는 과학적이고 형이상학적 문제까지를 다루게 되는 차원을 열게 되었다는데 있을 것이다. 이런 경향들 하에서 인과 겸애의 덕에 대한 주목할 만한 성과들이 나오고 있다. 예컨대, 니비슨의 덕에 대한 통찰, 의지박약의 문제를 중심으로 한 묵자, 맹자, 순자의 차이성, 신광래의 의義와 심心의 관계를 다룬 글, 앵글Stephen C. Angle의 예와 덕성의 분리가능성, 밴 노던의 충서忠恕와 인仁과의 관계에 대한 논문, 그리고 프레이저Chris Fraser와 로빈스Dan Robins의 겸애와 무차별애의 관계, 데이비드 웡David B. Wong의 맹자와 묵자 등에 있어서의 감정과 이성의 관계, 보편애와 차별애의 관계문제, 김명석의 '관심에 기반한'concern-based 사단해석 등등이 그것이다. 나는 이런 해석들을 충분히 원용함으로써 인과 겸애의 덕을 다루려고 한다.

그 밖에 주목하는 연구는 모종삼에 의해 진행된 윤리적 논리와 정치적 (법적) 논리 간의 차이를 둘러싼 논의이다.[10] 모종삼에 의하면 윤

---

10. cf. 牟宗三, 『政道與治道』, 牟宗三全集10, 臺灣: 學生書局. 특별히 이 책의 3장에

리적 사고는 도덕적 성인의 개별적이고 직관적인 사고를 기반으로 하는 반면, 정치적 (법적) 사고는 어디까지나 공적이고, 객관적 규칙의 수립에 초점을 둔다. 중국의 윤리적 사고가 어떤 추상적 도덕규칙을 따르는 것이 아니라, 일종의 실존적이고 직관적인 성격을 띤다는 것은 사실 모종삼의 독창적인 생각이 아니고, 이른바 모종삼牟宗三, 당군의唐君毅, 서복관徐復觀, 장군매張君勱에 의해 1958년에 이루어진 '중국문화선언'에 담긴 '심성지학心性之學'의 용어를 통해서 이미 표현되었던 것이다.

하지만 모종삼은 이런 윤리적 사고와 정치적 사고의 차이를 지적한 다음, 이 둘의 연결성에 주목하여 이른바 자아감함自我坎陷, self-negation, self-restriction의 개념을 제출하였다. 다시 말해, 윤리적 지식은 과학적 지식이나 정치적 지식과 독립적이지만, 과학적 지식이나 정치적 지식을 추구할 때에는 윤리적 지식을 잠시 부정해야 한다는 것이다. 물아일여物我一如의 양지良知의 윤리적 지식은 임시로 자신을 부정하여 주객분리의 과학적 지식을 추구할 수 있다는 것이다. 앵글Stephen C. Angle은 모종삼의 이런 자아감함 사상을 정치철학 방면에서 수용해서, 자아감함을 개인의 윤리적 추론은 민주제의 법적 혹은 정치적 제도 앞에서 스스로를 제한하는 방식을 취해야 함을 주장하는 것이라고 이해하였다.[11] 나는 이 윤리적 지식이 갖는 개별성과 정치적 (법적) 지

서 모종삼은 윤리의 논리를 '이성의 운용표현運用表現'으로, 법 혹은 정치의 논리를 '이성의 가구표현架構表現'으로 나누어 설명한다.

11. Stephen C. Angle, Contemporary Confucian Political Philosophy, Malden:

식이 갖는 보편성의 차이와 상호 관련성에 대한 수많은 현대의 논의[12]
들이 인과 겸애의 해명에도 도움이 되리라 생각한다.

인과 겸애의 비교를 통해 드러나는 동아시아 사고의 특성

인과 겸애는 각각 유가와 묵가의 대표적 개념으로서 이의 비교는
일단 유가와 묵가의 차이 및 공통성을 해명하는데, 커다란 역할을 할
것이다. 나아가 고대 중국철학은 물론 동아시아 사유의 특성을 볼 수
있는 지평을 제공해 줄 것이다. 다시 말해, 유가의 인과 묵가의 겸애
에 대한 비교는 동아시아 학문의 구체적이고, 실천적 성격은 물론이
고 보편적 성격도 아울러 잘 보여줄 것이다.

흔히들 말하기에 공자는 인을 정의함에 있어서, 어디까지나 각각
의 개인들에게 가장 필요한 덕목을 일러주는 방식을 택했는데, 이것
은 묵가가 여러 사람들을 대상으로 하는 언어를 사용한 것과 대조된
다. 묵가의 유가에 대한 두 가지 비판, 즉 보편주의적 관점과 실용주
의적 관점에 입각한 유가사상에 대한 비판은 유가로 하여금 좀 더 정
교하게 그들의 구체적 도덕성의 개념을 가다듬을 수 있게 하였다고

Polit Press, 2012. 이후 Angle (2012)로 약칭.

12. 예컨대, 자아감함의 개념을 둘러싼 앵글Stephen C. Angle, 챈Joseph Chan의 논쟁이
그것이다. 이에 대해서는 Philosophy East and West, 64/3, 2014에 실린 두 사람
의 논쟁과, Angle (2015) 참조.

할 수 있다. 이 점에서 유가의 공헌이 인仁을 강조한 것이라면, 묵가의 공헌은 일종의 정의justice라고 할 수 있는 의義 개념의 강조라고 보는 것도 가능하다. 흥미로운 것은 묵가의 의義는 유가의 인仁에 비해 사회적 공정성이나 정의의 측면이 있으면서도, 실용성의 개념도 함유하고 있다. 묵가에게 의義는 이利(이로움)와 매우 연결되는 개념이기 때문이다. 묵가가 제시하는 공정성과 실용성의 비판은 유가에 내재화되어 유가가 한 차원 높은 사상으로 거듭나는 데 커다란 도움을 주었다. 나아가 철학적 방법의 측면에서도 묵가는 유가에게 영향을 미쳤는데, 묵가가 강조한 확장(추推)의 논리적 방법을 유가가 윤리적 차원에서 수용했던 것이다. 이 책은 인仁을 강조한 구체적 도덕체계로서의 유학의 이론이 묵가의 보편주의와 실용주의의 도전에 맞서서 보편과 구체, 몸과 마음, 이성과 감성, 개인과 사회와 같은 주요 범주들을 어떻게 효과적으로 처리해 왔는지를 알 수 있게 해 준다. 이로써 우리는 유가와 묵가의 논전을 중심으로 동아시아 사유전통을 보다 체계적으로 이해할 수 있게 될 것이다.

2장

인과 겸애

효孝는 인과 겸애를 가르는 시금석이 될 수 있는가?

인仁과 겸애兼愛는 둘 다 일종의 타인에 대한 사랑 혹은 보살핌(즉 애인愛人)이라고 볼 수 있다. 유가와 묵가와 같은 동아시아 최초의 사유들의 핵심이 타인에 대한 사랑(혹은 보살핌)이라고 하는 것은 흥미롭다. 이는 서구 기독교나 불교와 같은 세계의 주요 전통의 핵심교리도 사랑이라고 표현될 수 있는 사실을 고려해볼 때 더욱 그러하다.[1]

인과 겸애, 두 사랑의 차이에 대해서는 이제까지 흔히들 유가의 인은 차별적 사랑, 묵가의 겸애는 무차별적 사랑이라는 식으로 말해 왔다. 이러한 구분에 따라 차별적 사랑의 하나인 효孝가 이 두 사랑의

---

1. 물론 사랑을 감정으로 받아들이는 서구의 철학 전통 내지 윤리 전통에서는 사랑을 일종의 인간의 탁월성(덕성)으로까지는 받아들이려 하지 않았다는 것도 사실이다.

차이를 결정적으로 드러내는 징표라고 여겨져 왔다. 차별적 사랑을 강조하는 유가에서는 부모에 대한 특별한 관심을 강조하는 효가 중요하지만, 무차별적 사랑을 강조하는 묵가에서는 그렇지 않을 것이라고 생각해 왔다. 사랑은 기본적으로 특정한 사람에 대한 것이고, 즉 차별적인 반면에 윤리는 불특정 다수를 동등하게 대우하라는 요구라고 볼 수 있으므로, 인과 겸애의 충돌을 차별성의 사랑과 무차별성의 도덕의 충돌로 볼 수도 있으리라.[2] 효는 차별성의 사랑에 더 가까운 자연적 감정으로 생각되었으므로 자연스럽게 효는 묵가에게는 받아들여지지 않았을 것으로 생각해 왔다. 그러나 인仁이 도덕과는 별로 관계가 없어 보이는 자연적 감정에만 불과한 것일까? 아니다. 사실 인仁은 통상의 자연적 감정과는 달리 일종의 합리성, 타당성의 개념을 함축하고 있고, 그 점에서 규범적인 것이라 할 수 있다. 인仁이 그저 우리가 가까운 사람에게는 더욱 더 가깝게 느끼는 자연적 감정, 본능적 감정만을 가리키는 것이라면, 왜 인仁이 유가 전통에서 아니 동아시아 전통에서 그토록 중요했을 것인가? 또한 무차별의 사랑을 강조한 묵가에서도 효는 인간의 기본적 가치로 존중되었음을 알 수 있다. 따라서 인은 효를 강조하고, 겸애는 효를 부정한다는 도식은 더 이상 성립할 수 없을 것이다.

---

2. cf. Nina Brewer-Davis, "Loving Relationships and Conflicts with Morality," Dialogue, 52/02, 2013, p. 360. 브뤄-데이비스Brewer-Davis는 사랑의 관계에 포함된 사랑하는 사람과 사랑받는 사람의 공유하는 역사a shared history를 통해 사랑의 관계와 도덕성의 충돌을 완화하려고 한다.

효에 대한 메타적 차원의 해석

여기서는 사랑의 범위나 강도의 차이를 통해 겸애와 인의 차이를 내는 기존의 해석에 대해 도전하려고 한다.[3] 우리가 보는 관점에 따르면 겸애와 인은 그 현상적·대상적 차원에 있어서는 전혀 다를 바가 없고, 따라서 그들 간의 차이는 본질적·메타적 차원에서 찾아져야 한다는 것이다. 다시 말해 겸애를 믿는 묵가와 인을 믿는 유가가 구체적 행동에 있어서는 차이를 발견하기 힘들지만, 그 행동을 바라보는 시선에 있어서 차이를 갖는다고 주장하려고 한다. 묵가는 이런 접근 방식을 지지하는 매우 흥미로운 이야기를 하고 있다:

그것이 그렇다와 그것이 그렇게 된 까닭이 있다. 그것이 그렇다는 것이 같다고 그것이 그렇게 된 까닭이 반드시 같은 것은 아니다.[4]

즉 묵가는 적어도 겉으로 보기에 현상적으로 동일하게 보이더라도, 그것이 그렇게 보이는 까닭이 다를 수 있다는 점을 강조하고 있다. 이

---

3. 따라서 인과 겸애의 차이를 두려는 우리의 시도는 직접적 보살핌과 간접적 보살핌의 구분을 통해 사랑 즉 보살핌의 범위나 강도를 인정하는 노딩스Nel Noddings와는 다른 길을 가는 것이다. 혹은 범위나 강도가 달라지면 그 보살핌의 성격이 달라진다고 볼 수도 있다. 모든 사람을 향한 약한 강도의 사랑 즉 보살핌은 더 이상 보살핌이나 사랑의 감정이 아닐 수 있다. cf. Joel J. Kupperman, Learning from Asian Philosophy, New York: Oxford University Press, 1999, p. 147. (이후 Kupperman (1999)로 표시.)

4. 『묵자』「소취」. "其然也 有所以然也 其然也同 其所以然不必同."

러한 묵가의 생각은 효를 대하는 유가와 묵가의 견해 차이에도 바로 적용할 수 있다는 것이 나의 생각이다. 그 까닭이 다르면 그 본질이 달라지는 것은 불가피하다. 효의 행동을 똑같이 승인한다고 유가와 묵가가 같은 것이 아니라, 효의 행동을 하는 까닭이 같아야 유가와 묵가가 같아진다. 이 효의 행동의 까닭을 제시하는 데에 유가의 인과 묵가의 겸애가 사용되는 것이다. 사실 이러한 생각은 묵가만이 아니라, 유가인 공자나 맹자의 기본적 생각이기도하다. 그들은 행위와 그 행위의 동기를 구별하여, 오직 도덕적 동기에서 나온 행위만이 도덕적 행위라고 주장한다. 맹자의 다음과 같은 구절은 이 점을 잘 드러내 준다.

순은 인의仁義로부터 행한 것이지, 인의仁義를 행한 것이 아니다.[5]

요순堯舜은 (덕성을) 본성으로 하였고, 탕무湯武는 그것을 체득했고, 오패五霸는 그것을 가지고 있는 것으로 가장했다.[6]

즉, 효의 태도나 행동보다는 어떤 맥락이나 관점에서, 혹은 어떤 동기부여를 가지고 그런 태도와 행동을 보였는지가 더 중요하다. 인과 겸애는 바로 이런 공통된 효의 태도나 행동 뒤의 동기의 차이를 설명하는 데 동원될 수 있다. 흔히들 말하듯이 인은 자연적 감정의 확장이라고 하는데, 인간의 자연적 감정, 아니 자연적 감정과 연결된 행위방

---

5. 『맹자』「이루하」. "由仁義行 非行仁義也."
6. 『맹자』「진심상」. "堯舜 性之也 湯武 身之也 五霸 假之也."

식이 바로 효라고 할 수 있다. 이렇게 본다면 유가의 인의 관점은 바로 효의 행위를 우리의 자연적 감정의 표출로 바라보는 것이다. 이와는 달리 겸애의 관점은 효를 우리의 자연적 감정의 표출로 보기보다는 자연적 감정의 억제이면서, 동시에 이성의(묵가의 말로 하면, 인의仁義의) 표현으로 본다. 따라서 겸애의 관점은 효를 (자연적 감정의) 단초-(그 단초의) 확장의 관계로 보지 않는 것이다. 그리하여 묵가에게 효는 부모에 대한 애틋한 감정으로 정의되지 않고, '부모를 실질적으로 이롭게 함'으로 정의된다. 효가 이런 이성의 발현이라는 점에서 겸애와 효는 상호 충돌되지 않게 된다. 다시 말하지만, 단순히 효의 행위를 실제로 행하는가, 안 행하는가, 혹은 효의 태도를 실제로 취하는가, 안 취하는가의 차이에 따라 유가와 묵가의 입장이 갈라지는 것은 아니라는 것이다. 유가의 인은 효를 긍정하고, 묵가의 겸애는 효를 부정한 것은 아니다. 누누이 말하지만, 문제는 효의 행위를 어떻게 보느냐의 차이이다. 묵가는 양주학파[7]와 마찬가지로 어떤 도덕적 행위나 정의로운 제도의 정체성을 그것이 가져올 이익과 손해의 대차대조를 통해 확보하려는 시도를 중시한 반면, 유가는 사단이나 인륜의 감정과 같은 자연적 감정을 도덕적 행위의 정체성 확보에 중요한 기여를 하는 것으로 파악하였다는 것이다. 묵가가 감정을 포함하는 심心(마음)보다 인지능력을 강조하는 지知(지성)의 개념으로 우리의 마음

---

7. 양주학파는 역시 유가와 묵가와 마찬가지로 제자백가 사상가 중의 하나인 양주楊朱의 사상을 따르는 무리들이다. 물론 이 학파는 유가와 묵가와는 달리 그 학파의 존재가 분명하지는 않다.

의 작용을 설명하려 한 것도 유가와 묵가의 차이를 감정과 이성의 차이로 보게 한다. 이처럼 묵가의 사고가 공리나 실용적 계산주의와 연관이 있기에 그들의 주장인 겸애를 평등한 아가페적 사랑을 의미하는 기독교적 박애로 보아서는 안 될 것이다. 감정이라기보다는 이지적이고 계산적인 태도가 묵가의 겸애라고 보아야 할 것이다.[8] 마지막으로 묵가를 유가보다 더욱 이성적으로 보이게끔 한 것은 묵가가 보여준 옳음(의義)과 관습(습쩝)의 구별일 것이다.[9] 유가의 도덕체계가 예禮와 같은 구체적 관습을 크게 의지하였다면, 묵가는 옳음이란 관습과 분리되어야 하며, 이러한 옳음은 독립적인 옳음의 기준을 통해 정해진다고 강조하였다. 이러한 묵가의 도덕체계는 구체적 관습을 벗어난 추상적 도덕원리(곧 공리의 원리)를 지향한 것이라고 볼 수도 있을 것이다. 묵가 도덕체계의 이러한 탈관습적 특징이 묵가의 사상을 이성적으로 보이게끔 한다. 이런 점에서 효는 유가처럼 그것을 자연적 감정의 관점에서 볼 수도 있고, 아니면 묵가처럼 이성의 계산에서 나온 것으로 볼 수도 있다.

---

8. 이런 점에서 몇몇 학자는 겸애는 감정이 아니고, 일종의 의지라고 보아, 겸애를 universal love보다는 'concern for everyone' 혹은 'indiscriminate concern' 등으로 번역한다. 이 글에서 내가 겸애를 종종 '무차별적 사랑'이라는 말 대신 '타인에 관한 관심'이라고 하는 것도 이러한 이유에서이다.

9. 「묵자」「절장하」.

좀더 공정한 해석을 위해

유가의 인과 묵가의 겸애는 각각 차별애와 무차별애로 구분되어져
왔다. 하지만 유가의 인仁이 단순히 가까운 사람에게 특별한 애정을
표하는 것만을 중시한 것이 아니다. 유가에서도 大同의 보편적 이상이
있음은 두루 알려져 있다. 마찬가지로 묵가에서도 효孝와 제悌 같은
구체적인 가족의 윤리가 긍정적으로 기술되어 있다.[10] 이 점을 돌이켜
본다면 유가와 묵가의 구분은 좀 더 정밀하게 이루어져야 할 것이다.
묵가의 겸애를 효를 부정하는 무차별적 평등사상으로만 오해한 것은
(혹은 그렇게 몰아간 것은) 차별애를 강조한 당시의 유가인 맹자는 물
론이고, 유가의 인仁을 묵가의 겸애를 연상케 하는 박애博愛나 만물일
체萬物一體의 사랑으로 생각했던 후대의 유학자들(한유, 장재, 왕양명
등)에게서도 보인다. 맹자나 후대의 유학자들은 자신들의 사상이 이
단인 묵가의 겸애와 다르다는 것을 보여주기 위해 특별히 묵가의 겸
애를 이렇게 무차별애로 바라보았던 것이다.

이런 관점에서 특별히 『맹자』 「등문공상」에서 보이는 이지夷之와 맹
자의 대화는 많은 시사점을 준다. 이 부분은 전기 묵가에게서는 발견
할 수 없었던 묵가의 실천 혹은 수양의 문제에 대한 논의가 함축되어
있다고 볼 수 있다.[11] 또한 약보적자若保赤子나 시유친시施由親始의 주

---

10. 특별히 「겸애」 편들이 그러하다.

11. 주지하다시피 묵가에게서 인간의 본성에 대한 논의는 발견되지 않는다. 묵가는 손
    익계산을 통해 무엇이 이익이 많은지 (혹은 그들의 관점에서 볼 때, 무엇이 옳은지)

장을 통해 이지가 초기 묵가와는 다르게 도덕적 성향을 언급하고 있다고 볼 수도 있다. 우리는 이지의 이런 입장들이 초기 묵가사상의 발전된 형태[12]로 볼 수도 있을 것이다. 우리는 이지에 대한 맹자의 대응은 공자로부터 맹자로의 사고의 전환을 보여 줄 수 있다고 생각할 수 있다. 이 책은 다양한 측면에서 이 대화를 중점적으로 분석하려고 한다. 어떻게 보면 이 책은 바로 이 대화를 중심으로 유가의 인과 묵가의 겸애의 차이를 보이려는 시도라고 할 수 있다. 이지는 묵가이면서도 묵가의 교설을 따르지 않고, 부모의 장례를 후하게 지낸 사람이었는데, 맹자가 그렇게 한 까닭을 묻자, 묵가나 유가나 다 '사랑은 차등이 없지만, 베풂은 부모로부터 시작한다'(애무차등愛無差等, 시유친시施由親始)라고 변명하였다. 이러한 이지의 대답은 마치 유가에서 인을 사단만이 아니고, 가족애의 확충[13]이라고 했던 것을 연상케 한다. 즉

가 정해지면, 우리는 그것을 실행할 충분한 의지가 갖춰지게 된다고 생각한 것 같다. 이것은 일종의 강력한 주의주의voluntarism이라 할 수 있다.

12. 묵가의 사상을 역사적 발전과정으로 설명한 대표적인 학자는 와타나베渡邊卓이다. 그에 의하면 묵가 주장들 간의 충돌 특히 묵가의 핵심주장들이 상중하로 나뉘어 전해오는 것은 묵자의 가르침에 대한 다른 전승과정 때문이라기보다는 묵가의 사상이 오랜 시간을 거쳐 변형되어간 증거라고 하였다. cf. 渡邊卓, 『古代中國思想の研究』, 동경: 창문사, 1973, 675-701. (이후 渡邊卓 (1973)으로 약칭).

13. 예컨대 『논어』 1:2(이후에 『논어』의 장절표시는 슬링거랜드Edward Slingerland 의 『논어』 번역본 Confucius-Analects with Sellections From Traditional Commentaries, Indianapolis, Hackett Publishing Company, Inc. 2003을 따른다) 에서 "효제孝弟는 인仁의 근본이다"(孝弟爲仁之本也)라고 했던 것, 『맹자』「진심상」에서 "어버이를 친히 하는 것이 인仁이다"(親親仁也) 라거나, 『맹자』「양혜왕상」에서 "나의 어른을 어른 대접하고 나아가 다른 사람의 어른에까지 미친다. 내 아이를 아이 대접하고 나아가 다른 사람의 아이에까지 미친다"(老吾老以及人之老 幼吾幼以

묵가의 겸애를 마치 인과 유사한 방식으로 설명한 것이다. 이지의 이런 대답은 맹자는 물론이고 이후의 『맹자』 주석가들에게 견강부회나 모순되는 말로 단순히 치부되었지만, 좀 더 이지나 묵가의 내부적 입장에서 살펴보면, 묵가의 겸애가 단순히 이성에 입각한 무차별적 사랑인 것만은 아닐 수 있다는 전거로 활용될 수 있을 것이다.

물론 이 이지의 입장이 오직 이성만을 강조했던 전기 묵가[14]의 입장과는 달라진 것이라고 간주할 수도 있겠지만, 사실은 전기묵가 자체도 그 입장이 분명한 것은 아니기에 이지의 입장과 연계지어 전기묵가의 입장도 오히려 조금 달리 해석해 볼 수 있는 부분들이 있다. 다시 말해, 『겸애』편에서, 효가 겸애와 아울러 주장되고, 효孝의 실행은 이상적 '다스림'(치治)의 상태로 묘사되고 있다든지, 겸애의 의미가 '다른 사람을 자신인 것처럼 사랑하라'視人之國若視其國, 視人之家若視其家, 視人之身若視其身. 「兼愛中」로 받아들여지고 있는데, 이는 겸애가 자신에 대한 사랑이 늘 앞서는 감정임을 인정하는 데서 성립할 수 있다는 것이다.

이런 주장들에 주목했을 때, 우리는 전기묵가의 입장에서도 감정은 전적으로 거부되지 않았음을 알 수 있다. 묵가의 겸애가 단순히 감정이나 관습을 배격한 추상적 이성에서 나온 것이라는 기존의 생각이

及人之幼)라고 했던 것이 이 점을 보여준다.

14. 전기 묵가는 현행본 『묵자』 8–39장까지를 저술했다고 믿어지는 초기 묵가를 가리킨다. 이 부분은 소위 말하는 묵가의 열 가지 정치·사회적 주장(兼愛, 非攻, 尙賢, 尙同, 節用, 節葬, 非樂, 天志, 明鬼, 非命)이 담겨 있다.

조금 수정될 필요가 있다고 생각하는 것은 이 때문이다. 또한 유가가 측은지심이나 가족애와 같은 우리의 자연적 정서가 갖는 도덕적 행위에의 역할을 크게 강조하는 것은 사실이지만, 유가에 있어서도 모든 사단의 요소는 도덕적 행위를 함에 있어서 그저 절대적으로 옹호되는 것은 아니고, 사실은 이러한 사단의 감정에 대해서도 조정역할을 하는 마음의 요소가 늘 있었다. 특히 도덕적 의무 간의 충돌의 상황에서 기존의 관습으로 해결하기 힘들었을 때나, 도덕적 행위를 위한 환경의 조성이 필요할 때에서의 권權(헤아림)의 역할을 생각하면, 유가의 도덕심리학에서도 이성은 감정 못지않게 강조되고 있음을 알 수 있다. 예컨대 푸줏간을 멀리하라는 맹자의 이야기는 동물에 대한 측은지심이 우리로 하여금 고기를 먹지 못하게 하는 부정적 효과가 있을 것을 우려하는 가운데에서 이루어진, 권權(헤아림)이고 사思(생각함)이다.[15]

도덕적 행위에 있어서의 이런 이성적 판단의 개입은 단순히 우리의 감정이나 혹은 우리가 따르는 관습에 합리적rational 요소 혹은 인지적cognitive 요소가 개재되어 있음을 말하는 차원에서만 이루어진 것이 아니다. 이성의 요소를 이렇게 소극적으로만 이해할 필요가 없다. 오히려 어디 까지나 능동적인 이성의 활동이 도덕적 행위를 하는 그 순간에 이루어진다는 이야기를 할 수도 있는 것이다. 이성적 원리가 내재되어 있는 것이 아니라, 이성적 능력이 행사되고 있다는 것이다. 물론 이런 능동적인 이성적 판단은 묵가 식의 계산적이거나 단계적 사

---

15. 예컨대, 율곡이 사단도 잘못될 수 있다고 본 것은 바로 이 때문일 것이다.

유방식에 의해서 이루어지는 것이 아니고, '자신의 상황에 대한, 그리고 유사한 상황에서의 성인의 행동방식에 대한 숙고'contemplation of one's situation and the examples of sages in similar situations[16]로 이루어진다. 이것은 맹자에 의해서는 사단 중의 시비지심是非之心[17]이나 도덕적 요구의 충돌상황에서 행사해야 한다고 주장하는 권權(헤아림)의 능력 및 동물과 인간을 구별하는 것으로 본 마음의 추推(미룸)나 사思(생각함)의 작용 등등의 요소에서 확인할 수 있다. 이것을 현대의 철학자들은 유가의 서恕의 사유방식, 예禮에 입각한 행위방식, 덕스러운 행위방식, 유비적 행위방식, 혹은 '유사 삼단논법'quasi-syllogism적 사유방식[18] 등등으로 묘사한다. 유가에 있어서 도덕적 행위방식은 맹목적 사단의 추구도 아니고, 친족에 대한 무조건적 감쌈도 아니며, 어디까지나 이성의 합리적 판단활동에 의해 조절되는 것이라고 볼 수 있다. 이것이 사실이라면 유가의 도덕행위에는 감정 못지않게, 이성의 분명한 역할이 있었다고 할 수 있다.[19]

---

16. A. C. Graham, Disputers of the Tao, La Salle: Open Court, 1989. (이후 Graham (1989)로 약칭)

17. 시비지심은 사단의 하나이지만 다른 사단과는 달리 이성적 성격이 강하다. 그렇지만, 유가는 또한 이 시비지심을 측은지심 등의 다른 사단과 별개의 마음으로 생각하지 않았다.

18. Graham (1989).

19. 이것은 단순히 유가나 묵가만이 아니고, 그 당시 상당히 광범위하게 퍼져 있었던 사상 같다. "기원전 4세기나 3세기 초 경에는 性/生을 자원은 가졌으나 방향성은 없으며 여기에 의가 부과된다고 간주하는 사상의 흐름이 존재했던 것 같다." Kwong-Loi Shun, Mencius and Early Chinese Thought, Stanford: Stanford Univ. Press,

도구적 이성과 합목적적 이성

이렇듯 다층면의 차이를 가지고 있는 유가의 인과 묵가의 겸애에 대한 비교는 유가와 묵가 간의 이론적 상호연관 관계를 드러내는 가운데에서도 이루어질 것이다. 내가 보기에 유가와 묵가는 그 차이성 만큼이나 많은 유사성을 지니고 있다. 일단 묵가에 의해 정식화된 교설의 옳음의 기준, 즉 역사적 전거(본本), 상식(원原), 그리고 실용성(용用)의 삼표三表(삼법三法)는 유가에게서도 발견되는 것이다. 효와 인과 같은 덕목들도 다 양쪽 사상가들에게서 긍정되고[20] 있다. 다시 말해 묵가에서도 흔히 말하듯이 편협한 실용성의 개념에 따라 효孝와 인仁의 포괄적 인륜덕목들이 부인되는 것은 아니라는 것이다. 묵가는 특별히 겸상애兼相愛와 교상리交相利를 병칭하고, 나아가 '의로움은 이로움이다'義利也라는 주장을 통해 의로움과 이로움을 밀접하게 연결시키려고 하고 있지만, 맹자의 주장처럼 그저 물질적 이로움을 의로움으로 동일시했던 것은 아니었다. 생각보다는 많은 점에 있어서 묵가는 유가의 의로움 즉 물질적 이익으로 환원되지 않는 의로움의 개념을 공유하고 있다. 또한 공자의 충서忠恕, 맹자의 추推에서 보이는 보편성의 원리나 황금률의 원리도 묵가의 겸애와 일정부분 공유하는 부

1997, 120. (이후 Shun (1997)로 약칭) 순자의 자연과 인위, 情과 可의 구분도 이런 관점에서 이해할 수 있다. cf. Stephen C. Angle, "Is Conscientiousness a Virtue? Confucian Answers," Virtue Ethics and Confucianism, ed. by Stephen C. Angle and Michael Slote, New York: Routledge, 2013, 188-190.

20. 『묵자』「비명상」, 「비명중」, 「비명하」.

분이 있다. 우리는 이러한 공통성을 기반으로 하면서도 묵가와 유가가 서로 달라지는 지점에 주목을 하려 한다. 그것은 아마도 단순히 감정과 이성의 대립이 아니라, 서로 다른 이성의 차이에 기인하는 것일 것이다. 예컨대, 묵가의 이성이 전적으로 계산적이고, 도구적 이성이라면, 유가의 이성은 수단만이 아니고, 목적까지 고려하는 합목적적 이성이라고 할 수 있을 것이다. 묵가의 윤리적—정치적 체계는 먼저 달성해야 할 목표나 해결해야 할 문제를 세우고 나서 그 목표를 성취할 수 있는 수단이나 그 문제를 해결할 수 있는 수단에 주목했다. 물론 유가의 윤리적—정치적 체계도 때때로 목표를 성취할 수단에 대해 말한다. 그러나 오직 묵가의 수단만이 분명한 도구성을 보여준다. 예컨대, 묵가는 종종 효자가 되기 위해서는 타인을 사랑해야 한다고 말한다. 이 경우에 타인을 사랑하는 것은 효자가 되기 위한 효율적 수단으로 소개된다. 또 다른 경우에서는 묵가는 반대로 이야기하기도 한다. 즉 우리는 타인을 사랑하기 위해서 효자가 된다고 하였다. 이렇게 보자면, 타인을 사랑하는 것과 효자가 되는 것은 서로를 이끌기에 그 둘은 동일한 것처럼 보이기도 한다. 그러나 묵가의 의도는 둘이 같다는 것을 보여주기 위하여 이런 말을 하는 것이 아니고, 단지 하나는 다른 것의 효과적인 수단이기에 둘 사이에는 주고 받음의 상호 호혜성의 관계가 있음을 보여주려 하는 것이다. 즉 효와 타인에 대한 사랑은 사람들 사이의 상호 호혜성의 원리가 작동되는 경우에 서로 효과적 수단으로 여겨질 수 있는 것이다. 우리는 상호 호혜성의 원리가 지켜지는 가운데, 보편적 사랑의 이념을 실현시키기 위해서 부모를 사랑할 수 있거나 또는 효자가 되기 위해서 편의적으로 타인을 사랑할 수 있다는 것이다. 보편적 사랑의 이념을 실현시키기 위해 우리가 부모를 사랑했던 것은 사실 과거에 부모는 우리에게 가장 가까운 사람이었기에 편의적으로 택해졌던 것이다. 부모와 가까이 살지 않게 된 현대 산업사회에서는 이웃을 사랑하는 것이 부모 사랑의 대체적 수단으로 사용될 수 있다. 달리 말하자면 묵가에게 있어서 타인을 사랑하는 것과 효자가 되는 것은 결코 개념적으로 서로 연관되거나 하나가 다른 것의 필연적인 구성적 수단이 아니었다. 하나는 다른 것을 실현시키기 위해서 택해진 편의적 수단이었다. 따라서 묵가적 관점에서 보자면 목표와 수단은 개념적으로 구분되거나 분리된다. 반면에 유가는 종종 그들의 목표를 이루기 위한 구성적 수단을 추구한다. 예컨대, 그들은 타인을 사랑하는 것과 효자가 되는 것 사이의 내적 관계를 받아들인다. 그들이 타인을 사랑하기 위해 효자가 되라는 것은 효자가 되는 것이 타인을 사랑하는 것의 편의적 수단이기 때문이 아니라 효자가 되는 것은 타인을 사랑하는 것을 실현시킴에 있어서의 의미 있는 출발점 혹은 구성적 수단이다. 한마디로 효자가 되지 않고서 타인을 사랑하는 것은 불가능하다는 것이다.

덕으로서의 인과 겸애

춘추전국시기의 도와 덕의 개념

인과 겸애는 중국의 제자백가 사상가 중의 유가와 묵가의 대표적 윤리이론이다. 제자백가 사상이란 대체로 중국 최초의 통일제국인 진秦나라가 통일되기 이전인 춘추전국시기BCE 770-221의 다양한 철학사상을 가리킨다. 좀 더 구체적으로는 전국시기BCE 5-3세기의 다양한 철학사상이다. 진제국秦帝國 이전의 철학이라는 의미에서 동아시아 학계에서는 "선진철학先秦哲學"이라고 하기도 하고, 반면 서구학계에서는 진나라가 극히 짧은 시간 지속하였기에 그 다음 왕조인 한漢왕조를 기준으로 "Pre-Han philosophy(선한철학, 先漢哲學)"이라는 용어를 사용해서 지칭하기도 한다. 이 시기는 정치적 혼란기임에도 불구하고, 제자백가라는 말이 함축하듯이 그야말로 다양한 종류의 철학자들이 다양한 종류의 사유방식을 가지고 서로 대립하고 경쟁하였던 문화의 창조적 시기였다. 유가를 비롯한 제자백가는 당시의 시대를 난세로 규정하고, 이러한 혼란상을 극복하기 위한 나름의 방안들을 제안했다. 이것이 이른바 제자백가의 도道(길, 방안)라고 할 수 있다. 유가의 도가 개인의 도덕적 덕성을 계발한 군자에 의한 통치를 말한다면, 묵가의 도는 그런 방식을 가리키지 않았다. 묵가도 물론 명목상으로는 이상적 인간 즉 성인聖人이나 인인仁人에 의한 통치를 주장하고, 그 성인이나 인인이 또한 통치자가 되어야만 한다고 믿었지만(혹은 통치자를 도와야 한다고 생각했지만),[1] 그 성인이나 인인이란 유가처럼 개인적 윤리 덕목(특히 인자함)을 함양한 개인이라기보다는 '공동체의 이익증진을 목표로 정치적, 사회적 현상을 진단하고, 그에 따라 처방을 행하는 (지성적) 존재'이다. 한마디로 묵가의 성인은 따뜻한 인격적 품성을 지닌 덕스러운 개인이 아니라, 차가운 지성의 능력을 가진 개인이라고 할 수 있다. 묵가의 이상적 인간형은 전통적 의미의 덕德보다는 능能에 치중한 인간형이라고 할 수 있다. 유가와 묵가는 이처럼 공통적으로 이상적 인간이라는 통치자에 의한 통치의 도를 주창하지만 그 이상적 인간이 어떤 능력을 가진 사람인지에 대해서 차이가 있다고 할 수 있다. 묵가의 이상적 인간은 덕보다는 능에 치우친 존재이기에, 『묵자』에서는 정치적 능력을 지닌 성인과 기술자를 비교하는 것도 흔히 볼 수 있다. 흥미로운 것은 도가의 사상가라고 알려진 장자에게도 이러한 측면이 있는데, 그럼에도 굳이 그 차이를 들자면, 장자의 기술자 혹은 장인이 가진 기술은 전달 불가능한 성격의 것인 반면, 묵

---

1. 맹자의 재상에 의한 통치의 이상은 묵가의 상현尚賢에서 온 것이 아닐까?

가의 장인은 계량 가능한 기술을 가진 이로 그려진다는 것이다.[2] 공자의 덕목이 도덕적이고, 정감적인 것인 반면, 묵가의 덕목은 정치적이고, 지성적이라 할 수 있다. 묵가의 정치적이고 지성적인 관점에 따르면, 유가의 정감적이고 도덕적인 통치로는 결코 세상을 이롭게 할 수 없다. 반면에 유가의 도덕적이고 정감적인 관점에 따르면, 묵가의 정치적이고 지성적인 방식으로는 백성의 마음을 얻을 수 없다.

인과 겸애는 이상적 통치자에 의해 이루어진 이상적 조화상태인 도를 가리킨다기보다는 그것을 현실에 구현하는 이상적 통치자의 능력의 측면 즉 덕을 가리킨다고 할 수 있다. 여기서의 덕은 묵가의 경우는 물론이고 유가의 경우에도 단지 이상적 행위자의 내면의 마음의 성질이나 경향만이 아니라, 그가 타인과의 상호 관계에서 발휘하는 그의 관계적 능력으로도 볼 수 있을 것이다.[3]

유가의 윤리적 덕과 묵가의 지성적 덕

흔히들 덕은 '탁월성'을 의미하는 서양의 "virtus" 혹은 "arete"의 번역어로 쓰인다. 그리스어 arete는 어원적으로 어떤 행위를 할 수 있는

---

2. 기술의 내용도 장자는 마차 바퀴를 만드는 사람의 (너무 타이트하지도, 너무 느슨하지도 않게 하는 공정상에 있어서의) 특별한 감각을 강조하는 반면, 묵가는 어떤 공예품을 만들 때에 있어서, 자와 컴퍼스와 같은 표준적 기구의 사용을 강조한다.

3. 마음보다 그 행사나 행위에서 인仁을 찾아야 한다고 보는 것은 일본의 오규 소라이 荻生徂徠, 한국의 정약용丁若鏞에 의해 지적되었다.

능력, 즉 탁월성을 의미하였다. 라틴어 virtus는 남성을 의미하는 vir에 기원한 단어로 '남성다움', '전투적 용기'라는 의미를 가졌다.[4] 군인이 갖추어야 할 탁월성으로부터 일반적 의미의 탁월성으로의 의미변화가 이뤄진 것이다. 여하간 덕, 즉 탁월성은 어떤 이상적 상태를 상정하고서 가능한 개념이므로, 이것은 일종의 목적론을 깔고 있다고 할 수 있다.[5] 그것은 또한 아리스토텔레스에게서는 어떤 영혼 혹은 마음의 상태를 의미하였다. 아리스토텔레스는 영혼이 지성, 감성, 기개의 세 부분으로 이루어졌다고 보았는데, 이 각각의 상태의 탁월성을 각각의 덕으로 말하였고, 이 세 부분이 적절하게 관계를 맺고 있는 상태를 또한 정의라는 덕으로 설명하였다.

그러나 내가 여기서 말하는 덕은 기본적으로 어떤 결과를 가져오게 하는 능력에 주목한 것이지, 반드시 위와 같은 아리스토텔레스적인 의미의 심적 상태를 포함하여 말하는 것은 아니다. 그런 심적 상태를 나타내는 덕의 개념으로는 유가의 인과 묵가의 겸애를 포섭할 수 없다. 유가의 덕과 묵가의 덕[6]과 같은 중국 고대의 덕德 개념은 영혼의 상태를 가리키는 개념이라기보다는 일차적으로 다른 사람에게 보여

---

4. Nancy E. Snow ed., The Oxford Handbook of Virtue, New York: Oxford University Press, 2018, p.1.

5. 싱어Peter Singer가 덕 윤리를 비판하면서 착안한 것이 윤리가 인간본성의 목적론을 깔고 있다는 것이었다. 그러나 그에 의하면 인간본성은 임의의 힘과 자연선택의 결과이지, 미리 어떤 목적 하에 만들어진 것이 아니다. Peter Singer, "Ethics", Encyclopedia Britannica Online, Web. 6 Apr. 2010.

6. 물론 묵가에게 적합한 용어는 덕德보다는 능能이라고 할 수 있다. 다만 여기서는 덕을 능을 포함하는 넓은 개념으로 사용한다.

준 행위를 통해 그 사람이 가지게 된 영향력을 의미하기 때문이다. 또한 특별히 유가의 덕은 심적 상태를 포함하는 개인의 탁월성을 추구하는 맥락에서 나온 것이 아니고, 권력의 잔혹성이나 폭력성을 완화시키고자 하는 맥락에서 출현하였다.[7] 즉 어떤 사람이 일이나 행사를 통해서 가지게 되는 그 사람의 힘, 카리스마를 덕이라고 일컫기에 꼭 영혼의 상태만을 덕이라 부르지는 않을 것이다. 물론 동아시아에서도 초창기의 이런 외재적 덕의 개념이 심心의 개념의 등장과 더불어 점차 내면화, 주체화 되어 동양의 덕 개념이 마치 서구의 심적 상태 혹은 영혼의 상태와 유사하게 되었던 것도 사실이다. 맹자가 바로 그러한 경우에 해당된다. 그럼에도 처음부터 심적 상태를 강조했던 서양과 그렇지 않았던 동아시아의 차이는 분명히 인지할 필요가 있다.

또한 동아시아의 사람들에게 덕은 서구의 덕과는 달리 윤리적 덕에 집중되어 있다는 사실도 강조되어야 한다. 덕 개념은 점차로 윤리적 차원의 덕에 집중하게 된 유가의 사람들에 의해, 윤리적 영향력을 의미하게 되었고, 따라서 유가에 적대적이었던 학파의 사람들도 이러한 덕의 개념을 받아들였고, 그 결과 그들은 그들의 철학 안에서 이러한 의미의 덕을 언급하지 않거나 노골적으로 이러한 덕에 적대적이었다. 따라서 덕의 개념을 윤리적 덕으로 생각한 유가를 포함한 제자백가 시기의 사상가들의 사상을 이런 윤리적 덕의 개념을 중심으로 적극적으로 다루기에는 한계가 많은 것이 사실이다. 오히려 묵가를 비롯한 많은 제자백가 사상가들이 덕에 대한 이러한 특정한 의미를 염두에

---

7. cf. Nivison (1996), 17-30.

두었기에 그들은 공공연히 덕의 한계성을 지적하였던 것이다. 따라서 묵가의 겸애사상을 덕의 관점에서 바라보는 것은 어쩌면 잘못된 접근 방식인 것처럼 보이게 만들 수 있다. 그래서 나는 덕의 개념을 유교의 덕 개념에 집중하기 보다는, 서양 덕 개념과의 관련성 속에서 좀 더 확장해서, 유가의 덕에 대해 반대한 묵가와 같은 사람들의 생각도 나름의 덕을 제시한 것으로 그려내려고 한다. 이것은 흥미롭게도 단순히 유가의 덕 개념을 포괄할 수 있을 뿐만 아니라, 심적 상태의 탁월성의 의미로서의 서양의 덕 개념을 포괄할 수 있다. 탁월성의 의미로 확장된 덕의 개념은 단순히 윤리적 차원에만 머물 수 없고, 지성, 영성, 사회성 등등도 포함할 것이기 때문이다.

이렇게 확장된 덕개념을 가지고, 묵가의 겸애사상을 바라보면, 겸애는 개인의 윤리적 덕보다는 사회의 시스템을 적절히 조정하는 지성적 덕에 속한다. 기본적으로 묵가는 사회의 선과 악은 개인의 도덕성 혹은 성품의 문제라기보다는 사회구조의 문제라고 보았던 것이다. 그래서 그들은 그런 사회구조를 개선할 수 있는 시스템을 만들려 했고, 그런 시스템이 바로 겸애 시스템이다. 나는 여기서 묵가가 강조한 능력, 즉 '시스템을 고안하고 그것을 유지할 수 있는 능력'도 일종의 덕, 특별히 일종의 지성적 덕 혹은 제도의 운용의 덕이라고 보려고 한다. 그것들이 비록 희생적 행위를 통해 비폭력적인 방식으로 영향력을 가지는 유가가 생각한 윤리적 덕은 아니라 할지라도, 제도 운용을 통해 일을 효과적으로 수행하는 탁월함의 능력이라고 보여 지기 때문이다. 그리고 이런 덕들도 니비슨이 덕의 본질로 파악한 희생의 측면을 갖고 있다. 지성적 덕이나 제도 운용의 덕, 즉 그러한 능력을 쌓는데, 땀과 노력을 들이지 않을 수 있겠는가? 다시 말해서 심지어 유가의 윤리적 덕을 부인하는 사람들조차도, 도가 구현된 세상 즉 잘 다스려지는 사회에 대한 이상을 가졌을 것이고, 그것을 이룩하기 위한 여러 방안을 강구하고 이를 실천에 옮겼을 것이며, 그 실천의 과정에 수많은 땀과 끊임없이 노력하는 것이 필요하다고 보았을 것이다. 그러기에, 이러한 일이 아무에게나 가능한 것이 아니고, 그런 과정을 거친 사람에게만 가능한 것이 되었다고 보는 것이 타당한 생각이라고 보여진다. 즉 그들이 가졌던 이상이 도이고, 그런 이상을 실현하기 위해 수많은 노력을 기울인 결과 갖게 된 능력이 덕이라는 것이다. 물론 겸애의 덕은 모든 사람에게 권해진 것이었지만, 오직 묵가의 일부의 사람들에게만 구현되었을 것이다. 이런 점에서 보자면 나의 시도는 덕 개념의 확장을 통해 묵가의 능력을 덕으로 보게 된 것이고, 또한 원래의 유가의 윤리적 덕개념에 있었던 희생을 동반하는 외면적 행사의 측면을 부각하는 것이라고 할 수 있다.

　희생을 동반하는 외면적 행사를 통해 얻게 된 능력들을 통틀어 덕이라 부르는 것은 기본적으로 덕이란 내면적일 뿐만 아니라 외면적인 행사의 측면도 아울러 가지고 있다고 믿기 때문이다. 다시 말해 덕이란 마음에 속할 뿐만 아니라 마음 밖과 연결되어 있다. 여기서 내면적과 외면적, 마음에 속하는 것과 마음에 속하지 않는 것의 구분은 어쩌면 말한 것과 말하지 않은 것의 구분처럼 피상적인 것에 불과할 것이다.[8] 이런 생각은 동양의 덕론은 물론 아리스토텔레스의 덕론에서

---

8. 묵가의 겸애는 특별히 마음에 속하지 않는 것으로 생각해 왔는데, 여기서 묵가의

도 확인할 수 있을 것이다. 아리스토텔레스에 있어서의 덕의 능력도 개체의 영혼의 상태를 가리키는 것이지만, 동시에 타인과의 교류에서 벌어지는 행사의 능력을 가리키기도 하기 때문이다. 현대 심리 철학적 용어를 빌려 말하자면, 마음은 단순히 개체의 내면에만 국한될 수 없고, 개체들이 타 개체들과 공유하는 제도나 기기에 까지 확장될 수 있다. 이것은 이른바 현대 심리철학의 '확장된 마음 혹은 외연화된 마음'extended mind or embodied mind의 이론에서 확인되는 주장이다. 단순히 행위자 개인의 의식이나 동기가 아니라, 행위자가 행위를 하기 위해 사용하는 도구 혹은 행위의 조건, 행위의 결과까지도 행위자의 마음의 능력으로 간주할 수 있다는 생각이다. 예컨대, 컴퓨터가 분명 우리의 내면에 국한된 것은 아니지만, 어떤 의미에서는 우리 확장된 마음이 될 수 있듯이, 우리의 육체나 혹은 우리가 행동할 때 사용하는 각종 물적 자원들의 운용도 우리가 가진 덕의 능력으로 간주될 수 있다. 어떤 사람이 있을 때, 그리고 그에게 어떤 공유 자원들이 주어졌을 때, 이런 공유 자원들을 통해 어떤 혜택이나 변화를 늘 불러올 수 있다면, 우리는 그 사람을 모종의 덕이 있는 사람으로 평가할 수 있을 것이다. 매킨타이어Alasdair C. MacIntyre는 일찍이 서구 전통에서 덕의

겸애를 일종의 덕으로 보는 것은 약간의 파격이다. 그렇지만 겸애가 비록 그 기원에 있어서 밖이라고 해도, 그것이 오랫동안 축적되어서 습관화되었다면 마음의 덕이라고도 볼 수 있다고 본다. 예컨대, 흄이 인위적 덕은 단순한 관습이 아니라 이미 일종의 '지속할 수 있는 마음의 원리'가 되었다고 말한 것처럼, 겸애도 이런 점에서는 일종의 마음의 원리로 받아들여질 수 있을 것이다. cf. Hume, A Treatise of Human Nature, 575, and generally § 3.1.1. Angle (2015) 165에서 재인용.

영향력이 줄어든 이유가 덕 윤리 중심의 공동체가 근대에 무너졌기 때문이라고 하였는데,[9] 이것은 유가의 영향력이 줄어드는 것이 바로 유가의 덕윤리가 근거하는 원시공동체가 무너진 때와 일치하는 것에서 어느 정도 설득력이 있는 주장이다. 그렇다면 새로운 사회에는 새로운 능력이 요구되는데, 유가의 덕 윤리는 새로운 시대에 이전과 같은 효능을 가질 수 없다는 것이 유가를 비판하는 집단의 논리였을 수 있다. 묵가의 비판이 그러한 것이었다면, 우리는 묵가의 비판이란 새로운 자원이 주어진 상황에서 그것을 새롭게 운용하는 능력, 즉 새로운 종류의 덕이 필요함을 역설한 것으로 볼 수 있을 것이다. 이 새로운 덕이 아마 겸애가 아니었을까?

---

9. 매킨타이어, 『윤리의 역사, 도덕의 이론』, A. 매킨타이어 지음; 김민철 옮김, 철학과 현실사, 2004, 136-137.

사랑으로서의 인과 겸애

인애에서의 애의 의미

인과 겸애는 사랑의 감정과 관련해서 다루어 볼 수 있다. 유가의 사랑과 묵가의 사랑은 또한 서로 대비가 되는 사랑이었다.[1] 흔히 인은 차별적, 특수적, 편애적 사랑이고, 겸애는 무차별적, 보편적, 평등적 사랑이라고 말해진다. 인의 차별성을 나타내는 가장 대표적인 표현이 『맹자』에 나오는 "군자는 동물에 대해서는 아끼지만 인자하지 않고, 백성에 대해서는 인자하지만 친애하지 않는다. 어버이를 친애하고, 백성을 인자하게 대하고, 동물을 아낀다"君子之於物也 愛之而弗仁 於

---

1. 그러나 이것이 유가의 인과 묵가의 겸애가 완전히 반대의 것임을 의미하는 것은 아니다. 묵가가 「겸애」편에서 비판한 별애는 유가의 인仁이 아니기 때문이다. cf. Shun (1997), 240. nos. 51.

民也 仁之而弗親 親親而仁民 仁民而愛物[2]이다. 겸애의 무차별성의 표현은 『묵자』에 나오는 "다른 사람의 나라를 자신의 나라를 보듯이 하고, 다른 사람의 집을 자신의 집 보듯이 하고, 다른 사람의 몸을 자신을 몸을 보듯이 한다"視人之國若視其國 視人之家若視其家 視人之身若視其身[3]라는 구절이다. 그러나 겸애만 보편적 사랑이고, 인은 편애적 사랑인가? 그렇지는 않다. 인이 비록 효제라는 친지애로부터 시작하지만, 사실은 이에 머물지 않는다. 즉 인에는 단지 자신이나 자신의 가족만을 사랑하지 말고, 그 밖의 사람을 사랑하라는 보편적 사랑의 정신이 있다. 애인愛人이 바로 그것이다.[4] 이러한 애인에는 인간다움(인仁), 화목함(화和), 즐거움(락樂) 등등의 인간의 보편적 이상이 담겨 있다. 나아가 인의 또 다른 토대로서의 측은지심은 처음부터 그 자체 분명히 혈연에 얽매이지 않는 보편적 사랑의 측면이 있다.[5] 따라서 인의 사랑에는

---

2. 『맹자』「진심상」.

3. 『묵자』「겸애중」.

4. 『논어』 12:22. "번지가 인을 물었는데, 공자께서 '사람을 사랑하는 것이다'라고 하였다"(樊遲問仁 子曰 愛人) 또한 『논어』 1:6에는 "널리 백성을 사랑하라"(汎愛衆)는 말도 있다. 『맹자』「진심상」에도 "인자는 사랑하지 않음이 없다"(仁者無不愛也)라는 말이 있다. 『논어』에서 애인의 인이 모든 사람이 아니라, 평민(민民)과 구분되는 귀족계층이란 주장은 조기빈 이래 여러 학자들이 주장하여 왔다. 설사 그렇다고 하여도 그 인仁이 자신의 혈족을 말하는 것이 아닌 이상, 또한 여러 곳에서 인仁만이 아닌 민民 혹은 중衆에게 은혜를 베풀고, 편안히 하라는 말이 있는 만큼(『논어』 6:30, 『논어』 14:42, 『논어』 5:16) 유가의 인에 보편적 사랑의 측면이 있다는 주장은 큰 문제가 없을 것이다.

5. 측은지심이 흔히 생각하듯이 친친親親의 혈연적 감정의 확장은 아닌 것 같다. 흄 David Hume은 우리의 동정심compassion에는 보다 원초적인 자애benevolence의 도

특수적 요소와 보편주의적 요소가 처음부터 다 있다.[6]

그럼에도 인이 편애적 사랑이라는 것은 인이 단지 친친親親과 같은 특수한 관계에 있는 사람만 사랑하라고 하는 것이 아니라, 모든 사람을 사랑함에도 그 사람과의 친소관계에 대해 차등적 사랑을 하라고 하기 때문이다.[7] 심지어 특수한 관계에 있는 사람만을 대상으로 하

덕감정이 개입되어 있다고 주장하지만, 유가의 측은지심과 친친은 이렇게 연결되어 있는 감정들이 아니고, 별개의 감정들이다. 측은지심의 발현이 반드시 그 대상을 혈연처럼 생각해서 진행되는 것은 아니기 때문이다. 물론 측은지심에서도 차등의 관점이 들어간다고 설명할 수도 있다. 우물에 들어가는 자기 아이에 대한 측은지심과 타인의 아이에 대한 측은지심이 같을 수가 없다는 것이다. 그러나 전자는 측은지심이 아니다. 맹자는 타인의 아이에 대한 측은지심을 죄가 없으면서(혹은 무지하여) 불행에 나아가는 사람에 대한 '참아 바라볼 수 없는 마음'(불인인지심不忍人之心)으로 보고, 이것을 친친의 적극적인 혈연적 사랑이나 겸애의 강한 무차별애와는 다른 것이라고 주장한다.(『맹자』 3A:5) 즉 타인의 어려움에 대한 측은지심에는 일종의 공정성이나 정의감이 개재되어 있는 것이다. 이것만이 측은지심이다. 자기 아기가 우물에 들어갈 때의 '참아 바라볼 수 없는 마음'은 이런 소극성을 넘어 적극적 형태를 띤다는 점에서 측은지심이라기보다는 친친의 혈연적 감정으로 보아야 한다. 인의 보편성은 인이 예禮에 의해서 조절될 수 있는 것으로 읽혀질 때 보여진다. 진영첩Wing-tsit Chan이 유가의 인仁의 차등성을 의義로 설명하는 것이 이 때문이다. 즉 그에 의하면 인은 무차별적 사랑이고, 의가 그 무차별적 사랑을 전개함에 있어서 차등을 하게 만든다고 한다. (cf. Wing-tsit Chan, "The Evolution of Confucian Concept Jen," Philosophy East and West, 4/4, 1955, 302. (이후 Chan (1955)로 표시) 이것이 또한 후대의 신유학자 양귀산의 의견이기도 하다. (Ibid., 307) 이것이 참이건 거짓이건, 공자의 인에 차별적 요소와 보편적 요소가 함께 있는 것은 의심할 바 없다.

6. David B. Wong, "Universalism Versus Love with Distinctions" Journal of Chinese Philosophy 16, 1989, 253. (이후 Wong (1989)로 표시).

7. 물론 이 차등성을 애정의 강도를 달리하는 것으로 이해할 수도 있고, 혹은 보편적 사랑을 지향하면서도 그것을 실현하는 데에, 우선과 나중의 구별이 있다는 식으로

지 않는 인의 또 다른 단서인 측은지심과 같은 것에서도 우리는 친소 관계에 따라 그것이 차등적으로 펼쳐지는 것을 예상할 수 있다. 물론 앞서 말한대로 그 경우는 측은지심이 아니라 친친의 예라고 할 수 있다.[8] 한마디로 인은 무조건적이고 평등적인 사랑이 아니라, 차등성을 지닌 사랑임을 역설하는 것이다. 이 차등성은 단순히 부정이나 불공정이 아니다. 아니 유가의 맥락에서는 이 차등성이 정의이고 공정함이다. 이 정의나 공정함을 유가는 때때로 의義라는 개념으로 표출하였다. 여기서의 의義는 '상황에 딱 들어맞음' (의宜)라고 할 수 있다. 겸애는 이와 반대로 그러한 차등적 사랑을 하지 말고, 동등하게 사랑하라고 가르친다고 믿어진다.[9] 묵가에게는 차등이 불의이고, 동등함이 정의라고 할 수 있다. 그래서 인이 주례周禮와 같은 특정한 예절을 강조하였거나, 혹은 친친과 같은 특수한 관계에 주목하는 편애인 반면, 겸애는 올바름 (의義)을 통해 동등한 사랑을 지향한다고 믿었던 것이

이해할 수 있다. 공자의 '효도와 형제간의 우애가 인의 근본이다' (『논어』 1:2. "孝弟爲仁之本也.")는 그런 이해를 보여준다. 여기서는 묵가이면서도 사랑의 순서를 인정하는 이지를 의식해서, 묵가와 유가의 차이를 애정의 강도의 차이로 해석한다. 왕양명은 인의 차등을 주로 선후 혹은 중요성의 차등으로 이해한다. 그는 선후나 중요성에서 혈연의 정이 타인에 대한 정보다 더 우선한다고 생각한다. (Henke 169).

8. 주 5 참조.

9. 무차별애도 당연히 강도와 순서에서 모호성이 있다. 진영첩Wing-tsit Chan은 묵가의 무차별적 혹은 무차등적 사랑을 "모든 사람을 똑 같이, 즉 같은 정도로 그리고 같은 시간에 사랑하는 것"(treat all people alike, to the same degree and at the same time) 이라고 이해한다. (Chan (1955), 302)

다. 아마도 가족 공동체를 넘어 보다 이질적 구성원들을 지닌 공동체를 생각하는 묵가의 입장에서는 그런 공동체를 다스리는 데에는, 단순한 가족 간의 편애로는 충분치 않다고 느꼈을 것이다. 유가의 인의 차등애가 가지는 차별적 측면을 사회 분열의 원인으로 보았을 수 있었을 것이다.[10] 그러나, 그들이 평등적 사랑을 말했다고, 정말 그들에게는 편애의 측면이 부정적이기만 했을까? 『묵자』「겸애」편에는 흥미롭게도 편애적 사랑인 효가 세상의 이로움 중의 하나로 긍정된다. 그것은 다른 것에 의해 그 이로움이 정의되는 것이 아니고, 그 자체가 이로운 것이다.[11]

앞서 말했듯이, 인과 겸애가 가지는 공통성은 두 가지가 다 사랑이라는 점에 있다.[12] 인과 겸애의 보편적 측면은 인과 겸애가 다 같이 '애인愛人'(사람 혹은 타인에 대한 사랑)으로 표현되었다는 점에서도 알 수 있다.[13] 애인에서의 인은 다양한 의미를 가질 수 있지만, 적어도

---

10. 와타나베 다카시渡邊卓는 특히 묵가가 사회적 약자였던 공인 출신들이었음에 주목하여, 이들의 철학을 부당한 강자의 횡포에 대항하는 것이었다고 한다. 渡邊卓 (1973), 678-9.

11. 이 점에서 효는 기본적 가치이다.

12. 인이 사랑이라는 것은 인의 진화에서 공통적인 것이다. (Chan (1955), 319) 또한 그것은 단지 태도나 지각이 아니라 다른 사람, 존재들과의 동적인 관계에서 성립한다. (ibid.) cf. Mclead 물론 겸애가 사랑이라는 것에는 약간의 논란이 있을 수 있다. 그것은 일종의 태도나 행동처럼 보이기 때문이다. 그럼에도 여기에서는 일단 애라고 쓴 것에 주목을 해서 논의를 진행한다. 다시 말해 인과 겸애가 사랑이라는 것은 그것이 감정이라는 것을 함축하지 않는다. 일단은 애를 넓게 정의해, 특정한 감정, 태도, 행위를 다 아우르는 것으로 보려고 한다.

13. 『논어』12:22. "樊遲問仁 子曰「愛人.」 또한 『논어』 1:6에는 "널리 백성을 사랑하

그것은 자신에게 특수한 관계에 있는 사람을 가리키는 것이 아니므로 우리는 이로부터 자연스럽게 애인으로서의 인과 겸애가 공통적으로 보편적 사랑을 지향하고 있음을 알 수 있다.

겸애에서의 애의 의미

겸애는 얼핏 보면 감정이라기보다는 엄격한 손익계산을 통해 이익을 추구하는 이성적 태도나 행위의 측면을 가지고 있다. 그렇기 때문에 겸애가 애인愛人이다라고 할 때의 애愛의 의미는 다분히 감정으로보다는 이성적 태도나 행위를 가리킨다고 보아야 할 것이다. 애를 '보

라"(범애중汎愛衆)는 말도 있다. 『맹자』「진심상」에도 "인자무불애야仁者無不愛也"라는 말이 있다. 겸애는 겸상애의 준말로 그 자체로 '사람 (타인)을 사랑함'의 의미가 있다. 김명석은 『논어』에서의 인仁의 의미로 타인, 지배자인 귀족, 그리고 인간일반을 제시하고, (cf. Myeong-seok Kim, "The Meaning of "Love" (Ai) in the Analects," Sungkyun Journal of East Asian Studies, 14/2, 2014, 263-8.) 애인의 의미를 '지배계층의 사람들에 대한 특별한 사회정치적 관심'(taking special sociopolitical care of the members of the ruling class in general)이라고 부여함으로써, 애인을 피지배계층의 사람들도 포함시키는 보편적 사랑으로 보려는 나의 시도와 차이를 두고 있다. 『맹자』에도 김명석의 해석을 뒷받침하는 부분이 있다. (『맹자』「진심상」) 그러나, 나는 여기서 애인愛人의 인仁을 친친과의 연계 속에서 '자신과 특별한 관계에 있지 않은 타인'의 의미로 국한해서 쓴다. 왜냐하면 결국 김명석의 애인의 의미도 목적하는 것이 피지배계층의 사람들의 복지이므로, 애인을 보편적 사랑으로 보는 것에 큰 무리가 되지는 않는다고 보기 때문이다. 더구나 애인을 단순히 공자에게서만 국한시키지 않고, 보편적 감정인 측은지심을 언급하는 맹자로까지 확장시켜 보려는 이 책의 취지상 애인愛人을 보편적 사랑으로 보려한다.

살핌'care, '관심'concern으로 번역하려는 시도는 바로 이 때문이다.[14] 그 렇다면, 묵가는 정말 감정의 측면에 주목하지 않았는가? 묵가는 정말 도덕적 행위의 동기부여화의 문제에 관심이 없었는가? 나는 묵가는 적어도 이론적으로는 철저한 이성주의자, 계산주의자라고 생각한다. 따라서 애를 '보살핌'이나 '관심'으로 번역하는 데에 동의한다. 하지만 묵가에게서 감정이 전혀 고려되지 않았다는 것에는 동의하지 않는다. 묵가도 감정을 지닌 현실적 인간인 이상 부모나 친지에게 특별한 감 정이 없을 수 없었을 것이다. 하지만 그들은 그러한 자연적 감정을 자 신들의 이론을 구축하는 데에 긍정적으로, 적극적으로 이용하지 않았 기에 그들의 겸애의 태도에는 감정이 배어있지 않다. 그들은 겸애의 태도나 행동에서 의도적으로 철저히 감정을 배제하려고 노력했다. 적 어도 그들은 도덕적 행위의 정당화에 감정을 끌어들이지 않았다. 감 정을 따르지 말고, 인의를 따르라고 하는 이유는 감정이 도덕의 근거 가 될 수 없다고 생각했기 때문이다. 이것이 내가 묵가의 겸애를 이 성적 태도라고 해석하는 이유이다. 그럼 후기의 묵가인 이지는 왜 무 차별의 사랑이 부모로부터 베풀어져야 한다고 했을까? 이지는 왜 다 시 부모에 대한 감정을 끌어들였는가? 정말 그는 맹자의 말대로 모순 적 태도 혹은 맹자의 말을 빌면 두 개의 근본을 가진 것인가? 뒤에서 자세히 분석하겠지만, 내가 보기에 이지는 정당화와는 다른 차원에서

---

14. 이 책을 통해서 내가 생각하는 묵가의 보편애의 의미는 바로 웡David B. Wong 이 '우리하고의 관계에 상관없이, 그리고 그 사람이 가지고 있는 측면과 상관없 이, 모든 사람이 가지는 동일한 가치에 대해 존경을 표하는 것'과 일치한다. Wong (1989), 269.

아마도 그 감정을 이용했을 것이다. 자세한 이야기는 뒤에 하겠지만, 이렇게 묵가가 적어도 감정을 부정한 것은 아니었다고 생각하는 이유는 묵가가 일반적으로 개인주의를 비난하는 것이 아니라 이기주의를 비난하였기 때문이다. 자신을 위하는 것을 비난하는 것이 아니라, 자신을 위해 타인을 해치는 것을 비난한다. 따라서 부모에 대한 감정의 경우에도 자신의 부모에 대한 특별한 감정이 그 자체로 나쁜 것이 아니라, 그러한 감정이 지나쳐서 타인의 부모를 해치는 상황을 묵가가 비난한다고 볼 수 있다. 묵가가 편애를 그저 부정만 한 것은 아니라는 것이다. 사실 자연 감정은 나쁘다, 좋다라고 할 수 없는 것이다. 묵가는 적어도 이런 의미에서의 감정의 존재를 인정하였을 것이고, 이런 감정에 대한 기본 태도를 묵가에게 허용하고도 나는 묵가의 전체 사상을 모순 없이 해석할 수 있다고 생각한다. 묵가가 이성적 관점을 택하였으면서도 감정을 무시하지 않고 이용했다는 점은 묵가의 접근방식이 도덕적 함양에 있어서 법의 역할을 강조한 서구의 플라톤, 아리스토텔레스 전통과의 유사성을 생각나게 한다. 유가전통이 법이 가진 도덕적 함의에 충분히 주목을 끌지 않았다면, 묵가는 이성 즉 법이나 정치의 영역을 통해 도덕의식이 계발될 수 있음을 보여준 것으로 볼 수 있다는 것이다.[15]

---

15. Aritotle, Nicomachean Ethics, X.9, 1864–65. Kupperman (1999) 39쪽에서 재인용.

무차별적 사랑으로서의 겸애

  다시 유가의 인과 묵가의 겸애의 차이로 차별애와 무차별애를 드는
경우를 살펴보자. 아마도 이 점을 가장 극단적으로 표명한 이는 맹자
일 것이다. 그는 "사랑은 차등이 없다"(애무차등愛無差等)는 후기 묵가
인 이지의 주장에 대해, "이지는 정말로 형의 자식에 대한[16] 사랑과 이
웃 아이에 대한 사랑이 똑같다고 생각하는가?"[17]라는 말로 유가와 묵
가의 사랑을 대비시킨다. 또한 묵가를 평가하면서 '묵가는 아버지를
부인하는 무부無父의 사상가'라는 하였는데, 이 말도 이런 맥락에서
나온 것이다. 아니 사실은 맹자에 의해서만 아니고, 『묵자』에도 겸애
가 무차등애이기에 겸애의 실천이 힘들다고 말하는 묵가가 나온다.

  저는 겸애를 할 수 없습니다. 저는 저 먼 월나라 사람들보다 이웃 추
  나라 사람들을 더 사랑합니다. 추나라 사람들보다 노나라 사람들을 더
  사랑합니다. 노나라 사람들보다도 내 고향사람들을 더 사랑합니다. 고
  향사람들보다도 내 집안사람들을 더 사랑합니다. 내 집안사람들보다도

---

16. 묵가의 겸애와 유가의 인의 논쟁을 현대 서구에서의 보편주의 윤리와 특수한 관계
    에 대한 의무를 강조하는 개별주의particularism 간의 논쟁으로 이해하려는 시도가
    있었다. 웡David B. Wong의 정리에 의하면, 윤리에 있어서의 보편주의는 '동등한
    윤리적 당김'equal ethical pull 즉 모든 도덕 행위자는 다른 행위자를 동등하게 대접
    하고, 또 그들에 의해 동등하게 대접받아야 한다고 주장하는 반면, 개별주의는 그
    렇지 않다는 것이다. cf. Wong (1989), 251-272.

17. 『맹자』「등문공상」.

내 부모를 더 사랑합니다. 내 부모들보다도 내 자신을 더 사랑합니다. 그것은 모두 내게 더욱 가깝기 때문입니다.[18]

어쩌면 묵가가 역사에서 퇴출된 이유도 바로 이런 실천 불가능한 무모한 무차별애의 주장 탓이라고 말하는 사람도 있었다. 하지만 유가의 인과 묵가의 겸애를 이처럼 각각 차별애와 무차별애로 규정하는 것은 비록 그것이 유가와 묵가의 차이를 선명하게 해 주는 장점이 있음에도 그대로 유지하기에는 분명한 문제점이 있었다. 그 문제점이란 먼저 유가의 인을 차별적 사랑이라고 규정할 때, 인을 본능적 사랑으로 이해하여, 보편성이 부재한 윤리이론으로 보게 된다는 점이다. 또한 묵가의 차별 없는 사랑도 그 차별 없음이 그 사랑의 강도나 순서에까지 해당된다면 그것의 실현가능성은 실제는 물론이고 논리적으로도 불가능할 것이다. 이처럼 기존의 차별애와 무차별애의 대비개념은 너무나 많이 당연하게 주장되었지만, 사실 억지로 과장한 측면이 있고, 나아가 이런 대비는 유가의 인이 가진 보편적 사랑의 측면과 묵가가 차별적 사랑을 인정한 사실을 간과한 측면이 있다.

---

18. 『묵자』「경주」 "我不能兼愛 我愛鄒人於越人 愛魯人於鄒人 愛我鄉人於魯人 愛我家人於鄉人 愛我親於我家人 愛我身於吾親 以為近我也." 이 글은 후대에 이루어졌다고 보기 때문에 반드시 전기묵가의 겸애사상을 정확하게 드러낸 것은 아니라고 할 수 있다.

체용적 접근방식

그렇다면 인과 겸애는 궁극적으로 어떻게 차이를 내야 하는가? 나는 유가의 인과 묵가의 겸애가 서로 차이가 나면서도 나름으로는 유의미한 주장을 하는 윤리 개념들이라고 생각한다. 또한 이것들은 단순히 역사의 어느 한 시기에만 타당성이 있었던 윤리 개념들이 아니고, 오늘날 현대의 상황에서도 그 의의를 가질 수 있는 개념들이라고 생각한다. 예컨대, 가장 많이 언급될 수 있는 것으로, 현대 서구 윤리학의 쟁점 중의 하나인 보편주의 vs 개별주의, 자유주의 vs 공동체주의, 그리고 더 나아가 감성 vs 이성, 동기부여 vs 정당화 간의 긴장관계 등의 틀이다. 이것은 단순히 현대의 이론적 틀을 가지고 과거의 것을 재단하는 것만이 아니고, 과거의 것에서 현재의 문제를 다시 음미해보는 효과도 있으리라고 본다.

그래서 나는 이 책에서 단순히 그 개념들이 역사 속에서 어떻게 출현했는지를 따지기보다는 어떤 함축과 시사점을 가지고 있는지를 중심으로 다루려고 한다. 이를 위해서 나는 그 개념들에 대해 설명하는 데 감정, 이성, 도덕, 정당화, 동기화의 개념틀을 가지고 접근하려고 한다. 좀 더 설명하면 어떤 도덕적 행위를 인과 겸애라는 틀, 혹은 감성과 이성의 틀, 그리고 정당화와 동기화의 개념틀로 설명하려고 한다.

나의 결론은 인과 겸애는 적어도 구체적 행동 상에서는 구분하기가 쉽지 않다는 것이다. 동일한 도덕적 행위들이 인과 겸애의 이름으로,

혹은 인과 겸애와 충돌되지 않는 방식으로 옹호되고 있기 때문이다.[19] 결국 인과 겸애의 구분은 그 이름으로 행해지는 도덕적 행위들을 어떻게 바라보고, 어떻게 평가하느냐의 차이에 있다고 본다. 즉 어떤 도덕적 행위에 대한 메타적 관점에서 인과 겸애는 구분된다는 것이다. 이것은 마치 공리주의와 의무론이 실제 어떤 행동이 도덕적인지를 판가름하는 데 있어서 다른 결과를 보여주는 것이 아니라, 왜 그 행동이 도덕적인지를 설명하는 데 있어서 다른 설명을 내 놓는 것과 유사하다. 이런 관점에서 보았을 때, 인과 겸애는 각각 감성적 접근법과 이성적 접근법을 택하고 있고, 이는 또 각각 정당화의 관점과 동기화의 관점으로 바라볼 수 있다는 것이 나의 결론이다. 인과 겸애를 각각 감성과 이성으로 분류하는 것은 차별애와 무차별애의 대비와 맥을 같이 하면서, 또 다른 학자들에 의해서도 이루어진 것이지만, 정당화와 동기화의 도입은 내가 새롭게 시도한 것이다. 물론 이러한 시도는 무無에서 유有가 생기듯이, 아무런 근거가 없이 이루어진 것이 아니고, 사실 전통 학자들 특히 신유학자들에 의해 이루어진 체용적體用的 접근 방식 혹은 이기론理氣論의 불리불잡不離不雜의 관계 개념을 통한 접근 방식을 다분히 의식한 것이라고 하겠다. 내가 보기에 묵가의 겸애와 유가의 인은 다분히 전통 철학용어로 말해, 실재적 측면(체體)과 작용적 측면(용用), 혹은 이기불잡론理氣不雜論과 이기불리론理氣不離論의

---

19. 예컨대, 뒤에 자세히 다루겠지만 『맹자』 「등문공상」 편에서 보이는 이지와의 대화에서도 사실 유가인 맹자와 묵가인 이지 공히 부모에게 후장을 하는 행위에 있어서는 차이가 없다. 그럼에도 맹자가 이지를 비판하는 이유는 이지가 후장을 하는 이유를 맹자가 받아들이기 힘들었기 때문일 것이다.

측면을 각각 갖추고 있다. 나는 이러한 측면들이 서구 철학 전통에서의 정당화의 맥락과 발견의 맥락에 해당된다고 생각한다. 따라서 유가의 인이나 묵가의 겸애를 각각 이러한 구분의 틀로 해석해 보는 것은 전통과 현대의 맥락을 아울러 살려주려고 한 것이다.

후대의 뛰어난 유가철학자인 주자의 다음과 같은 말이 인을 설명하는 데 있어서 매우 적절한 지점을 제공한다고 생각한다.

> 어떤 사람이 말했다. "만일 당신의 말과 같다면, 정자가 '사랑은 감정이고 인은 본성이니, 사랑을 인이라고 해서는 안 된다.'고 한 말은 잘못인가?"(대답하여) 말했다. "그렇지 않다. 정자가 비판한 것은 사랑이 발현된 것을 인이라고 이름붙인 것이다. 내가 논한 것은 사랑의 원리로써 인이라고 이름붙인 것이다. 대개 이른바 감정과 본성은 비록 그 나뉘는 영역은 같지 않지만, 그 맥락은 서로 통하며 각각 귀속되는 바가 있는 것이니, 어찌 일찍이 판연判然하게 분리하고 단철시켜서 서로 관섭關涉하지 않는다고 하겠는가?[20]

진영첩Wing-tsit Chan에 의하면 공자는 인仁의 작용만 가르쳤고, 이는 주자에 의해 지적되었다고 기술한다. 주자는 물론 인의 형이상학적 측면을 보완했고, 이것이 인의 본체라는 생각을 했다는 것이다. 같

---

20. 『朱子大全』권67. "或曰 若子之言 則程子所謂愛情仁性 不可以愛爲仁者 非歟 曰不然 程子之所訶 以愛之發而名仁者也 吾之所論 以愛之理而名仁者也 蓋所謂情性者 雖其分域之不同 然其脈絡之通 各有攸屬者 則曷嘗判然離絶而不相管哉"

은 생각을 묵가에 적용하면, 묵가의 겸애는 혹시 겸애의 본체에만 주목했고, 그 작용에는 소홀했던 것이 아닐까? 이렇다면 인을 심지덕心之德, 애지리愛之理로 본 신유학에 이르러서야 인과 겸애의 진정한 통합이 이루어진 것이 아닐까 생각해본다.

이러한 결론을 위해 3장과 4장은 각각 인과 겸애의 감춰진 측면들, 즉 인의 보편성과 겸애의 개별성(특수성)에 대해 설명할 것이다. 그리고 5장은 다양한 도덕 심리학의 개념들을 사용해서 도덕적 행위의 토대 문제, 수양의 문제 등을 다룰 것이다. 마지막으로 6장의 결론에서는 인과 겸애의 통합으로서의 인의 발전과정과 현대세계에서의 인의 의의에 대해 간략히 지적할 것이다.

3장

_____

인과 개별주의

가족 우선주의의 당위성

웡David B. Wong은 유가 윤리가 가족에게 특별한 도덕적 우선성을 부여한 개별주의[1]를 택했던 데에는 세 가지 근거가 있다고 한다. 첫째, 타인에 대한 보살핌은 가족으로부터 시작해야 된다고 믿었다. 둘째, 부모의 보살핌에 대한 감사의 개념 때문이다. 셋째, 부모의 복지를 중시하는 것은 인성人性이다.[2] 이 세 가지 근거는 그저 사실을 기술한 것은 아니다.

---

1. 여기서 말하는 개별주의의 의미는 '특정한 관계의 사람들에게 특별한 대우를 해야 한다는 입장'을 말한다. 다음 장에서 말하는 보편주의는 그러한 개별주의를 부정하는 입장을 말한다.

2. Wong (1989), 254.

다시 말해서 부모에게 효를 하는 것은 그저 자연적으로 가능한 것이 아니다. 그렇게 행동하는 것이 더 바람직하다 혹은 마땅하다라고 하는 가치와 당위의 개념을 포함하고 있다. 물론 둘째와는 다르게 첫째와 셋째가 자연성을 강조하고 있기는 하다.

그렇지만 이것은 객관적 사실이라기보다는 그렇게 하는 것이 더 실행에 편하고, 결과가 좋을 것이라는 선행적 평가를 깔고 있다. 부모에게 잘하는 것이 부모를 근거리에서 살아가던 시대에는 여러 모로 편리하기도 하고, 또 공동체의 삶에서 필요한 도덕적 성품을 키우는 데 유리했을 것이다. 하지만 특히나 요새와 같이 가족이 떨어져 있는 경우에는 가족보다는 이웃사람으로부터 보살핌을 시작하는 것이 도덕적 성품을 키우는 데 더 편리할 수도 있다. 나아가 부모에게 더 끌리는 것이 본성이라는 것도 사실은 이전에 부모를 자주 보는 데서 생겨난 감정이라고 할 수도 있다. 그저 본능이나 본성적으로 가지고 있는 것이 아니라는 말이다.

관습과 감정을 강조하는 인

유가의 인의 윤리학이 개별주의라는 것은 유가가 주례周禮로 대표되는 종법제하에서의 윤리이고, 또한 친친이나 측은지심과 같은 감성을 강조하기 때문이다. 이것은 유가의 정치적 입장으로 본다면 각각 예치禮治와 덕치德治로 볼 수 있다. 예치가 관습을 강조하는 것이라면 덕치는 도덕적 감성을 강조하는 것이다. 공자와 순자가 예치를 대표한다면 맹자는 덕치의 전통을 대변한다고 볼 수 있다.[3] 친친은 종법제 하에서 강조된 가치이고, 측은지심은 인간의 보편적 감성을 강조하는 것이기에 예를 강조하는 공자와 순자를 예치에, 사단을 강조하는 맹자를 덕치에 배열해 볼 수도 있다는 것이다. 물론 이러한 예치와 덕치의 구분은 필연적인 것은 아니다. 주례가 인간의 감정을 배제하는 것도 아니고, 덕과 예가 별도로 있는 것도 아니기 때문이다. 주례는 자연적 인간의 감정 토대 위에서 세워진 것이고, 덕성은 예의 행위를 통해 발전되는 것이다. 사실 그들 사이에는 그저 강조점의 차이만 있다고 할 수 있다. 여하간 예와 덕을 강조하는 이 두 전통에서 보이는 유가의 윤리학의 개별성은 서구의 규범윤리학이 공정한 보편원칙을 강조하는 것과 대조가 된다고 할 수 있다. 한마디로 이성의 보편성을 강조하는 윤리라기보다는 구체적 상황을 중요시하고 또한 이성보다는 감성을 중요시하는 특성을 가지고 있다는 점에서 유가는 개별주의라고 하겠다. 또한 이 점에서 근대의 보편적 규범윤리학에 대안으로 등장한 덕윤리의 특성을 많이 가지고 있다고 할 수 있다. 유가를 비판한 묵가, 도가나 법가 등에서 이와는 반대되는 사고, 즉 보편주의적 사고가 전개되는 것도 다 이런 까닭이다.

도응이 묻기를 순이 천자가 되었고, 고요가 법을 담당하는 관리가 되었는데, (순의 아버지) 고수가 살인을 했다면 어떻게 되는가? 맹자가 말

---

3. cf. Sungmoon Kim, "Confucian Constitutionalism: Mencius and Xunzi on Virtue, Ritual and Royal Transmission," Review of Politics 73/3, 2011, 371-399.

하기를, 고요가 고수를 체포할 것이다. 그러면 순이 그것을 막지 않겠는가? 순이 어떻게 그것을 막겠는가? 고요는 직책대로 한 것이다. 그러면 순은 어떻게 하겠는가? 순은 천하를 버리기를 다 떨어진 신발 버리듯 할 것이다. (고수를) 몰래 업고 도망하여 해안가를 따라 거처하여 종신토록 행복하게 즐기며 천하를 잊을 것이다.[4]

위의 『맹자』의 구절은 마치 공자가 자신의 고향에서 정직한 이는 아버지의 죄를 고발하지 않고, 오히려 아버지의 죄를 덮어준다는 『논어』의 구절을 상기시킨다.[5] 공자와 맹자에게서 보이는 아버지에 대한 이 태도가 바로 정의에 대한 유가의 편애주의, 개별주의를 드러내준다.[6] 이 장에서는 유가의 이런 편애주의적이고, 개별주의적인 측면들을 예, 친친과 측은지심, 그리고 충서의 개념을 중심으로 다룰 것이다.

---

4. 『맹자』「진심상」. "桃應問曰 舜為天子 皐陶為士 瞽瞍殺人 則如之何 孟子曰 執之而已 矣 然則舜不禁與 曰夫舜惡得而禁之 夫有所受之也 然則舜如之何 曰舜視棄天下 猶 棄敝蹝也 竊負而逃 遵海濱而處 終身訢然 樂而忘天下."

5. 『논어』 13:18.

6. cf. Myeong-seok Kim, Choice, "Freedom, and Responsibility in Ancient Chinese Confucianism," Philosophy East and West, 63/1, 2013, 21. 물론 이러한 사례들을 보편성을 부정하는 사례들로 해석하기보다는 보편적인 입법으로 발전시키기 위한 제안으로 해석하는 입장도 있다. cf. Angle (2012), 69-70.

의례

다양한 덕과 열린 자세의 중요성

공자의 통찰력이란 한마디로 덕 있는 인간이 통치자가 되어야 한다는 것이었다. 이것을 우리는 덕치의 이상이라고 할 수 있다. 그렇다면 공자에게 덕이란 무엇인가? 덕이란 개념이 공자에게서 처음 사용된 것은 아니고, 사실 공자 이전에 있었던 것이다. 그것은 일차적으로 주로 군주의 능력을 가리키는 개념이었고, 개별자의 어떤 영혼의 상태를 가리키는 개념이라기보다는 군주가 다른 사람에게 보여준 자비로운 행위를 통해 군주가 다른 사람에게 가지게 된 영향력을 의미한다.[1]

---

1. 덕은 흔히 '탁월성'을 의미하는 서양의 virtue 혹은 arete의 번역어로 쓰이는데, 동아시아의 덕은 개인의 탁월성을 추구하는 맥락에서 나온 것이 아니고, 권력의 잔혹성이나 폭력성을 완화시키고자 하는 맥락에서 출현하였다.

즉 어떤 사람이 일이나 행사를 통해서 가지게 되는 그 사람의 힘, 카리스마를 덕이라고 일컫기에 꼭 영혼의 상태만을 덕이라 부르지는 않는다. 그 일이나 행사가 바로 의례, 의식을 의미하는 예라고 볼 수 있기에 우리는 여기서 예를 통해 덕을 이야기 하게 될 것이다.

사실 공자는 덕이라는 개념보다는 오히려 개별적이고 구체적인 덕들을 더 많이 이야기 한다. 그렇다면, 공자가 강조한 덕들은 무엇일까? 인仁, 예禮, 공恭, 관寬, 효孝, 용勇, 충忠, 신信 등등일 것이다. 그러나 이러한 덕들은 그 자체로 완벽한 것들이 아니라, 다른 덕의 결여로 인해 얼마든지 잘못될 수 있는 것들이다. 따라서 이것들은 잘못될 수 있다는 열려진 자세로 수용되어야 한다. 이 때문에 개별적인 덕보다는 배움(학學)이 강조된다.

> 공자가 말하기를 "……인자함을 좋아하지만 배움(학學)을 좋아하지 않으면 그 허물은 어리석음이고, 지혜를 좋아하지만 배움을 좋아하지 않으면 그 허물은 흐려짐이고, 믿음을 좋아하지만, 배움을 좋아하지 않으면, 그 허물은 도적질함이고, 곧음을 좋아하지만 배움을 좋아하지 않으면, 그 허물은 꼬여짐이고, 용기를 좋아하지만 배움을 좋아하지 않으면 그 허물은 어지러움이다. 강직함을 좋아하는 데, 배움을 좋아하지 않으면 그 허물은 미침이다."[2]

---

2. 『논어』 17:8. "子曰 由也 女聞六言六蔽矣乎 對曰未也 居 吾語女 好仁不好學 其蔽也愚 好知不好學 其蔽也蕩 好信不好學 其蔽也賊 好直不好學 其蔽也絞 好勇不好學 其蔽也亂 好剛不好學 其蔽也狂."

자하가 말하기를, "넓게 배우고, 뜻을 돈독히 하고, 절실하게 질문하고, 가까운 데에서부터 사고하면 인은 그 가운데에 있다."[3]

공자는 단순히 덕만 가지고는 자신을 넘어서는 사람들이 많지만, 호학의 측면만은 그 누구에게도 뒤지지 않는다고 함으로써, 배움의 중요성을 강조했다. 배움은 위의 인용문이 가리키듯이 우리로 하여금 안주하지 않게 만드는 효력이 있다. 어떻게 보면 공자가 덕에 대한 사람들의 태도에서 문제 삼는 바는 어떤 덕을 절대적으로, 혹은 맹목적으로 따르는 것이다. 덕은 이처럼 맹목적이 아니라, 항상 열린 자세로 추구되어야 바람직한 것이 될 것이다. 위의 구절들에서 좀 더 흥미로운 것은 여러 개별적 덕들 중에서도 인이라는 덕의 성격이다. 첫 번째 구절에서 인은 그저 다양한 개별 덕들 중의 하나이지만, 두 번째 구절에서 인은 어쩌면 덕의 또 다른 명칭 즉 개별 덕들을 넘어서는 일반적 덕의 개념을 가리키는 것 같다. 끊임없는 배움의 과정을 통해서 갖게 된 덕의 능력에 대해, 공자는 인이 그 가운데에 있다고 했던 것이다.

인仁과 관련된 『논어』의 구절들

이처럼 공자에게 강조된 인이 무엇인지를 알아보기 위해 일단 『논어』에서 인이 나오는 구절들을 열거하여 본다:

---

3. 『논어』 19:6. "子夏曰 博學而篤志 切問而近思 仁在其中矣."

유자가 말하기를 그 사람됨이 효제하고서 윗사람을 범하기 좋아하는 사람이 드물다; 윗사람을 범하기를 좋아하지 않고서 난을 일으키기 좋아하는 자는 있지 않다. 군자는 근본에 힘쓰니 근본이 서면 길이 생긴다. 효제는 인의 근본이다.[4]

꾸민 말과 얼굴빛은 인이 드물다.[5]

제자가 들어가서는 효하고, 나와서는 공손하고, 근신하고 믿음성 있게 행동하며, 두루 백성을 사랑하고, 인한 사람을 친히 한다. 이렇게 행동한 후에 여력이 있으면 학문을 배운다.[6]

사람이 인하지 않으면 의례는 해서 무엇하는가? 사람이 인하지 않으면 음악은 해서 무엇하는가?[7]

불인자는 어려움에 오래 처할 수 없고, 즐거움에 오래 처할 수 없다. 인자는 인을 편하게 여기고, 지자는 인을 이롭게 여긴다.[8]

---

4. 『논어』 1:2. "有子曰 其為人也孝弟 而好犯上者 鮮矣 不好犯上 而好作亂者 未之有也 君子務本 本立而道生 孝弟也者 其為仁之本與."

5. 『논어』 1:3. "巧言令色 鮮矣仁."

6. 『논어』 1:6. "弟子入則孝 出則弟 謹而信 汎愛眾 而親仁 行有餘力 則以學文."

7. 『논어』 3:3. "人而不仁 如禮何 人而不仁 如樂何."

8. 『논어』 4:2. "不仁者不可以久處約 不可以長處樂 仁者安仁 知者利仁."

인자만이 사람을 좋아할 수 있고, 사람을 미워할 수 있다.[9]

인에 뜻을 둔 자는 악함이 없다.[10]

부귀는 사람이 원하는 바이지만 합당한 방식으로 얻지 않았으면 거기에 머물지 않는다. 빈천은 사람이 싫어하는 것이지만 합당하지 않은 방식으로 얻지 않았다면, 버리지 않는다.[11]

나는 인을 좋아하고, 불인을 싫어하는 자를 보지 못했다. 인을 좋아하는 것은 더할 것이 없고, 불인을 싫어하는 것은 인이 된다. 불인자로 하여금 자신의 몸에 더하지 않게 한다. 하루 그 힘을 인에 사용할 수 있는가? 나는 힘이 부족한 자를 보지 못했다. 대개 있을 수 있는데, 나는 아직 보지 못했다.[12]

지자知者는 물을 좋아하고, 인자仁者는 산을 좋아한다. 지자는 움직이고 인자는 고요하다. 지자는 즐거워하고 인자는 오래 산다.[13]

---

9. 『논어』 4:3. "唯仁者能好人 能惡人."

10. 『논어』 4:4. "苟志於仁矣 無惡也."

11. 『논어』 4:5. "富與貴是人之所欲也 不以其道得之 不處也 貧與賤是人之所惡也 不以其道得之 不去也 君子去仁 惡乎成名 君子無終食之間違仁 造次必於是 顚沛必於是."

12. 『논어』 4:6. "我未見好仁者 惡不仁者 好仁者 無以尚之 惡不仁者 其為仁矣 不使不仁者加乎其身 有能一日用其力於仁矣乎 我未見力不足者 蓋有之矣 我未之見也."

13. 『논어』 6:20. "知者樂水 仁者樂山 知者動 仁者靜 知者樂 仁者壽."

만약 널리 백성에 베풀고서 백성을 구제할 수 있다면 어떠한가? 인이라고 할 수 있는가? 어찌 인에 머무르겠는가? 반드시 성聖이다. 요순도 장차 (그것을) 오히려 병통으로 여겼다. 무릇 인자는 자기가 벼슬하기를 원하면 다른 사람을 벼슬하게 하고, 자기가 업적을 남기고 싶으면 다른 사람을 업적 남기게 만든다 (자기가 이해하기를 원하면 다른 사람을 이해하게 만든다). 가까운 곳에서 비유를 취하면 인의 방법이라고 할 수 있다."[14]

도에 뜻을 두고, 덕에 근거하고, 인에 의지하고, 예에 노닌다.

인은 먼 것인가? 내가 인하고자 하면 곧 인이 도달한다.[15]

선비는 마음이 넓고 의지가 굳세지 않을 수 없다. 임무가 무겁고 길이 멀기 때문이다. 인은 자신이 짊어지고 가는 것이니 또한 무겁지 아니한가? 죽은 후에야 멈추게 되니, 또한 멀지 않은가?[16]

공자께서 말하기를 굳건하고, 말을 어눌하게 하는 것이 인에 가깝다.[17]

---

14. 『논어』 6:30. "子貢曰 如有博施於民而能濟眾 何如 可謂仁乎 子曰 何事於仁 必也聖乎 堯舜其猶病諸 夫仁者 己欲立而立人 己欲達而達人 能近取譬 可謂仁之方也已."

15. 『논어』 7:30. "仁遠乎哉 我欲仁 斯仁至矣."

16. 『논어』 8:7. "曾子曰 士不可以不弘毅 任重而道遠 仁以為己任 不亦重乎 死而後已 不亦遠乎."

17. 『논어』 13:27. "剛毅 木訥 近仁."

군자의 도는 셋이 있는데, 나는 할 수 있는 것이 없다. 인자는 근심하지 않고, 지자는 의혹됨이 없고, 용자는 두려움이 없다. 자공이 말하기를 부자가 스스로를 말씀한 것이다.[18]

공자께서 말하기를 지사와 인인은 생을 구하여 인을 해치지 않고, 몸을 죽여서 인을 이룬다.[19]

공자가 말하기를 지가 미치지만 인이 그것을 지킬 수 없으면 비록 얻더라도 반드시 잃게 된다. 지가 미치고, 인이 그것을 지킬 수 있는데, 장莊(장엄함)으로 임하지 못하면 백성들은 공경하지 않는다. 지知가 미치고, 인仁이 지킬 수 있고, 장莊으로 임하는데, 그것을 움직이는데 예로 하지 않으면 아직 선한 것이 아니다.[20]

인에 대해서는 스승에게 양보하지 않는다.[21]

인은 위의 다양한 구절들이 암시하듯이 『논어』에서 매우 특별한 위치를 지닌다. 하지만 위의 여러 인에 대한 언급들은 인자가 보여주는

---

18. 『논어』 14:28. "君子道者三 我無能焉 仁者不憂 知者不惑 勇者不懼 子貢曰 夫子自道也."

19. 『논어』 15:9. "志士仁人 無求生以害仁 有殺身以成仁."

20. 『논어』 15:33. "知及之 仁不能守之 雖得之 必失之 知及之 仁能守之 不莊以涖之 則民不敬 知及之 仁能守之 莊以涖之 動之不以禮 未善也."

21. 『논어』 15:36. "當仁不讓於師."

여러 성질, 혹은 인자가 보여주지 않는 성질 혹은 인을 성취하는 과정에 대한 언급 내지 인의 효과 등등에 대해 말하지만, 직접적으로 인이 무엇인지에 대해서는 거의 말해주지 않는다.[22] 아마 이것이 인에 대한 많은 언급에도 불구하고 공자가 "이익, 운명, 그리고 인에 대해서는 거의 이야기하지 않으셨다"[23]라고 한 이유일 것이다.

인과 구체적 덕목의 관계

인이 구체적으로 말해지지 않는 것은 인이 최상의 덕이기 때문이다. 이러한 최상의 덕인 인과 다양한 개별 덕들의 관계에 대해서, 공자는 인한 사람은 개별적 덕들을 포함하지만, 개별적 덕들을 가졌다고 인은 아니라고 한다. 이런 생각을 나타내는 구절들이 바로 "인자仁者는 용기가 있지만, 용자勇者는 반드시 인仁하지 않다"[24] 등이다. 공자는 여러 곳에서 사람들에 대한 평을 하면서 그런 사람들이 개별적인 덕은 가졌지만, 인을 가졌다고 하기는 부족하다고 하였다. 이런 점에서 인은 공자에 있어서 최상의 덕, 혹은 덕 전체를 지칭하는 것으

---

22 . cf. Herbert Fingarette, Confucius−the Secular as Sacred, New York: Harper & Row, Publishers, Inc., 1972, 38−40. (이후 Fingarette (1972)로 약칭).

23 . 『논어』 9:1. "子罕言利 與命 與仁."

24 . 『논어』 14:4.

로, 한마디로 덕德과 동의어라고 할 수 있다.[25] 서구의 몇몇 학자들이 인을 대문자를 사용해서 "Goodness"로 번역 하는 것은 이 때문이다.[26] 인은 물론 공자 이전에는 하나의 개별적 덕이었고, 공자에게서도 때로는 개별적 덕으로 언급되기도 하였다. 공자 이전의 인이라는 덕[27]은 왕이나 귀족의 '친절함, 잘생김, 늠름함, 강함, 귀함'을 가리키는 지극히 개별적 덕이었다.[28] 공자에 있어서도 인이 지, 용 등의 다른 덕과 병칭될 때에는 개별적 덕을 가리키는 것이라고 볼 수 있다. 하지만 가장 문제가 되는 것은 최상의 덕으로서의 인의 덕이 무엇이냐는 것이다. 인이 간단히 정의될 수 없음은 공자가 사람마다 인에 대해 달리

---

25. 이것은 단지 유가에서만이 아니라, 그 후의 모든 철학사상에서 받아들여진다. 진영첩Wing-tsit Chan의 용어로는 '최상의 도덕적 삶'(moral life at its best)이다. 물론 이것이 『논어』에서 출현하는 모든 인이 최상의 덕을 가리킨다는 것은 아니다. 다른 덕들과 함께 사용되었을 경우에는 개별 덕성으로 보아야 한다. cf. Chan (1955), 297–298. 물론 『논어』 6:30과 같이 인보다 더 상위의 덕성 단계로 성聖을 말할 수도 있다.

26. Bryan W. Van Norden, Virtue Ethics and Consequentialism in Early Chinese Philosophy, New York: Cambridge University Press, 2007, 118. (이후 Van Norden (2007)로 약칭).

27. 진영첩Wing-tsit Chan은 동작빈董作賓과 완원阮元의 글을 인용하여 갑골문에는 인仁이 나타나지 않으며, 그 밖의 공자이전의 저작이라고 할 수 있는 서적에서도 3차례 정도만 나타난다고 한다. Chan (1955), 295–6.

28. 『논어』에서 인은 499장에서 58번 논의되고, 그 글자는 105번 출현하는 것으로 어떤 다른 개념보다도 중시되었다고 한다. cf. Chan (1955), 295–296 and Graham (1989), 19. 신정근은 공자 이전의 인仁이 친절함이나 도덕적 의미가 아니라 잘생김, 씩씩함과 같은 비도덕적 의미를 갖고 있다고 한다. 신정근, 「선진시대 초기 문헌의 인의 의미」, 『동양철학연구』, 31집, 2002, 225–244.

말해주었고, 때로는 같은 사람에게도 다른 이야기를 한 사실에서도 알 수 있다.

(번지가) 인을 물었다. 인자는 어려운 것을 먼저하고 그 후에 얻는다면 인이라고 할 수 있다.[29]

안연이 인을 물었다. 공자께서 말하기를 자신을 이겨 예를 실천하는 것이 인이다. 하루 자신을 이겨 예를 실천하면 천하가 인으로 돌아간다. 인을 하는 것은 자신으로부터이지 다른 사람으로부터이겠는가? 안연이 말하기를 그 세목을 듣고 싶습니다. 공자가 말하기를 인이 아니면 보지도, 듣지도, 말하지도, 움직이지도 말라. 안연이 말하였다. 제가 불민하지만 그 말을 받들겠습니다.[30]

중궁이 인을 물었다. 공자가 말하기를 문을 나서서는 큰 손님을 보듯이 하고, 백성을 부릴 때는 큰 제사를 모시듯이 한다. 자기가 원하지 않는 것을 다른 사람에게 베풀지 말아라. 나라에 원망이 없고, 집안에 원망이 없다.[31]

---

29. 『논어』 6:22. "問仁 曰仁者先難而後獲 可謂仁矣."

30. 『논어』 12:1. "顏淵問仁 子曰 克己復禮為仁 一日克己復禮 天下歸仁焉 為仁由己 而由人乎哉 顏淵曰 請問其目 子曰 非禮勿視 非禮勿聽 非禮勿言 非禮勿動 顏淵曰 回雖不敏 請事斯語矣."

31. 『논어』 12:2. "仲弓問仁 子曰 出門如見大賓 使民如承大祭 己所不欲 勿施於人 在邦無怨 在家無怨 仲弓曰 雍雖不敏 請事斯語矣."

번지가 인을 물었다. 공자가 말하기를 사람을 사랑하는 것이다.[32]

번지가 인을 물었다. 공자께서 말하기를 거처하는데 공손하고, 일을 맡아서 공경스럽게 하고, 다른 사람과 어울리는데 충성스럽게 한다. 비록 이적夷狄에 가더라도 버릴 수 없다.[33]

자장이 공자에게 인을 물었다. 공자가 말하기를 천하에 다섯 가지를 행할 수 있으면 인이다. 그것을 물었다. 대답하기를 공손함, 관대함, 믿음직함, 민첩함, 은혜로움이다. 공손하면 업신여기지 않고, 관대하면 백성을 얻고, 믿음직하면 다른 사람들이 임무를 주고, 민첩하면 공이 있고, 은혜로우면 족히 다른 사람을 부릴 수 있다.[34]

제자들마다 혹은 심지어 같은 사람에게도 인을 달리 설명하는 것을 본 제자들은 공자가 일부러 인에 대해 숨기는 것이 있다고 생각했다.[35] 하지만 공자의 입장에서는 굳이 숨긴다기보다는 인의 포괄적 성격 때문에 인에 대해 만족할 만한 설명을 할 수 없었던 것이었다. 공자는 사랑함(애愛), 공손함(공恭), 공경스러움(경敬), 충성스러움(충

---

32. 『논어』 12:22. "樊遲問仁 子曰 愛人."

33. 『논어』 13:19. "樊遲問仁 子曰 居處恭 執事敬 與人忠 雖之夷狄 不可棄也."

34. 『논어』 17:6. "子張問仁於孔子 孔子曰 能行五者於天下 為仁矣 請問之 曰 恭 寬 信 敏 惠 恭則不侮 寬則得眾 信則人任焉 敏則有功 惠則足以使人."

35. 『논어』 7:24.

忠), 맑음(청淸), 곧음(직直), 용감함(용勇), 관대함(관寬) 등등의 개별적 덕목들로는 인을 충분히 묘사할 수 없다고 보았다. 즉 그런 미덕들은 충분히 칭찬할 만하지만 인은 아니라는 것이다.

어떤 사람이 말하기를 옹은 인하지만 말을 잘하지는 않습니다. 공자께서 말씀하시기를 어찌 말을 잘해야 하느냐? 입으로 사람을 대하면 사람에게 원망을 받는다. 인한 줄은 모르겠지만 어찌 말을 잘 해야 하겠느냐?[36]

맹무백이 묻기를, 자로는 인합니까? 공자께서 말씀하시기를, 모르겠습니다. 다시 물으니, 공자께서 말씀하시기를, 자로는 천승의 제후국의 군대를 맡길 만하지만 인한지는 모르겠습니다. 염구는 어떻습니까 공자께서 말씀하시기를 염구는 천실의 마을과 백승의 집안에 재상은 가히 할 수 있지만 인한지는 모르겠습니다. 적은 어떻습니까? 공자께서 말씀하시기를 적은 예복을 갖추고 조정에 나가 사신을 접대할 만하지만 인한지는 모르겠습니다.[37]

자장이 묻기를 영윤 자문은 세 번 영윤이 됐지만 좋아하는 기색이 없었습니다. 세 번 그만둘 때는 화난 기색이 없었다. 이전 영윤의 일은 반

---

36. 『논어』 5:5. "或曰 雍也 仁而不佞 子曰 焉用佞 禦人以口給 屢憎於人 不知其仁 焉用佞."

37. 『논어』 5:8. "孟武伯問 子路仁乎 子曰 不知也 又問 子曰 由也 千乘之國 可使治其賦也 不知其仁也 求也何如 子曰 求也 千室之邑 百乘之家 可使為之宰也 不知其仁也 赤也何如 子曰 赤也 束帶立於朝 可使與賓客言也 不知其仁也."

드시 새로운 영윤에게 고하였습니다. 어떠합니까? 공자께서 말씀하시기를, 충성스럽다. 인합니까? 말하기를 모르겠다. 어찌 인하겠느냐? 최자가 제나라 임금을 죽이니, 진문자는 말 십승을 버리고 떠났습니다. 다른 나라로 가서는 마치 우리나라 대부 최자같군 하고 떠났으며, 또 다른 나라로 가서는 마치 우리나라 대부 최자 같군 하면서 떠났습니다. 어떻습니까? 공자께서 말씀하시기를 청렴한 사람이다. 인합니까? 말씀하시기를 모르겠다. 어찌 인하겠는가?[38]

공자께서 말씀하시기를 성인이나 인자는 내가 어찌 감히 자처하겠는가? 그저 배우기를 싫어하지 않고, 가르쳐 줌에 게을리 하지 않는다고 한다면 그럴 수 있을 뿐이다. 공서화가 말하기를 그것이 제자들이 배울 수 없는 부분입니다.[39]

우월감, 자부심, 원망, 욕망을 억누르는 것이 인하다고 할 수 있습니까? 공자께서 말씀하시기를, 이것은 하기 어려운 일들이지만 인한지는 잘 모르겠다.[40]

---

38. 『논어』 5:19. "子張問曰 令尹子文三仕為令尹 無喜色 三已之 無慍色 舊令尹之政 必以告新令尹 何如子曰 忠矣 曰 仁矣乎 曰 未知 焉得仁 崔子弒齊君 陳文子有馬十乘 棄而違之 至於他邦 則曰 猶吾大夫崔子也 違之 之一邦 則又曰 猶吾大夫崔子也 違之 何如 子曰 清矣 曰 仁矣乎 曰 未知 焉得仁."

39. 『논어』 7:34. "子曰 若聖與仁 則吾豈敢 抑為之不厭 誨人不倦 則可謂云爾已矣 公西華曰 正唯弟子不能學也."

40. 『논어』 14:1. "克 伐 怨 欲不行焉 可以為仁矣 子曰 可以為難矣 仁則吾不知也."

자로가 말하기를 환공이 공자 규를 죽였을 때, 소홀은 따라 죽었지만 관중은 죽지 않았으니 인하지 못한 것이 아닙니까? 공자께서 말씀하시기를 환공은 제후를 규합할 때 무력을 쓰지 않았으니 관중의 힘이다. 마치 인한 것 같다. 마치 인한 것 같다.[41]

인仁과 예禮의 관계

공자의 인에 대한 설명 중에서 가장 주목할 만한 것은 제자들 중에서 이해력이 가장 뛰어났다고 평가받는 수제자 안연에게 말해준 것이다. 공자는 안연에게 인이란 "극기복례克己復禮"(자신을 극복하여 예禮로 돌아간다는 것이다)라고 하였다. 자신을 극복한다는 것은 자신의 사사로운 욕심을 억제한다는 의미이고, 예로 돌아간다는 것은 아마도 사회적 규범을 실천한다는 이야기일 것이다. 좀 더 자세한 세목을 묻는 안연에게 공자는 '예가 아니면 보지도, 듣지도, 행하지도 말라'고 함으로써, 예의 중요성을 강조한다. 이처럼 공자에게 덕이라는 것은 아리스토텔레스의 덕과 같이 우리 영혼의 어떤 상태라기보다는, 예와 같은 구체적 행동규범과 연관이 있는 것이다.[42]

---

41. 『논어』 14:16. "子路曰 桓公殺公子糾 召忽死之 管仲不死 曰 未仁乎 子曰 桓公九合諸侯 不以兵車 管仲之力也 如其仁 如其仁."

42. 맥레드Alexus McLeod는 개인적 행동능력이나 개인적 심적 상태로서의 인보다는 인의 공동체적 특성을 강조한다. cf. Alexus McLeod, "Ren as a communal property in the Analects," Philosophy East & West, 62/4, 2012 505-528. 특별

그런데, 여기서 예의 실천과 동시에 '극기'(자신의 극복)가 제시되었다는 것이 중요하다. 그렇다면 자기의 사사로운 욕심 즉, 이기심을 극복한다는 것은 무엇인가? 자기중심적으로 즉 자신의 이익을 우선적으로 고려하지 말 것을 강조하는 것이다. 이 점에서 인은 '다른 사람에 대한 비이기적 배려의 태도'[43]라고 할 수 있다. 다시 말해서 '다른 사람에 대한 배려를 하는 가운데 사회적 규범인 예를 실천하는 것'이 인이라는 것이다. 인이란 것은 이처럼 예를 실천함으로써 이루어지지만, 단순히 예를 실천함으로써 이루어지는 것이 아니고, 그 예를 다른 사람을 배려하는 방식으로 실천함으로써만 이루어지는 것이다. 이것이 공자가 그저 기계적이거나 자동적인 예의범절의 준수를 배격하는 이유일 것이다.

사람이 인하지 못하면, 의례(예禮)는 왜 필요한가? 사람이 인하지 못하면 음악(악樂)은 왜 필요한가?[44]

위에서 말하는 예와 악은 어디까지나 겉으로 보이는 예와 악의 표현이다. 위의 구절은 우리가 인하지 않고서도 예와 악을 수행할 수 있

히『논어』4:1. "子曰 里仁爲美 擇不處仁 焉得知.『논어』4:7. "子曰 人之過也 各於其黨 觀過 斯知仁矣."『논어』4:25. "子曰 德不孤 必有鄰"를 강조한다. 물론 이것은 이미 핑가레트의 기념비적 저작에서 강조된 것이다. cf. Fingarette (1972) 37-56.

43. 핑가레트는 이 구절을 충서忠恕와 연결시켜, 예를 통해 우리가 표현하는 것은 '사람 간의 존경'(충忠)과 '상호적 좋은 믿음'(서恕)이라고 한다. Fingarette (1972), 41-42.

44.『논어』3:3. "子曰 人而不仁 如禮何 人而不仁 如樂何."

음을 말하고 있다. 그럼에도 그러한 예와 악은 본래 예와 악이 수행하는 역할을 하지 못한다는 것이다. 이런 관점에서 인은 예와 악의 핵심이다. 모종삼은 인이 예악을 구성하는 내재원칙이 아니고, 초월원칙이라고 하였다.[45] 이 지점에서 예의 근본이 무엇이냐는 임방의 질문을 왜 공자가 높이 평가했는지 알 수가 있다.

> 임방林放이 예禮의 근본을 물으니 공자가 말하기를, "훌륭하도다. 그 물음이여, 예는 사치보다는 검소해야 하고, 상사喪事는 형식을 갖추기보다는 차라리 슬퍼해야 함이니라."[46]

위의 인용문은 얼핏 보면, 인과 예의 관계를 내적 마음과 외적 표현 형식으로 보았다고 생각할 수 있다. 그러나 검소를 내적 마음의 상태로 볼 필요도 없고, 또한 슬퍼함이라는 것도 좁게 우리의 내적 마음에 국한해 볼 필요도 없다. 핑가레트Herbert Fingarette가 강조하듯이 공자에게 마음이란 개인의 사적 의식 상태, 즉 외적으로 표현되는 예와 별개로 존재할 수 있는 내면 상태가 아니라, 예와 더불어 공적으로 구현되는 상태라고 보아야 한다. 핑가레트는 예와 인이 같은 행위의 두 측면들이라고 말한다. 그리고 그 측면들은 인간을 인간답게 만드는 역할을 하는 것으로 예의 측면이 전통적 사회 패턴, 특정 행위, 특정 몸짓과 관계한다면, 인의 측면은 사람, 지향성, 행위자의 고유성 등에

---

45. cf. 모종삼, 『중국철학특강』, 정인재, 정병석 공역, 형설출판사, 1985, 63-64.
46. 『논어』 3:4. "林放問 禮之本 子曰 大哉問 禮與其奢也 寧儉 喪與其易也 寧戚"

주목한다는 것이다.[47] 원래의 공자 이전의 덕의 개념이 그러했듯이[48] 우리는 마땅히 행위를 통해서 공자의 인의 덕을 이해해야 한다는 것이다. 핑가레트의 인 해석을 행동주의적 해석이라고 평가하는 이유이다. 인은 이런 의미에서 적절한 동기부여가 된 주체적 상태라고 말할 수 있다. 그것은 의식의 상태가 아니라, 오히려 무의식의 상태이고 자발적 행위를 하고 있는 상태라고 할 수 있다. 인은 단순히 우환의 의식 상태가 없는 것이라기보다는, 우환의 객관적 상황을 가지지 않는 상태이다.[49] 주관적 의식 상태와 객관적 상황은 다르다. 때로 행복한 객관적 상황에서도 주관적으로는 불안한 감정을 느낄 수 있다. 감정은 순간적이고, 상황 의존적인데, 상황은 좀 더 독립적이고, 항구적 상태이기 때문이다. 예컨대, 열심히 운동을 하고 있는 경우, 나는 (육체적) 고통을 느낌에도 동시에 (자기실현의) 행복을 느낄 수 있는 상황에 비견할 수 있을 것이다. 이처럼 자기실현의 주체적 상태, 행복한 상태는 늘 달콤한 것이 아니고, 때로는 아니 고통과 긴밀하게 연결되어 있다. 그것은 순간적 감정을 가리키는 것이 아니기 때문이다.

흔히들 공자에 있어서 예의 지향점으로는 인만이 말해질 뿐만이 아니라, 화和와 락樂(즐거움)도 함께 말해진다.

---

47. Fingarette (1972), 42–3.

48. 동아시아의 덕 개념을 희생의 행위를 통해서 이해한 니비슨과 비슷한 관점이라고 볼 수 있다. Nivison (1996), 17–30.

49. 『논어』 9:29. "子曰 知者不惑 仁者不憂 勇者不懼."(The wise are not confused, the Good do not worry, and the courageous do not fear).

유자가 말한다: 예를 쓰는 것에는 조화가 귀하다. 선왕의 도는 이를 아름답게 여겨 작은 일과 큰일이 이로부터 나온다. 행하지 못할 것이 있으니 조화를 알아서 조화롭게 되는데, 예로써 조절하지 않으면 이 또한 행할 수 없다.[50]

자공이 말한다: 가난하되 아첨함이 없으며, 부유하되 교만함이 없으면 어떻습니까? 공자께서 말씀하시기를, 괜찮으나 가난하면서도 즐거워하며, 부유하면서도 예를 좋아하는 것보다는 못하다.[51]

이러한 사실은 인이란 화和와 락樂과도 의미가 상통하다는 점을 암시한다.[52] 한마디로 인이란 다른 사람과의 조화나 다른 사람과의 함께함에서 오는 즐거움과 통하는 상태라는 것이다.

---

50. 『논어』1:12. "有子曰 禮之用 和爲貴 先王之道斯爲美 小大由之 有所不行 知和而和 不以禮節之 亦不可行也."

51. 『논어』1:15. "子貢曰 貧而無諂 富而無驕 何如 子曰 可也 未若貧而樂 富而好禮者也."

52. "그가 제자들에게 제시한 이상향은 균형·절도·화평·문화가 넘치는 세계인데, 집약하면 인仁의 정신으로 압축할 수 있고, 인간끼리 성의와 아량을 가지고 대할 것을 제창했다." 渡邊卓, 『古代中國思想の硏究』, 東京: 創文社, 1973, 677. (이후 渡邊卓 (1973)으로 표기).

사회적 제도로서의 예

예에는 위와 같이 개인적 윤리를 완성함에 있어서 필수불가결한 개인적 덕목의 의미도 있지만, 다른 사람을 대할 때의 비폭력적이고 부드러운 방식을 의미하는 사회적 에티켓의 의미도 있다.[53] 전자는 인의 덕목을 완성시켜주는, 어떻게 보면 인의 또 다른 측면이지만, 후자는 법과 같은 일종의 사회규범이지만, 엄격한 규칙의 준수를 강조하는 법과는 달리 규칙 적용에 있어서 관대함, 유연함을 강조한다. 따라서 덕이 있는 사람이 법보다 예를 사용하기를 선호하는 점은 잘 이해할 수 있다. 공자가 형과 정에 의한 통치보다는 덕을 통해 다스리는 덕치와 예를 통해 다스리는 예치禮治를 더 강조하는 이유이다.

물론 공자가 말하는 예는 이전의 전통인 주례周禮였다. 공자는 하夏, 은殷, 주周 삼대의 시대 중에서 비교적 역사적 자료가 남아 있는 주周나라의 번영에 매우 고무된 사람이다. 주대의 개혁을 완성했던 주공을 존경하여, 늘 꿈에서라도 보려고 했다고 한다. 공자가 그렇게도 본받으려고 했던 주나라나 주대의 제도가 바로 주례이다. 여기서 중요한 것은 공자가 강조한 서주의 제도는 종법제와 봉건제가 그 핵심이었다. 종법제와 봉건제의 결합은 바로 주의 번영의 토대가 가족주의였음을 보여준다. 이러한 가족주의를 기반으로 한 주례를 토대로 공자는 예치와 덕치의 이상을 제시하게 되었던 것이다. 그의 이러한 정

---

53. 앵글은 이것들을 각각 '최대한의 역할'을 하는 예禮와 '최소한의 역할'을 하는 예禮로 구분한다. cf. Angle (2012) 91-110.

치의 비전은『논어』2장에 잘 나타나 있다.

강압적인 행정 규칙으로 인도하고 가혹한 형벌로 가지런히 하면 백성
들은 처벌만 면하려하고, 수치심이 없게 되지만, 윤리적 덕목으로 인도
하고 의례로서 가지런히 하면 수치감이 있게 되고 바르게 된다.[54]

그런데, 예치가 바로 주례를 따르는 것이라면, 공자의 사상은 그저
주례와 같은 복고적 관습을 다시 복원해야 한다는 것에 머무는 것인
가? 게다가 그 주례가 종법제와 봉건제를 결합한 가족주의에 기반을
둔 것이라면, 유가사상은 더욱 더 보편성을 결여한 것이 아닌가? 공
자가 술이부작述而不作의 태도를 견지했고, 스스로를 옛것을 좋아했다
고 자칭했던 것을 보면 이러한 해석이 전혀 그른 것은 아니다. 또 공
자가 아버지의 죄를 고발하는 것이 정직은 아니다라고 했음을 상기하
면 이런 비판이 전혀 불가능한 것은 아니다. 하지만, 좀 더 적극적으
로 공자를 해석하자면,[55] 공자의 사상은 단순한 옛 관습의 복원이 아
니라, 예치와 덕치의 어떤 본질을 제시함으로써 예와 덕의 가치를 옹
호했다고 보는 것이 보다 타당할 것이다. 공자가 아버지의 죄를 감싸
줘야 한다고 한 것은 아버지의 죄를 고발하는 것이 능사가 아니라는
것이고, 이는 법의 절대적인 옹호가 반드시 선은 아님을 보여준 것이

54.『논어』2:3. "子曰 道之以政 齊之以刑 民免而無恥 道之以德 齊之以禮 有恥且格."
55. 사실 모든 사상은 그 시대의 풍조에 영향을 받으므로 나름의 한계를 가지고 있다.
그렇지만 그것을 넘어선 보편성이 있는 사상만이 오랫동안 유지될 수 있을 것이다.

다. 다시 말해 법과 인륜 중에서 인륜을 택함으로써 공자는 보편적인 가치를 버린 것이 아니라, 좀 더 구체적인 것 속에서 보편성을 지향했다고 보아야 할 것이다. 즉 정의(혹은 법)와 인륜 중에서 인륜을 택한 공자의 태도가 정의를 무시하라는 함축을 주는 것은 아니다. 『맹자』에서의 순임금이 아버지의 죄를 감싸면서도 자신의 천자직을 내버렸음은 정의(혹은 법)의 요구도 유가 전통에서는 무시할 수 없음을 보여준다. 이렇게 보자면, 유가에게 정의는 늘 예와 같은 구체적 문화적 표현을 통해유가의 개별주의는 어떤 종류의 보편적 정의도 예禮로 표현되는 구체적 인륜의 제한을 피할 수 없음을 강조한다. 추상적 보편의 길이 아니라, 구체적 보편의 길을 걸었다는 것이다.

덕의 교육과정

인이 개별주의와 연결이 있다는 점은 일반적인 덕의 교육과정을 통해서도 알 수 있다. 인을 포함한 개별 덕들을 공자는 어떻게 가르쳤을까? 흔히 말하듯이 공자는 대중 강연보다는 일대일의 교육방식을 선호했다. 덕에 대한 일반적 논의보다는 일종의 개별적 접근방식을 택했고, 구체적 문제에 대해서 치유가 되는 방식을 선호했다. 이 측면이 공자의 사상을 개별주의라고 보는 이유이기도 하다.

알려고 하지 않는 사람에게 열어주지 않는다. 말하려고 하지 않는 사람에게 말해주지 않는다. 내가 한 모서리를 들었을 때, 다른 세 모서리

로 반응하지 않으면 다시 가르치지 않았다.[56]

공자는 사람에 따라, 장소에 따라 다른 처방을 내렸다. 다시 말해서, 공자가 덕에 대해서 이야기할 때에는 모든 사람에게 다 필요한 덕을 이야기한 것이 아니라, 그 이야기를 듣는 특정 사람의 부족한 덕에 대해 주목하여 그 사람에게 도움이 되는 것을 제시했다는 사실이다.

자로가 묻기를, 들으면 바로 행합니까? 공자가 대답하기를, 부형이 있는데 어찌 듣고 바로 행할 수 있겠는가? 염유가 묻기를, 들으면 바로 행합니까? 공자가 말하기를, 들으면 바로 행하라. 공서화가 물었다. 자로가 들으면 바로 행하냐고 물을 때는 부형이 있다고 했는데, 염유가 같은 질문을 했을 때 들으면 바로 행하라고 했습니다. 저는 혼동이 됩니다. 그 이유가 무엇입니까? 공자가 말하기를, 염유는 매우 조심성이 있는 사람이니, 나는 앞으로 가기를 원했고, 자로는 성급한 사람이니 후퇴시킨 것이다.[57]

이처럼 공자의 덕의 가르침은 제자 개인의 수준과 요구에 따라 다르게 제시되었다. 물론 공자의 덕의 가르침이 단지 제자의 질문에 대한 대답으로만 구성된 것은 아니었을 것이다. 일종의 일반적 커리큘

---

56. 『논어』 7:8. "子曰 不憤不啓 不悱不發 擧一隅不以三隅反 則不復也."

57. 『논어』 11:22. "子路問 聞斯行諸 子曰 有父兄在 如之何其聞斯行之 冉有問 聞斯行諸 子曰 聞斯行之 公西華曰 由也問聞斯行諸 子曰 有父兄在 求也問聞斯行諸 子曰 聞斯行之 赤也惑 敢問 子曰 求也退 故進之 由也兼人 故退之."

럼이 있었음은 틀림이 없다. 흔히들 공자가 제자에게 가르친 것은 예禮(의례), 악樂(음악), 사射(활쏘기), 어御(말 몰기), 서書(글쓰기), 수數(숫자세기)의 육예六藝라고 하는데, 공자의 가르침이 덕에 관한 것이라고 한다면, 사실 사射, 어御, 서書, 수數는 좀 뜬금이 없다. 물론 덕을 말하면서 사射에 대한 언급은 나오지만, 덕과 어御, 서書, 수數의 관계는 아무래도 직접적이지 않은 것 같다. 차라리 『논어』에 나타난 것으로 보자면 공자의 커리큘럼은 구체적으로는 아마도 예禮, 서書, 시詩, 악樂에 대한 것들일 것이다. 지금으로 말하면 문학, 역사, 윤리, 음악에 대한 교양 교육이다. 일종의 예술교육이라 할 수 있다. 이것이 오늘 날의 교육과 많이 다른 점이 있다면 오늘날에는 아무래도 정보 지식이나 이론적인 것에 치중하였지만, 공자에게서는 예술이나 역사를 통한 전통, 의식, 감성 교육에 초점을 맞추었다는 점일 것이다.

혈육애와 자비심

직접적으로 인간의 감정에 주목한 맹자

인을 구체적인 의례, 의식 그리고 예술과 연결한 사람이 공자였다면, 인을 구체적인 인간의 감정과 연결한 사람은 맹자였다. 하지만 사실 이것들은 서로 통하는 것이 있다. 공자가 강조한 의례, 의식 나아가 음악과 시 같은 예술의 효용도 사실 인간의 감정 교육을 목표로 한 것처럼 보이기 때문이다. 하지만 맹자의 감정에 대한 주목은 간접적인 방식이 아니라 바로 직접적인 언급을 통해 이루어진다. 맹자는 인이라는 덕을 친친과 측은지심으로 바로 연결시켰다. 물론 공자의 『논어』에서도 "효제孝悌가 인仁의 근본이다"[1]라는 말이 있었지만, 맹자는 묵가의 겸애 주장을 의식해서 본격적으로 친친親親을 인의 근본으로

---

1. 『논어』 1:2. "孝弟也者 其爲仁之本與."

삼는다. 또한 단지 친친만이 아니라, 겸애의 보편성을 함유한 것처럼 보이는 측은지심惻隱之心을 사용해서 이것 또한 인의 싹으로 그려낸다. 공자가 인을 넓게는 인지적인 측면과 감성적인 측면을 다 가진 최고의 덕으로, 좁게는 감성적인 측면의 인자함으로 애매하게 정의했다면, 맹자는 바로 이 좁은 의미의 인의 개념 즉 인의 감정의 측면에 주목했던 것이다.[2] 그렇다면 인의 토대로 주목받는 측은지심과 친친은 무엇인가? 또 그들 간의 관계는 무엇인가?

조건적 사랑으로서의 친친의 감정

먼저 인仁이 애인愛人으로 정의된 것에 주목해서 살펴보자. 애인愛人(사람을 사랑함)에서의 애愛(사랑)는 어떠한 의미인가? 물론 사랑이다. 사랑은 대체로 두 가지로 볼 수 있는데, 대상의 성질에 따른 (조건적) 사랑과 대상의 성질에 관계없는 (무조건적) 사랑으로 나눌 수 있는 것이다.[3]

---

2. Shun (1997), 49.

3. 이하 2가지 종류의 사랑에 대한 설명은 김명석의 논문 참조. "The Meaning of "Love" (Ai) in the Analects," Sungkyun Journal of East Asian Studies Vol.14 No.2, 2014. 사실 김명석은 『논어』에서의 사랑을 3가지로 나누어, 위의 2가지 이외로 '가치를 줌'이라는 경우가 있다고 한다. 그러나 이 세 번째 '가치를 줌'은 위의 두 사랑의 의미에 비해 최소의 의미이므로, 사랑은 크게 나누어 자연적 감정과 도덕적 감정의 두 가지로 나누어 분석해 볼 수 있을 것이다.

친친[4]의 사랑이란 무조건적 사랑이 아니라, 조건적 사랑이다.[5] 대상의 성질에 따른 것이기 때문이다. 여기서 대상의 성질이란 사랑받는 대상과 사랑하는 사람과의 특별한 관계를 지칭하던지 혹은 사랑받는 대상이 갖는 여러 가지 바람직한 성질을 의미한다. 예컨대, 그 대상이 아버지라면 대상의 성질은 아버지와 나의 관계를 의미하고, 아버지를 사랑하는 것은 바로 나와 아버지가 갖는 관계 때문이라는 것이다. 혹은 사람 받는 대상이 아름답거나 혹은 매력적이기 때문에, 내가 '그 대상을 사랑함'은 내가 그 대상의 그런 성질을 좋아해서 사랑하는 경우이므로 이것도 조건적 사랑의 예가 될 수 있다.

여기서 주의할 것은 나의 사랑이 사실로서의 사랑을 말하는 것이냐, 아니면 일종의 당위로서의 사랑을 말하느냐이다. 우리가 관심을 기울이는 조건적 사랑인 친친은 주로 후자의 의미를 함유한다고 보아야 한다. 그저 사실로서의 친친은 동물적 본능에 불과해 굳이 우리의 관심에 둘 필요가 없기 때문이다. 내가 어떤 사람이 매력적이라서 그 사람을 사랑하는 것은 선하지도 악하지도 않는 것으로 친친이 만약 그러한 성격의 것이라면 그것은 그저 하나의 생물적, 화학적 반응에 불과한 것이라고 말할 수 있다. 그러나 우리가 관심을 기울이는 친친

---

4. 친친은 문자 그대로는 '부모를 친하게 대한다'는 것으로 '부모에 대한 특별한 감정이나 태도'를 말하지만, 확장해서 '혈연을 공유하는 친지에 대한 특별한 감정이나 태도'를 가리킨다.

5. 여기서 친친이 '조건적 사랑'이라는 의미는 '차별적 사랑'의 의미이고, 흔히들 "부모의 자식에 대한 사랑은 무조건적 사랑이고, 자식의 부모에 대한 사랑은 조건적 사랑이다"라고 말할 때의 '조건적 사랑'의 의미와는 다르다.

은 그런 것이 아니다. 예컨대, 공자와 재여와의 대화를 생각해 보자. 공자는 재여가 1년만 부모상을 지내는 것이 더 낫지 않느냐는 것에 '재여는 부모에게 사랑을 받지 못했는가, 부모에게 사랑을 받았으면 당연히 3년 동안 상을 지내야 하지 않겠냐'고 하였다. 재여가 부모에게 사랑을 받았다면 당연히 재여가 3년상을 할 마음이 생길 것이라는 공자의 말에서 본능적인 친친의 감정과 우리가 친친의 감정과 연결시키는 어떤 당위적 감정, 태도, 행위를 구분해 볼 수 있다. 친친이 자연적이고 본능적인 감정만을 가리킨다면, 우리는 설사 재여가 그것을 느끼지 못했다고 그를 비난할 수 없을 것이다. 재여의 자연적이고 본능적인 감정은 그것으로 인해 재여를 비난할 수도, 칭찬할 수도 없는 그야말로 생리적인 반응이기 때문이다. 그런데 3년상을 당연시하는 당위적 의미의 친친의 감정은 그것의 부재시 우리가 그 사람을 비난할 수도 있는 성격의 감정이다. 공자가 관심을 갖는, 그리고 공자가 평가하는 친친의 감정은 이런 점에서 당위적 감정이지, 자연적 감정이 아니다. 자연적 감정은 비난할 수가 없는 반면, 3년상이나 1년상의 배후에 있는 감정들은 각각 얼마든지 비난할 수도, 칭찬할 수도 있기 때문이다. 친친은 이처럼 사실 자연적 감정을 넘어서는 당위나 희망의 차원을 함유하는 평가적 감정이다. 이처럼 자연적 감정과 평가적 감정의 차이는 그것이 비난받을 수 있느냐 없느냐에 있다. 자연적 감정인 어떤 사람에 대한 자연적 편애는 비난할 수 없다.[6] 하지만 1년

---

6. 서향동徐向東은 슬로트의 자아-타인의 대칭성이라는 개념을 사용해서, 자연적 감정의 비판 불가능성에 대해 주목한다. 徐向東,『自我, 他人與道德- 道德哲學導論』,

상이나 3년상의 배후에 있는 특정 편애의 방식에 대해서는 도덕적 평가를 할 수 있다. 윤리학에서 다루는 편애는 특히 이런 평가의 대상이다. 다시 말해서 부모에 대한 편애, 친구에 대한 편애는 어느 정도까지는 그 자체 도덕적 평가의 대상이 아니지만, 특별히 어느 정도의 자연적 한도를 넘어서면 도덕적 평가의 대상이 된다. 특별히 어떤 보편적 사랑과의 충돌에 있어서 편애는 종종 비판적 대상이 되기도 한다. 그것은 그 편도가 어떤 정도의 한도를 넘어섰기 때문이다. 그럴 경우의 편애는 이미 자연적 감정이 아니다.

무조건적 사랑으로서의 측은지심의 감정

친친의 자연적 감정은 그렇다치고, 그렇다면 인의 또 다른 단서인 측은지심이란 무엇인가? 맹자는 그것을 제선왕이 희생을 위해 끌려가는 소를 보고, 그것이 마치 무고한 사람을 죽이는 것 같아서 양으로 바꾸게 했다는 행동에서 드러나는 마음[7]이나, 우물에 빠지는 어린애를 보고 측은한 마음이 드는 것처럼 다른 사람의 고통을 참아하지 못하는 마음[8]으로 설명하고 있다.[9] 이 측은지심은 친친과는 다르게 강한

下冊, 北京: 商務印書館, 2007, 612-7.

7. 『맹자』「양혜왕상」

8. 『맹자』「공손추상」

9. Shun, 49. 다른 사람을 해하지 않고, 어려움에 빠진 사람을 도와주어야 한다는 주

보편성을 지니고 있다. 즉 앞서 말한, 친친이 대상의 성질과 관계가 있는 조건적 사랑이라면, 측은지심은 대상의 성질과 관계없는 무조건적 사랑이다.[10] 이것은 무조건적 사랑이라는 정의가 말해주듯이, 그 사랑받는 대상이 갖고 있는 성질에 관계없이 그 대상에게 느끼는 사랑의 감정이다. 여기서도 앞서와 마찬가지로 대상이 어떠한가에 관계없이 내가 사랑을 느끼는 경우와 혹은 그렇게 느껴야만 한다는 두 가지 경우로 나누어 생각할 수 있다. 예컨대, 유가의 측은지심은 어려움에 빠진 대상에게 그 대상이 누군가에 관계없이 느끼는 본능적 감정으로 설명되지만, 정말 그 측은지심의 감정에 가치가 내재되어 있지 않은지는 의문이다. 사실은 측은지심의 감정도 친친의 감정과 마찬가지로 단지 사실적으로 느끼는 감정일 뿐만 아니라, 마땅히 그렇게 느껴야 하는 당위적 감정의 요소를 포함하고 있다. 그것은 아무런 노력 없이도 누구나 느낄 수밖에 없는 본능이라기보다는(그런 측면이 아주 없지는 않지만), 사실은 나의 노력에 의해서 가져야 하는 혹은 적어도 유지나 확충해야 하는 당위적 도덕 감정인 것이다. 그것이 유지나 확충되어야 할 감정이라는 것에는 그 감정이 보통의 자연감정과는 다르게 그것을 지속하기 위해, 그것을 확충하기 위해 우리의 노력이 필요하다는 것이다. 당연히 이런 감정은 자연적 감정이 아니다.

장은 묵가로부터 영향을 받은 것 같다. 『묵자』 「겸애」편 참조.

10. 김도일은 『맹자』 「등문공상」 3A:5의 이지의 입장을 (유가의) 측은지심이 바로 (묵가의) 겸애라고 보는 것이라고 한다. 김도일, 「맹자의 感情모형 — 惻隱之心은 왜 兼愛와 다른가?」, 『동아문화』 제 41집, 82쪽.

친친과 측은지심의 연결고리로서의 자애로움

측은지심은 친친과는 달리 어떤 특별한 관계에 있지 않은 대상들을 지향하는 특성 때문에 인보다는 겸애에 더 근접한 것처럼 보인다. 실제로 묵가인 이지夷之는 자신의 핵심적 주장인 겸애를 '약보적자若保赤子'(어린애를 보호하듯이 돌본다)라는 『서경』의 구절 및 '유자입정孺子入井'(어린애가 우물에 들어가려 할 때 느끼는 측은지심)의 맹자 사례와 연결시켰다. 이 두 가지 맹자의 표현에 해당되는 측은지심의 사랑은 대상이 누구인지에 관계없이 생겨나는 일종의 무조건적 사랑이기에 친친의 조건적 사랑과는 차이가 있어 보인다. 정약용은 이처럼 상호 잘 맞지 않아 보이는 친친과 측은지심의 관계를 매우 적절하게 제시한다. 정약용은 인륜의 세 가지 미덕으로 효孝, 제悌, 자慈(자비로움)[11]를 제시한다. 여기서 효와 제를 친친과 연결시킨다면, 자는 측은지심에 해당될 것이다. 그리고 나서 우리가 부모와 형제에게 가지는 친친의 정서는 바로 부모가 자식에게 가지는 자비의 마음에 대한 응보의 성격을 지닌다고 함으로써 별애적 성격의 친친과 겸애적 성격의 측은지심을 연결시킨다. 즉, 부모와 형제에게 가지는 특별한 친친의 정서는 사실 부모가 자식에게 가지는 무조건적인 본능적 사랑에 대한 인지로부터 가능했다는 것이다. 그런데, 유교 전통에서 효와 제에 비해 자가 주목받지 못했던 것은 효孝와 제悌에 비해 자慈가 동물에게도 볼 수 있는 본능적 성격을 가진 것이었기 때문이라는 것이다. 하지만

---

11. 정약용, 『대학공의』.

정약용은 자慈가 가지는 윤리 도덕상에서의 기초적 성격을 간과할 수는 없다고 보았다. 정약용이 자慈를 맹자의 어려움에 처한 대상에게 연민감을 느끼는 측은지심에 해당된다고 본 것은 사실 그의 자慈는 단순히 부모가 자식에게 가지는 본능적 사랑뿐만이 아니고, 임금이 신하거나 백성에 갖는, 혹은 연장자가 연하자에 갖는 자비의 마음을 가리키기 때문이다. 여하간 이렇게 자慈와 효孝와 제悌의 관계를 연결시키면 우리는 일견 긴밀한 관계가 없어 보이는 측은지심과 친친을 연결시킬 수 있게 된다.

타인에 대한 배려

인을 충서와 연결시키려는 시도

인의 차등적 성격과 관련하여 우리가 주목하게 되는 것은 서恕이다. 서란 일종의 '유비적 확장'[1]이라고 할 수 있는데, 바로 이것을 통해 인이 보편적 사랑으로 확장되기에 서는 기본적으로 인이 원래 차별적이고 구체적 사랑임을 드러내는 개념이라고 할 수 있다. 다시 말해 인을 제대로 하기 위해서 유비적 확장이 필요하다는 것은 인이 원래는 차별적이거나 그 적용에 있어서 일부분을 대상으로 했던 사랑으로부터 무차별적이거나, 더 큰 부분을 대상으로 하는 사랑으로 발전했음을 말해준다는 것이다. 즉 인이란 친친 혹은 나아가 측은지심의 경우

---

1. 유비란 자신이 가까운 곳에서 발견한 사실을 자신이 잘 모르는 다른 상황에도 확장해 적용하려는 태도이다.

로부터, '유비적 확장'의 의미인 서의 개념을 통해 보편적 사랑으로 확장된다. 친친의 확장을 맹자는 "내 노인을 대접해서 다른 사람의 노인에 미치고, 내 어린이를 잘 대해서 다른 사람의 어린이에 미친다"[2]라고 했다. 측은지심의 확장은 희생을 하기 위해 끌려가는 소에게 느끼는 측은지심의 마음을 백성에게 적용하는 것이거나[3] 우물에 떨어지려는 어린 아이에게 느끼는 불인인지심不忍人之心의 마음을 다른 사람에게로 확장하는 것이라고 했다.[4]

그런데 왜 충서를 인과 연결시키게 되었는가? 밴 노던은 중국철학사에서 인의 성격과 관련하여 충서忠恕가 다루어진 맥락이 있다고 보았다. 『논어』 자체에서 인은 여러 덕들의 총합이거나 최상위의 덕이다라는 점이 앞서 강조되었지만, 인은 이러한 최상위 덕의 특성상 여전히 다양한 개별 덕들을 통해 부정적으로 접근되었을 뿐이다. 이러한 가운데, 인을 좀 더 체계적으로, 혹은 일반적으로 정의해보려는 시도가 특별히 공자 당시 혹은 조금 뒤에 생겨났다고 밴 노던은 보았다. 이른바 『논어』에 보이는 일이관지一以貫之의 도道라는 개념이 그것이

---

2. 『맹자』「양혜왕상」. "老吾老以及人之老 幼吾幼以及人之幼."

3. 『맹자』「양혜왕상」. "이제 은혜가 금수에까지 미칠 수 있었는데도 백성에게는 그 성취가 이르지 않는 것은 홀로 무슨 까닭인가? 잰 연후에 경중을 알고, 헤아린 연후에 장단을 안다. 사물은 모두 그러한데 마음이 유독 심하게 그러하다"(今恩足以及禽獸 而功不至於百姓者 獨何與 權然後知輕重 度然後知長短 物皆然 心為甚).

4. 『맹자』「양혜왕상」. "사람들은 모두 다른 사람의 고통을 참아하지 못하는 마음을 가진다. 선왕은 이 마음을 가지고, 이 정치를 했으며, 이 마음을 가지고 이 정치를 하면 천하를 다스리는 것은 손바닥 위에서 운행하는 것이다"(人皆有不忍人之心 先王有不忍人之心 斯有不忍人之政矣 以不忍人之心 行不忍人之政 治天下可運之掌上).

다. 일이관지의 도라는 개념은 공자의 개념이 아니라, 공자 사후를 전후해서 공자의 제자들이 만든 개념이라는 것이다. 공자의 제자 증자는 공자의 일이관지의 도에 대해 다른 사람들에게 그것은 충서忠恕라고 하였다.[5] 이러한 증자의 주장이 전혀 근거가 없지 않은 것이, 평생을 지키고 살 수 있는 좌우명을 묻는 자공의 질문에 대해 공자는 이미 그것을 서恕라고 대답하거나,[6] 혹은 인이 무엇이냐는 중궁의 질문에 서恕를 언급하기도 하였기 때문이다.[7] 또한 『논어』를 벗어나서 공자의 사고와 서恕 혹은 충서忠恕를 연결시키는 구절은 너무나도 많았다라는 것도 인과 충서를 연결시키려는 시도가 적어도 공자 이후에는 활발하였음을 보여준다.

충서는 도를 크게 벗어나지 않는다. 자신에게 베풀기를 원치 않는 것을 또한 다른 사람에게 베풀지 마라. 군자의 도는 네 가지가 있는데, 나(공자)는 한 가지도 능하지 않다: 자식에게 구하는 것으로 부모를 섬기는데, 나는 능하지 않다; 신하에게 구하는 것으로 임금을 섬기는데 나는 능하지 않다; 아우에게 구하는 것으로 형을 섬기는 데, 나는 능하지 않다; 친구에게 구하는 것으로 먼저 그에게 베푸는 데, 나는 능하지 않다.[8]

---

5. 『논어』 4:15. "子曰 參乎 吾道一以貫之 曾子曰 唯 子出 門人問曰 何謂也 曾子曰 夫子之道 忠恕而已矣."

6. 『논어』 15:24. "子貢問曰 有一言而可以終身行之者乎 子曰 其恕乎 己所不欲勿施於人."

7. 『논어』 12:2. "仲弓問仁 子曰 出門如見大賓 使民如承大祭 己所不欲 勿施於人 在邦無怨 在家無怨."

8. 『중용』 13. "忠恕違道不遠 施諸己而不愿 亦勿施於人 君子之道四 丘未能一焉 所求

위 사람에 대해 싫어하는 것으로 아래 사람을 부리지 말라; 아래 사람에 대해 싫어하는 것으로 위 사람을 섬기지 마라; 앞 사람에 대해 싫어하는 것으로 뒤 사람을 앞서지 마라; 뒤 사람에 대해 싫어하는 것으로 앞 사람을 따르지 마라; 오른 쪽의 사람에 대해 싫어하는 것으로 왼 쪽 사람을 사귀지 마라; 왼 쪽 사람에 대해 싫어하는 것으로 오른 쪽 사람을 사귀지 마라. 이것을 일러 혈구의 도라고 한다.[9]

공자가 말하였다. 군자에게는 세 가지 서恕의 규칙이 있다. 군주를 섬기지 못하면서도 신하가 부려질 것을 기대하는 것은 서가 아니다. 부모에게 보답하지 못하면서도 자식에게 효를 요구하는 것은 서가 아니다. 형을 공경하지 못하면서도 동생에게 명령에 따를 것을 요구하는 것은 서가 아니다. 선비가 이 세 가지 서에 밝으면, 몸을 단정히 할 수 있다.[10]

서의 황금률

충서의 개념 중에서 충忠이 무엇인지에 대해서는 여러 학설이 있지

乎子以事父 未能也 所求乎臣以事君 未能也 所求乎弟以事兄 未能也 所求乎朋友先施之 未能也."

9. 『대학』10. "所惡於上 毋以使下 所惡於下 毋以事上 所惡於前 毋以先後 所惡於後 毋以從前 所惡於右 毋以交於左 所惡於左 毋以交於右 此之謂絜矩之道."

10. 『순자』「법행」 "孔子曰 君子有三恕 有君不能事 有臣而求其使 非恕也 有親不能報 有子而求其孝 非恕也 有兄不能敬 有弟而求其聽令 非恕也 士明於此三恕 則可以端身矣."

만, 서恕가 황금률을 가리키는 것에 대해서는 커다란 이견이 없다. '황금률'golden rule이란 다른 사람에게 영향을 미치는 나의 행위나 태도가 내가 그 다른 사람이 되어도 받아들일 만한 것이어야 한다는 생각을 말한다. 흔히 말하는 '입장 바꾸어서 생각하기'라고 말할 수 있다. 공자의 인이 단순히 자기 완성이 아니라, 그것을 타인에게로 확충해 나가는 데서 이루어진다고 생각해 왔음을 생각한다면 이러한 서의 강조가 자연스럽게 인의 정의로 생각되는 것은 큰 문제가 없다. 그러나 사실 타인에로의 선의의 확대에서 인을 정의하는 것은 여러모로 부족한 측면이 있다.

서恕의 관점은 여러 문명권에서 발견된다.[11] 흔히 동양의 황금률인 서恕는 부정적 표현으로 이루어져 있어, 서양의 황금률과 비교하여 은률銀律로 말하기도 하지만, 『논어』에도 긍정적 표현의 서를 볼 수가 있으므로 반드시 서를 은률로 표현할 필요는 없다.[12] 또 부정적 황금률은 어떤 의미에서는 '그 부정적 태도나 행위를 하고 있는 것'이므로 얼마든지 긍정적 황금률로 바뀔 수 있다. 따라서 사실 긍정적 표현과 부정적 표현 사이에 커다란 차이가 있는 것은 아니다.[13]

---

11. 아프리카, 바빌로니아, 성경 등등에서 유사한 사고가 격언이나 규범의 핵심적 이념으로 제시되었다. Nivison (1996), 59–60.

12. 『논어』 6:30. "무릇 인자는 자기가 서고 싶으면 남을 세워주고, 자기가 도달하고 싶으면 남을 도달시켜 준다. 가까운 데서 비유를 취할 수 있는 것이 인을 이루는 방법이라고 할 만하다."(夫仁者 己欲立而立人 己欲達而達人 能近取譬 可謂仁之方也己).

13. 그럼에도 니비슨은 서恕가 부정적으로 표현된 것은 기본적으로 권력의 자의성을 막기 위한 것이었기 때문이라고 주장한다. Nivison (1996), 73.

그런데, 이러한 황금률은 그 보편적 존재에도 불구하고, 보편적 도덕법칙으로는 기능하기 힘들다는 점이 지적되어 왔다. 예컨대 칸트는 이렇게 비판했다.

그것은 보편적 법칙이 될 수 없다. 왜냐하면 그것은 자신에 대한 의무의 근거도, 다른 사람에 대한 자비의 의무(많은 사람들에게, 다른 사람에게 자비를 보여주지 않아도 된다고만 한다면, 사람들은 다른 사람들이 자신을 이롭게 하지 않아야 하는데 기꺼이 동의할 것이다.)의 근거도 포함하지 않기 때문이다. 그것은 또한 또 다른 사람에 대한 강제적 의무의 근거도 포함하지 않을 텐데, 왜냐하면 범죄자는 이 근거에 따라 판사가 그를 징역형을 내리는 것에 반대할 것이기 때문이다.[14]

서가 칸트의 비판을 넘어서 도덕법칙으로 작동하기 위해서는 많은 제한이 필요하다. 예컨대, 서에 대해 다음과 같은 사고 실험을 해 볼수 있다. 어떤 사람에게 "다른 사람들이 너에게 행하지 말았으면 하는 것을 그들에게 행하지 마라"라고 서를 정의한다면, 그것은 마치 "다른 사람들로 하여금 네가 즐기는 것을 주게 하려고 하는 것처럼 그들이

---

14. It cannot be a universal law, because it contains the ground neither of duties to one's self nor of the benevolent duties to others (for many a man would gladly consent that others should not benefit him, provided only that he might be excused from showing benevolence to them). Nor does it contain the ground of obligatory duties to another, for the criminal would argue on this ground against the judge who sentences him" (FMM 430, n14).

원하거나 즐기는 것을 주라"는 명령을 함축하는 것 같다. 그러나 이것은 그들이 원하는 것이 마약과 같은 것일 때, 하나의 도덕적 명령으로 삼기에는 문제가 있다. 따라서 이것은 또한 네가 주는 그것이 그들에게 나쁘지 않아야 한다는 제한을 필요로 하는데, 따라서 서의 명령은 "마치 너에게 나쁘지 않다면 네가 원하는 것을 너를 위해 그들이 너에게 해주기를 원하듯이 그것이 그들에게 나쁘지 않다면 그들이 원하는 것을 그들을 위해 행해라"는 명령과 같을 것이다. 그러나 여전히 이것은 아직 도덕명령으로는 불충분한데, 그가 좋아하는 것이 도덕적 옳음에 부합해야 하기 때문이다. 따라서 다음과 같은 제한적 명령이 또 필요하다. "오직 너의 행위가 옳은지 혹은 좋은지를 고려한 후에, 그에게 좋은 것을 그가 원한다면 그가 원하는 것을 그를 위해 행하라" 이렇게 많은 제한이 붙은 서恕의 명령은 비로소 도덕적 법칙으로 작용할 수 있을 것이나, 이것은 또한 '너의 행위가 도덕적으로 옳은지 그른지가 결정'된 이후에 적용되는 것이므로 우리가 애초에 의도했던 '바로 무엇이 도덕적 행위인지 아닌지를 결정할 수 있는 도덕법칙'이라고 할 수 없을 것이다. 이것이 바로 칸트가 서를 도덕법칙으로 보기 힘들게 한 이유일 것이다.

서의 보충물로서의 충

많은 유학자들은 황금률의 이런 불충분성이 유교의 충忠으로 해결된다고 본다. 즉 서恕에 결여된 도덕적 제한을 충忠이 보충한다고 생각한 것이다. 예컨대 주자는 이렇게 말한다.

자신을 완전히 실현하는 것이 충忠이고, 자신을 확충하는 것이 서恕
이다. ...... 충이란 천도이고 서란 인도이다. 충은 헛됨이 없고, 서는 충
을 행하는 방법이다. 충은 체體이고 서는 용用이다. 충은 대본이고 서는
달도이다.[15]

한마디로 자신이 본래 부여받은 도덕적 본성을 완전히 실현하는 것
이 충이라고 보았다. 이것은 서를 통해서 도달해야 할 목표가 될 것이
다. 이것은 충이 완벽한 도덕적 선으로 격상되었음을 말해주고, 서는
바로 이런 충의 범위 안에서 사용되어 졌을 때, 문제가 생기지 않는다
고 본 것이다.

현대 중국학자 그레이엄A. C. Graham도 이와 유사하게 충서를 해석
한다. 그는 충을 기본적으로 '군주에 대한 충성devoted loyalty to a ruler'
과 '아래 사람을 위한 충심wholeheartedness on behalf of inferiors'의 미덕으
로, 서를 미덕이 아닌 일종의 유비적 사고로 해석한다.[16] 즉, 그는 주
자처럼 공자의 충을 마치 인의 이상으로, 서를 그 이상을 실현하는 방
법으로 생각하는 듯하다. 그레이엄은 다음과 같은 공자의 말이 자신
의 주장을 뒷받침한다고 생각한다.

---

15. 『논어집주』. "盡己之謂忠 推己之謂恕.... 忠者天道 恕者人道 忠者無妄 恕者所以行
乎忠也 忠者體 恕者用 大本達道也."

16. Graham (1989), 21.

자공이 말하기를 어떤 사람이 백성에게 널리 베풀고, 많은 사람을 구제할 수 있다면, 인한 사람이라고 할 수 있습니까? 하고 물었다. 공자가 말하기를 그것이 인자일 뿐이겠는가? 반드시 성인이라 할 것이다. 요와 순임금도 그것을 근심하였다. 인한 사람은 자신이 드러나기를 원하는 곳에 다른 사람이 드러나게 하고, 자신이 도달하기를 원하는 곳에 다른 사람이 도달하게 한다. 가까운 곳에서 유비를 찾는 능력이 인을 하는 방법이라고 할 수 있다.[17]

또 다른 황금률, 충

주자나 그레이엄은 충은 목표로, 서는 그 방법으로 해석함으로써 충서의 두 가지가 공자에게 일이관지의 도로 생각되었던 까닭이 어느 정도 해명되었다고 생각한다. 하지만 주자나 그레이엄의 설명은 여전히 왜 이러한 일이관지의 도인 충서 중에서 왜 충은 빼고 종종 서만이 말해졌던 것일까의 궁금증을 잘 풀어주지 못한다. 니비슨은 좀 더 급진적으로 충을 황금률(서恕)과 연결시킨다. 그도 그레이엄과 마찬가지로 충은 흔히 생각하는 윗사람에 대한 충성뿐 만이 아니라, 적어도 동급의 사람을 대할 때의 태도와 관련되어 있음을 지적한다.

---

17. 『논어』 6:30. "子貢曰 如有博施於民而能濟衆 何如 可謂仁乎 子曰 何事於仁 必也聖乎 堯舜其猶病諸 夫仁者 己欲立而立人 己欲達而達人 能近取譬 可謂仁之方也已."

증자가 말하기를 나는 매일 세 번 스스로 반성한다. 다른 사람을 위하여 일을 할 때, 충성스럽지 않았는가: 친구와 더불어 교제함에 믿음직스럽지 아니했는가? 전해진 것을 익히지 아니하였는가?[18]

번지가 인에 대해 물었다. 공자가 말하기를 거처함에 공손하고, 일을 맡음에 공경스럽고, 다른 사람과 함께 함에 충성스러우면, 비록 오랑캐라도 버릴 수 없다.[19]

정공이 물었다. 임금이 신하를 부리고 신하가 임금을 섬기는 것을 어떻게 하면 되는가? 공자가 대답하여 말하기를 임금이 신하를 부림에는 예로써 하고, 신하가 임금을 섬김에는 충으로써 한다.[20]

계강자가 물었다. 어떻게 하면 백성으로 하여금 공경되고, 충성스럽고, 선에 힘쓰게 할 수 있습니까? 공자가 말하였다. 그들을 장엄하게 대하면 공경스럽게 되고, 효성스럽고 어질게 하면 충성스럽게 되고, 선한 사람을 뽑아 능력이 없는 이를 가르치면 선에 힘쓰게 된다.[21]

---

18. 『논어』 1:4. "曾子曰 吾日三省吾身 爲人謀而不忠乎 與朋友交而不信乎 傳不習乎."

19. 『논어』 13:19. "樊遲問仁 子曰 居處恭 執事敬 與人忠 雖之夷狄 不可棄也."

20. 『논어』 3:19. "定公問 君使臣 臣事君 如之何 孔子對曰 君使臣以禮 臣事君以忠."

21. 『논어』 2:20. "季康子問 使民敬 忠以勸 如之何 子曰 臨之以莊則敬 孝慈則忠 擧善而教不能 則勸."

공자가 말하였다. 사랑한다면 수고롭게 하지 않을 수 있겠는가? 충성
스럽다면 가르치지 않을 수 있겠는가?[22]

이러한 충의 의미와 서의 의미를 결합하여, 니비슨은 충은 '윗사람
을 향해 진행되는 황금률'이고, 서는 '아래 사람을 향해 행해지는 황금
률'이라고 했다. 즉 윗사람이나 동급의 사람들에게는 엄격하게 하는
반면, 아랫사람을 대할 때에는 냉정하고 거칠게 대해서는 안 되고, 예
의를 갖추어서 야만스럽지 않게 해야 한다는 것이다. 이것이 바로 공
자가 말한 인의 방법이라고 하였다. 이것은 통상적으로 인간이 본능
적으로 타인에 대해 규칙을 엄격히 적용시키거나, 자신에 대해 규칙
을 엄격히 적용하지 않는 것과 정반대의 태도이다.[23] 충의 덕목은 특
별히 자신의 경우 불충하지 않아도 괜찮다는 것을 의미하는 것이 아
니다. 여하간 니비슨은 충과 서를 예를 적용하는 방식(자기에게는 엄
격하게, 타인에게는 관대하게)으로 설명하면서, 공자의 사상을 예의
적절한 적용에 관한 것으로 해석한다. 이는 앞서 말했던 예를 중심으
로 한 공자 사상의 해명을 적절히 포괄하는 장점을 지니고 있다. 니비
슨 해석의 장점은 단지 공자만이 아니고, 후대의 유가 전통도 적절히
아우르는 데 있다. 예컨대 송대의 유학자 장재1020~1077년의 『정몽』에
다음과 같은 구절이 있다:

---

22. 『논어』 14:7. "子曰 愛之 能勿勞乎 忠焉 能勿誨乎."

23. 동중서는 흥미롭게도 타인에게 잘 하는 것을 인仁, 자신에게 엄격히 하는 것은 의義
라고 구분하였다. cf. 동중서, 『춘추번로』.

다른 사람을 질책하는 마음으로 자신을 질책하면 도를 다하게 된다. 이른바 군자의 도는 네 가지가 있는데, 나는 하나도 잘하지 못한다. 자신을 사랑하는 마음으로 타인을 사랑하면 인을 다하게 된다. 이른바 자신에게 있는데 원하지 않는 것을 또한 다른 사람에게 베풀지 않는다.[24]

여기서 책기責己(자신을 질책함)와 애인愛人(다른 사람을 사랑함)은 각각 '자기에 대한－훈련'과 '타인에 대한－인자함'이고 이것은 또한 니비슨이 말한 충과 서에 해당한다. 사실 이러한 니비슨의 해석은 밴노던이 "어떻게 충과 서가 그 다양한 덕에 대해서 말한 공자의 사상을 다 포괄할 수 있을까"라고 물었던 의문에 어느 정도 대답할 수 있는 미덕이 있다. 다시 말해, 그저 윗사람에 대한 충성의 덕목으로만 생각했던 충이 어떻게 서와 함께 공자사상을 요약할 수 있는 핵심덕목으로 기능할 수 있었을까의 물음에 대해 적절히 대답해 주는 것이다.[25]

개별적 덕목으로서의 충서

핑가레트Herbert Fingarette는 니비슨과 마찬가지로 충서의 구절들이 역시 인의 본성에 대한 언급 중에서 가장 구체적이고 가장 도움이 되

---

24. 『정몽』. "以責人之心責己則盡道 所謂君子之道四 丘未能一焉者也 以愛己之心愛人則盡仁 所謂施諸己而不願 亦勿施於人者也."

25. Van Norden (2007), 73.

는 것들이라고 본다. 그가 주목하는 구절들은 다음과 같다.[26]

(인한 사람은) 자신이 드러나기를 원하는 곳에 다른 사람이 드러나게 하고, 자신이 도달하기를 원하는 곳에 다른 사람이 도달하게 한다. 가까운 곳에서 유비를 찾는 능력이 인을 하는 방법이라고 할 수 있다.[27]

예로 돌아가는 것이 인이다.[28]

핑가레트는 위의 두 구절이 인을 인간과 인간의 관계에 관한 것으로 바라보게 해 준다고 한다. 첫 번째 구절이 바로 충과 서에의 연결이고, 두 번째 구절은 서에 구체적 내용—예禮에 의해 자세히 정리된 구체적 사회관계들의 묶음—이 주어진다는 점을 보여준다고 한다. 다시 말해서 충과 서가 예의 구체적 형식을 통해 드러난 것이 인의 방법이라는 것이다. 그가 이 지점에서 충과 서를 각각 '도덕성'과 '황금률'과 같은 것보다는 '사람들 사이의 존경'과 '상호간의 좋은 믿음'으로 번역한 것은 충과 서를 인을 드러내는 유교의 구체적 덕목으로 보려 했음을 알게 해 준다.

---

26. Fingarette (1972) 41–42.

27. 『논어』 6:30. "己欲立而立人 己欲達而達人 能近取譬 可謂仁之方也已."

28. 『논어』 12:1. "復禮爲仁."

후대의 첨가로서의 충서사상

그러나 충서를 공자 고유의 생각과 연결시키려는 이러한 니비슨과 핑가레트 해석의 장점에도 불구하고, 밴 노던은 충서 즉『논어』4:15가『논어』를 이해하는데 핵심적이라고 하는 것에 동의하지 않는다. 그가 보기에『논어』4:15를 중시하기 시작한 것은 리理를 중심으로 유학을 체계화 했던 주희를 비롯한 신유학자들부터였다. 3세기 하안何晏의『논어』고주에서도 4:15는 그렇게 중시가 되지 않았는데, 송대의 주희가 리理를 중시했기 때문에 4:15가 중시되었다는 것이다. 밴 노던이 보기에『논어』4:15는 공자와 증자 사이에서 벌어졌던 실제 대화를 기록한 것이 아니다. 증자는 공자 당시에 그렇게 두드러지게 나설 수 있는 처지에 있지 않았다.[29] 밴 노던에 따르면, 공자의 도가 충서가 아니라는 더 결정적 증거들은 다음과 같다:

① 『논어』는 그렇게 체계적이지 않다.
② 『논어』에서는 충과 서가 함께 쓰이지 않는다. 또한 다른 용어들에 비해 충과 서가 그렇게 주된 것도 아니다.
③ 충은 의무에 대한 헌신이라는 일반적 의미의 덕이라기보다는 공적

---

29. 그는 네 가지 이유를 든다: ① 역사적으로 볼 때, 공자 제자들 사이에서 증자의 위치는 미미하였다. ② 공자는 일이관지라고 했는데, 증자는 두 가지를 말했다. ③ 야也 대신에 호乎라는 호격조사가 쓰였다. ④ 문장의 문법적 형태가 이상하다. Van Norden (2007), 75.

인물의 이해에 대한 헌신과 같은 개별적 덕목인 것 같다.[30]

   밴 노던의 위와 같은 관점은 매우 설득력이 있다. 이것은 앞서서 살펴본 공자 사상의 핵심개념인 인이 사실상 공자에 의해서는 구체적 미덕들이나 의례에 의해 제시되었다는 점에서 더욱 그러하다. 하지만 우리는 이로부터 주자, 그레이엄, 니비슨, 핑가레트와 같은 학자들의 체계적 해석이 잘못이라는 결론을 내릴 수 없다. 주자, 그레이엄, 니비슨, 핑가레트의 충서 해석은 공자의 사상을 그 구체적인 지성적 맥락에서 벗어나 오늘날에도 유의미한 사상으로 만들려는 시도로 볼 수가 있다. 공자의 생각이 중요한 것이 아니라, 공자의 생각이 가진 함축이 그들에게는 더 중요했던 것이라고 볼 수 있다. 우리는 밴 노던의 충실한 공자 사상의 복원도 의미 있게 받아들여야 하지만, 주자, 그레이엄, 니비슨, 핑가레트에 의해 이루어진 공자 사상의 성격규명의 시도도 마찬가지로 중요하게 생각해야 한다. 나아가 공자의 다양한 덕목들이 함축하는 바도 자신의 위치에서 상대방에 대한 적절한 존경을 표현하는 것이고, 이것이 자기 절제를 통해서 이루어지는 것이라고 볼 때, 사실상 주자, 그레이엄, 니비슨, 핑가레트에 의해 이루어진 체계적인 인의 해석은 기존의 해석과도 충분히 조화로울 수 있는 것이다.

---

30. Van Norden (2007), 76-82.

4장

겸애와 보편주의

묵가의 관습비판과 객관적 기준의 옹호

묵가사상이 보편주의와 연관이 있다는 것은 묵가가 '예禮의 관습'을 '올바름'(의義)과 같은 것으로 여기지 않았다는 것에서 가장 명료하게 드러난다.

개술이라는 나라에서는 맏아들을 낳으면 갈라 먹으면서, (이는 다음 태어날) 동생에게 좋은 일이라고 말하고, 할아버지가 죽으면 할머니를 져다 버리면서, 귀신의 처하고는 같이 살수 없다고 말한다. …… 또 염인국에서는 부모가 죽으면 살을 발라버리고 뼈만 묻어야 효자라고 하고, 의거국에서는 부모가 죽으면 장작을 모아 화장을 하는데 연기가 오르는 것을 하늘나라에 오른다라고 말하고 그렇게 해야만 효자라고 한다. 이것으로 위에서 정치를 행하고 아래서는 풍속을 삼아, 그치지 않고 행하며, 유지하고 버리지 않는다. 이것이 어찌 진실로 인의의 도리이겠는가? 이른바 습관을 적절하다 생각하고 습속을 옳은 것으로 여기는 것이다.[1]

올바름은 의례와 같이 오랫동안 행해져 와서 우리에게 익숙해진 것을 의미하는 것이 아니다. 올바름은 바로 올바름의 기준을 통해 정해져야 한다. 올바름은 초월적이고 객관적인 기준인 삼표三表 혹은 삼법三法에 의해 정해져야 한다.

유가의 윤리적 덕에 의한 통치, 즉 유가의 도는 지나치게 관습에 의존하고, 가족적 혈연을 강조한다. 묵가가 보기에 이러한 관습적이고 혈연에 입각한 유가의 도는 가족 중심의 공동체에서는 효과적이지만, 다양한 지역에서 온 다양한 집안의 사람들로 이루어진 공동체를 다스리는 데 적합하지 않다.

말을 함에 판단기준이 없으면, 마치 질그릇 만드는 돌림대위에 해가 뜨고 지는 방향을 표시해 놓는 것과 같다. 그러므로 옳고 그르고, 이롭고 해로운 것을 밝게 가려낼 수가 없는 것이다. 따라서 말에는 반드시 세 가지 기준이 있어야한다. 즉 근본(본本), 근거(원原)와 실용(용用)이 그것이다. 무엇에 근본을 둘 것인가? 옛날 성왕들의 사적에 근원을 두어야 한다. 무엇에 근거하여 추구할 것인가? 백성들의 귀와 눈으로 들은 사실에 근거하여 추구하여야 한다. 무엇으로 실용적인가를 판가름할

---

1. 『묵자』「절장하」

것인가? 실제 형벌을 펴서 나라와 인민들에게 이로운가를 살펴보아야 한다. 이것을 말에 있어서 세 가지 기준이라고 말한다.[2]

묵가의 10가지 핵심주장

이처럼 삼표 혹은 삼법이란 '역사적 전거'를 뜻하는 본本, '상식 혹은 일반인의 경험'을 뜻하는 원原, '실용성'을 뜻하는 용用을 말한다. 이러한 추상적 기준에 의해서 정해진 10가지 구체적 주장 즉 겸애兼愛(비차별적 보살핌), 비명非命(운명을 거부함), 비악非樂(음악을 비판함), 절용節用(사용을 아낌), 절장節葬(장례를 검소하게 함), 비공非攻(공격적 전쟁을 비판함), 천지天志(하늘의 뜻), 상동尙同(위에로 일치함), 명귀明鬼(귀신을 밝힘), 상현尙賢(현명한 사람을 높임)의 묵가십사墨家十事를 그들은 정의로운 주장이라고 내세웠다. 그 10가지 주장 가운데, 특별히 묵가가 강조하는 것은 다음의 3가지 주장, 겸애兼愛, 상동尙同, 비명非命이다. 물론 나머지 주장들이 중요하지 않다는 것은 아니다. 나머지 주장들도 다 천하의 어지러움을 극복하기 위한 처방들이다. 하지만 이것들은 위의 3가지 처방들과 연관되어 있는 부수적 처방들이라고 생각된다. 이 세 개의 주장 각각은 난세를 극복하기 위한 윤리

---

2. 『墨子』「非命」. "言而毋儀 譬猶運鈞之上而立朝夕者也 是非利害之辨不可得而明知也 故言必有三表 何謂三表 子墨子言曰 有本之者 有原之者 有用之者 於何本之 上本之 於古者聖王之事 於何原之 下原察百姓耳目之實 於何用之 廢以爲刑政 觀其中國家 百姓人民之利 此所謂言有三表也."

적 처방, 정치 권위적 처방, 인위를 강조하는 합리적 처방이라고 할 수 있다. 이것들은 묵가가 당시의 시기를 난세로 규정하고, 그 구체적 원인을 제시하기 위하는 가운데 출현한 것들이다. 우리는 이 중에서도 겸애에 초점을 맞추어 다루겠다.

사랑함과 이익을 줌

겸애의 중심성

묵가의 대표적 주장은 흔히 겸애라고 말할 수 있다. 겸애는 묵가 특히 전기 묵가의 대표적 주장들, 즉 비명, 비악, 절용, 절장, 비공, 천지, 상동, 명귀, 상현과 같은 묵가십사墨家十事 중의 하나이지만, 그 모든 주장들을 아우르는 특성을 지닌다.[1] 일종의 묵가사상의 상징이다. 마치 유가의 인이 유가의 대표적 덕목인 오상五常(인의예지신仁義禮智信) 중의 하나이지만, 이 모든 것을 포괄하는 것처럼 그러하다.

겸애는 기본적으로 묵가에게 있어서 세상의 혼란을 극복하고 안정화 시킬 수 있는 정치적이고 윤리적인 처방책이었다.[2] 즉 정치적 방

---

1. 정재현, 『묵가사상의 철학적 탐구』, 서강대출판부, 2012.

2. 『묵자』에서 시도된 다른 정치적 처방으로는 다양한 도덕적 관점을 하나로 통일하는

안이었고, 윤리적 준칙이었다. 일반적으로 묵가에 있어서 가장 포괄적이고, 최상위의 정치적·도덕적 원리는 기본적으로는 겸애의 원리보다는 공리성(이利)[3]으로 알려져 왔다. 묵가가 자신들의 10가지 주장의 타당성을 보증하기 위해 사용하는 삼표 중에서 가장 중요한 기준이 실용성(용用)이듯이, 공리성은 묵가 사상의 핵심적 원리이다. 사실 「겸애」편에서도 겸애의 원리는 세상에 더 많은 이익을 주기 때문에 옳은 것으로 말해진다. 하지만 묵가의 윤리이론은 단순하지가 않은데, 공리성 못지않게 또한 천지天志가 강조되고 있기 때문이다. 겸애가 옳은 이유는 이익을 주기 때문이기도 하지만, 또한 그것이 하늘의 뜻이기 때문이기도 하다. 따라서 공리와 천지 중에서 과연 무엇이 최상의 원리인지에 대한 수많은 논의가 있어 왔다.[4] 그런데, 겸애는 공리나 천지와 같은 최상의 윤리원리에 의해 채택된 하위의 윤리적 준칙들이나 정치적 방안들 중의 하나가 아니다. 다시 말해 겸애는 묵가에게 있어 인仁, 의義, 효孝와 같은 미덕들과는 다른 위상을 가지고 있다. 겸애는 천天이 가지는 겸兼의 보편성impartiality과 애愛의 공리

상동尙同의 방식과 운명론을 거부하는 비명非命의 방식을 들 수 있다.

3. 묵가에 있어서 이利는 물자, 인구, 그리고 '안정적 통치'(치治)를 가리킨다. 이 중에서 '안정적 통치'가 이利의 하나로 열거된 사실은 이들의 이론을 단순히 공리주의로 보기 힘들게 한다. 질서는 바로 인륜적 의무가 잘 지켜지는 사회이기도 하기에 서구의 번역자들은 이를 profit이라기보다는 utility, benefit 등으로 번역하기를 선호한다.

4. 즉, 묵가의 윤리이론을 '공리주의'로 볼 것이냐, '신명론'으로 볼 것이냐의 논란이 있어 왔다.

성utility의 측면[5]을 그 자체 함유하기에, 공리성, 천지와 함께 묵가의 윤리이론을 상징하는 원리로 특별한 지위를 갖는다고 볼 수 있다.[6] 저명한 중국학자 그레이엄A. C. Graham이 겸애를 '도덕의 통합원리'the unifying principle of principle라고 말한 것은 이런 이유에서이다. 예컨대, 공리성의 원리는 '모든 이'(兼)를 '이익을 주는 대상'으로 삼는다는 점은 공리성의 원리가 오히려 겸애의 원리에 의해 이끌려진 것이다. 천지의 원리 또한 의미상 모든 것을 밝혀주고, 모든 것을 있게 하고, 모든 것을 이롭게 하는 것[7]을 함축하기에, 겸애의 원리에 의해 제어되는 측면을 가지고 있다.

「겸애」편의 내용

아무래도 겸애의 사상을 가장 잘 드러내는 것은 『묵자』 「겸애상」, 「겸애중」, 「겸애하」 편일 것이다. 그런데, 흥미롭게도 정작 "겸애"라는 말은 「겸애」 편에서는 「겸애하」편에 한번만 나온다. 그리고, 제49편 「노문·魯問」편에 또 다시 겸애라는 말이 나온다. 이 점에서 「겸애」의 편명은 후대의 편집자들이 붙인 것으로 이 장들의 내용과 완전히 일치하는 것은 아님을 알 수 있다. 드푸르트Carine Defoort는 이 「겸애상」

---

5. 뒤에서 지적하겠지만, 좁은 의미의 애愛와 이利는 같은 개념을 의미하는 것은 아니다.

6. Graham (1989), 41.

7. 『묵자』 「천지상」 "以其兼而明之,… 以其兼而有之,… 以其兼而食焉."

에는 '겸상애'라는 말이, 「겸애중」에는 '겸상애교상리'가, 「겸애하」에는 '겸'이 나오는 점에 착안해서, 「겸애」 상중하의 편명을 각각 「상애相愛」(제14편), 「겸상애兼相愛, 교상리交相利」(제15편), 「권겸勸兼」(제16편)으로 제안한다. 그에 의하면 이 세 편에는 '도덕적 요구'의 부단한 고양과 '사랑'의 범위의 부단한 확대가 전개되고 있다고 본다.

먼저 「겸애」 각 편의 내용을 살펴보면, 이 세 편에 공통적으로 등장하는 부분이 있다. 이른바 핵심논증으로 성인 혹은 묵가의 이상인물에 대한 정의 및 정치적 혼란(난亂)의 원인 등에 대한 언급이 있다. 특별히 「겸애상」에서는 핵심논증만이 있는데, 여기서 성인이란 '천하를 다스리는'(치언하治天下) 사람이며, 천하의 난亂의 원인은 '서로 사랑하지 않음'(불상애不相愛)이다. 신하와 임금, 자식과 아버지, 아우와 형의 예를 들어 이들이 서로 사랑하지 않음으로써 난亂이 생긴다고 설명한다. 「겸애중」에서는 성인聖人 대신에 인인仁人이라는 말을 사용한다. 그런데 흥미롭게도 인인이란 타인을 사랑하는 애인愛人으로 정의되지 않고, 타인을 이롭게 하는 이인利人으로 정의된다. 아니 사실은 묵가에게는 애인愛人이 바로 이인利人이라고 할 수 있다. 즉 인인仁人이란 "천하의 이익을 부흥시키고, 천하의 해로움을 제거한다"(흥천하지리興天下之利 제천하지해除天下之害)이다. 천하의 이익이 무엇인지는 천하의 해로움이 무엇인지를 살펴보면 간접적으로 알 수 있을 것이다. 여기서 말하는 천하의 해로움이란 나라와 나라, 집안과 집안, 사람과 사람, 임금과 신하, 아버지와 아들, 형제들이 서로 싸우는 것이다. 이런 해로움을 제거하는 방식이 겸상애 교상리의 법이다. 따라서 겸애의 의미는 다음과 같은 대비를 통해 이해할 수 있다. 애愛(욕欲, 구求)

= 이利(부富, 복福) = 치治(건강한 상태) = 상애相愛 vs 오惡 = 해害, 적賊(빈貧, 화禍) = 난亂(병든 상태) = 자사자리自私自利(자기애)이다.

묵가는 이어서 자신의 겸애 즉 겸상애·교상리 이론에 대한 비판을 제시하고, 그에 대한 응답을 시도한다. 주로 겸상애와 교상리에 대한 비판은 실행의 어려움인데, 그 유類(고故)와 이利를 잘 알면 겸상애와 교상리가 어려운 것이 아니다. 광범위한 상관성을 보아야 한다(고故). 호혜성의 이치(상호 주고 받는 이치)도 잘 알아서 겸兼이 커다란 이익이 됨을 알아내야 한다(이利). 이는 예컨대 다음과 같은 단계를 거친다: ① 겸애는 어려운 일이지만, 임금이 좋아하면 할 수 있다. ② 겸애는 거의 불가능한 일이지만, 예전에 우임금, 문왕, 무왕이 그것을 했다. ③ 부와 다스려짐을 원하면 겸상애교상리가 그 답이다. 이것이 바로 치도이다.

「겸애하」에서는 겸과 별을 따로 뽑아 내어서 비교한다. 묵가에서 겸兼은 옳고, 별別은 그르다. 그러니 "겸으로 별을 교체해야 한다"(겸이역별兼以易別)라고 주장한다. 역시나 여기서도 겸애의 실행불가능성이 제기된다. 즉 겸애의 이론은 선하지만 실제 쓸 수 없다는 비판을 끌어들인다. 묵가는 다섯 단계를 통해 이를 대답한다: ① 친구에게 처자식을 맡기는 경우: 도움을 청하는 것은 겸의 친구이겠느냐 별의 친구이겠느냐? ② 임금을 선택하기 어려울 때, 어떤 임금을 선택할 것인가: 겸의 임금이겠느냐 별의 임금이겠느냐? ③ 겸애는 행할 수 없는 것이지만, 우임금, 탕임금, 문왕과 무왕은 행하였다. ④ 효도와의 관계 — 효자는 먼저 겸애를 하여야 한다. (여기에는 호혜성의 원칙이 가정된다.) ⑤ 겸애는 어렵지만, 임금이 솔선수범하면 가능하다.

여기서 주목할 만한 것은 ④ 겸애와 효도와의 관계이다. 겸애는 효에 도움이 되기에 추구해야 된다. 묵가에서도 자기 자신에 대한 관심만이 문제가 되었던 것은 아니다. 효 또한 아주 중요한 가치로 중시되었던 것이다. 이처럼 자신이나 자기 가족에 대한 관심과 타인에 대한 관심은 양립할 수 있다. 타인에 대한 관심을 보여야지 결국 자신에게도, 자기 가족에게도 이롭다.[8]

겸애는 앞서 말했듯이 아마도 공자의[9] 애인愛人의 개념에서 왔을 것이다. 즉 친친과 같이 특별한 편애만이 아니라 (혹은 자기애만이 아니라), 타인에 대한 애愛를 함유하는 것이 인仁이라고 한 공자의 인 사상을 이어받아 겸애가 성립되었을 것 같다. 서恕와 같은 확충을 통해 자신이나 친척에 대한 편협한 사랑을 뛰어넘는 사랑의 개념에서 겸애가 만들어졌을 것이다.[10] 그럼에도 불구하고, 겸애는 여전히 맹자의 차등적 사랑과 대비되어, 흔히 평등적 사랑, 박애, 무차별애 등등으로 이해되어 왔다. 인과 겸애의 이런 충돌로 인해 유가와 묵가의 갈등이나 투쟁은 극적으로 표현 될 수 있는데, 문제는 이러한 겸애의 개념과 묵가의 또 다른 핵심적 주장인 이익에 대한 강조가 잘 매치되지 않는다는 것이다. 이것은 마치 가족에 대한 특별한 관심을 강조하는 친친

---

8. Shun (1997), 30-31.

9. 사실 『묵자』 안에서 인仁은 긍정적으로 그려진다. 어떤 면에서 묵가의 인은 겸애를 말한 것 같다. 예컨대, 인자는 묵가의 이상적 인물로 천하의 이를 늘리고, 천하의 해를 없애는 노력을 하는 사람이다. 「겸애중」, 「겸애하」 참조.

10. Graham (1989), 42.

의 개념과 그 대상이 누구이든지간에 상관이 없는 타인에 대한 보편적 관심인 측은지심이 잘 매치가 안 되는 것과 마찬가지이다. 어떻게 묵가는 보편적이고 평등적인 사랑을 하라고 해 놓고, 또한 이익을 추구하라고 하는가? 그러나 이러한 두 가지 측면은 겸애가 묵가의 대표적 주장인 겸상애교상리兼相愛交相利의 줄임말이었다는 것에서 보여주듯이 사실 묵가에게서는 서로 융합이 되는 주장들이다. 묵가는 주지하듯이 그들의 삼표론[11]을 통해 실리實利의 제공을 즉 용用을 교설(이론)의 적실성을 판단하는 핵심적 기준으로 생각하였다. 묵가가 겸애를 말한 것은, 즉 겸애가 옳다고 본 것은 분명히 겸애가 실리를 준다고 보았기 때문이었다. 물론 묵자를 비판한 맹자도 인의가 결국은 이익을 준다고 이야기함으로써 이익을 무시하지는 않았지만, 맹자의 입장은 적어도 표면적으로 묵가와는 달리 한마디로 이익을 주기 때문에 옳다고 한 것이 아니라, 옳은 것이 결국 이익을 준다고 한 것이다. 맹자에게서 이익은 옳음을 추구한 결과 부산물로 생긴 것이지, 이익이 추구의 목표는 아니었던 것이다. 그것이 아마 이익추구와 정의추구를 상호 구별되는 가치추구 방식으로 제시하고, 후자를 선호한 맹자의 태도였다. 하지만 맹자는 그런 정의추구를 배타적으로 추구하면서도, 그에 덧붙여 '네가 정말 장기적인 이익을 얻고 싶으면, 인의의 행위를 하라'라고 충고한다. 어떻게 보면 이익추구의 심층 의도를 허용하는 것으로 볼 수 있고, 이것은 그의 정의를 추구하는 행위와 충돌된다고

---

11. 주장이나 이론의 판단기준으로 묵가가 제시한 세 가지 기준인 본本, 원原, 용用을 말한다.

도 할 수 있는데, 사실 맹자는 이것을 심각하게 생각하지는 않았다.[12] 그럼에도 대개 우리는 맹자와 묵가와의 차이는 이처럼 정의추구와 이 익추구로 극명하게 갈라진다고 할 수 있다. 이렇게 보았을 때 이익을 얻기 위해서 하는 묵가의 겸애의 행위는 적어도 우리가 생각하는 박 애(기독교적 박애)가 아니다. 겸애는 이익을 증진시키기 위해서 하는 행동이나 태도이어서 일종의 이성적 행동이나 태도이기 때문이다.

사랑의 태도와 이익추구의 태도의 충돌

겸애가 겸상애·교상리의 줄임으로써, 그 태도가 철저한 상호교환 과 이익추구에 있다는 것은 매우 중요한 점이다. 그러나 사실 절대적 이고 무조건적인 사랑의 태도가 겸애에 완전 결여되어 있다는 것도 지나친 주장이라고 할 수 있다. 묵가의 겸애에 무조건적인 사랑의 태 도와 이익추구의 태도와 같이 상호 충돌되는 것처럼 보이는 두 측면 이 동시에 존재하는 것은 몇몇 학자들로 하여금 묵가를 이해함에 있 어서 역사적 접근을 취하게 했다. 다음과 같은 두 가지 설이 있다. 첫 째는 초기의 호혜적이고 상호 계약적 관점에서의 사랑으로 겸애를 보 던 입장에서 점차 보편적이고 무조건적 사랑으로 겸애를 보는 입장으

---

12. 니비슨은 이것을 역설로 보고, 이에 대한 해결방식을 제시한다. Nivison (1996), 106–108.

로 이행했다Carine Defoort[13]는 설이고, 둘째는 반대로 초기의 순수하고 이타적이던 묵가사상이 세상의 타락상과 더불어 점차 이기적이고, 권위적인 방향으로 진행되어 갔다는 설渡邊卓[14]이다.

먼저 드푸르트는 주로 「겸애」와 「천지」편을 중심으로 해서 겸애사상의 발전과정을 살펴본다. 먼저 그녀는 정작 「겸애」상·중·하편에 겸애의 표현이 없는 것에 주목한다. 겸애는 아마도 묵자 제자나 후대의 묵가 혹은 『묵자』의 편찬자가 제시한 것이고, 이 내용이 있는 것으로 여겨지는 「겸애」상·중·하, 세 편은 겸애보다는 '겸애'라는 개념이 형성된 초기의 의미를 반영하고 있다고 주장한다. 그런 맥락에서 드푸르트는 「겸애」상·중·하, 세 편의 편명을 다시 제정한다. 상애相愛, 겸상애교상리兼相愛交相利, 권겸勸兼이 그것이다.

「겸애상」의 저자는 묵자의 '남을 사랑하라'(애인愛人)는 권유를 '서로 사랑하라'(상애相愛)나 '똑같이 서로 사랑하라'(겸상애兼相愛)로 해석한다. 「겸애중」에서는 그것을 '두루 서로 사랑하고, 서로 이롭게 하라'(겸상애兼相愛, 교상리交相利)로 발전시킨다. 「겸애하」에 이르면 '겸애'라는 개념이 비로소 처음 나온다.

그가 보기에 겸애의 개념은 보편성을 강조하는 「천지」상·중·하편에서 마침내 완성된다. 겸애는 '자애自愛'에서 '상애相愛'로 발전하고, 다시 '겸상애兼相愛'로 한 걸음 더 나아가고, 최종적으로는 무조건

13. 戴卡琳,「『墨子·兼愛』上, 中, 下篇是關於兼愛嗎? - "愛"範圍的不斷擴大」, 墨子 2011年國際研討會論文集, 中國·包頭, 2011.08. 60-72.

14. 渡邊卓 (1973), 675-701.

적인 '겸애兼愛'에 이르렀다. 이러한 발전과정에서 바뀐 것은 '사랑'의 내용이나 성격이 아니라 사랑받는 범위이다.

이와 관련하여 와타나베도 「겸애상」이 상애의 관점을 가지고 있음을 인정하지만, 그는 기본적으로 초기의 묵가가 이익추구보다는 순수한 동기, 즉 이익을 거부하는 관점(거리拒利)에서 겸애를 주장한다고 본다. 그에 의하면 초기 묵가는 공인계층에서 출현하였기에 어디까지나 약자의 위치에서 유가를 비판했다고 한다. 또한 비공非攻(공격적 전쟁을 반대함)과 겸애兼愛의 초기 주장을 통해 약자를 구할 것을 그들의 철학으로 삼았다는 것이다. 예컨대, 비공을 주장하면서 작은 나라의 방어에 치중했었던 것이 바로 겸애의 순수성을 보여준다는 것이다.

「겸애중」에 나타난 것은 교리交利사상이다. 교리사상은 초기 거리去利사상의 실패와 후기 묵가 집단의 성장을 계기로 점차 이익에 관한 관심이 높아졌음을 보여주는데, 이것은 절용, 절장, 비악론을 통해 체계화된다. 또한 이 시기에는 초기의 약자를 돕는 수비적 전쟁대신에 강대국의 군사적 필요를 충족시키는 집단으로 변모했다는 것이다. 「겸애중」과 「겸애하」 편에서는 이러한 이익강조 사상과 함께 군주의 힘 혹은 상벌에 의한 겸애의 강요가 나타난다. 그러나 이것이 그들이 약자를 도우려는 정신을 포기한 것은 아니었고, 다만 시대의 상황을 반영하면서 보다 효과적으로 약자를 도울 방안을 모색했다는 것이다. "따라서 묵자의 제창은 귀귀친친貴貴親親의 경향이 강하고, 천자賤者, 비자卑者, 약자弱子에게 책무를 강요하기 쉬운 당시 사회에서는 획기적인 의의를 지니고 있다."[15]

   위와 같이 드푸르트와 와타나베는 묵가 사상에서 보이는 겸애와 이익추구의 모순적 요소를 묵가 집단의 역사적 발전과정 내지 전개과정의 설명을 통해 해소하려고 한다. 그러나, 여기서는 겸애를 처음이나 끝에서 이타적이었거나 혹은 무조건적 사랑이었다는 식으로 이해하지 않고, 처음부터 끝까지 겸애는 어디까지나 호혜적이었고, 또한 아울러 이익 추구적 태도를 함유하였던 것으로 볼 것이다. 이것은 적어도 유가를 반대하는 묵가의 기본적 입장이 말만이 아닌 실질적인, 공적인 이익을 추구하는 것이었고, 이 실질적인 공적 이익의 추구는 후대에 추가된 것이 아니라, 처음부터 가지고 있었던 것이라 믿기 때문이다. 이것은 처음과 끝을 비교적 정합적으로 이해해 보려는 철학적 태도임과 동시에, 보다 본질적으로 겸애와 공익추구의 관계를 연결시키려는 것이다. 역사적 탐구가 겸애와 이익추구의 태도를 동일시점에 놓지 않고, 상이한 시점에 놓아 이해하려 한다면, 철학적 탐구는 그러한 시간성을 개입시키지 않고, 정합적으로 겸애와 이익추구의 태도를 조화시키려 한다. 이 점에서 이 글은 앞서의 학설들과 같은 역사적 탐구라기보다는 철학적 탐구의 측면을 가진다.

---

15. 渡邊卓 (1973).

무차별애와 통합적 보살핌

겸애에 대한 두가지 해석

겸애에 대해서는 최근 무차별의 사랑love without distinction으로 보는 해석과 통합적 보살핌inclusive care으로 보는 해석으로 양분되어졌다. 무차별의 사랑으로 보는 사람들은 겸애가 우선적으로 그 당시는 물론이고, 역사상 적지 않은 사람들이 이렇게 이해했고, 또 많은 사람들이 겸애의 실행가능성에 대해 의심을 품었다는 점들을 강조한다. 통합적 보살핌이 겸애의 의미였다면 많은 사람들이 그토록 그 실행가능성에 대해 부정적 의견을 보였을 리가 없었을 것이라는 것이다. 그와 함께 또한 묵가는 비판자들의 그런 부정적 이해나 의심에 대해 그것이 터무니없는 오해라는 식으로 반응하지 않았고, 일단은 그런 무차별애의 해석을 그저 수용했던 것처럼 보인다. 사실 이 무차별의 사랑으로 겸애를 이해하는 관점이 뚜렷하게 묵가와 유가의 입장 차이를 보여준다. 이렇게 이해된 무차별의 사랑은 결코 우리의 감성이나 상식선에서 받아들이기 쉽지 않지만 하나의 이론적 차원의 관점에서는 이해하지 못할 것이 아니다. 실행 불가능한 유토피아적 이론이 사실 역사상 얼마나 많았는가? 묵가의 겸애는 이성적이고, 이론적인 차원에서의 무차별적 사랑을 말한 것이다고 말하는 것이 전혀 불가능한 것은 아니라는 말이다.

묵가의 겸애가 오랫동안 무차별애 혹은 무차등애라고 선동적으로 해석된 결과, 그것은 종종 묵가사상을 위계적 차이를 거부하는 완벽한 사회적 평등을 옹호하는 사상으로 읽게 만들었다. 한편 겸애의 개념은 종종 전쟁을 반대하는'비공非攻'의 주장과 더불어 묵가를 무폭력주의, 평화주의의 이미지로 해석하게도 하였다. 이러한 해석은 묵자나 묵가가 천민출신이라는 것과 맞물려 묵자를 예수로, 겸애를 기독교적 의미의 이타적 사랑인 박애로 해석하게 하였다. 묵가가 천민출신으로 기득권세력의 사치를 비판했다는 점은 묵가사상을 기존의 보수적 사회질서를 뒤엎는 진보적이고 혁명적인 사상으로 둔갑하게도 하였다. 그러나 묵가는 봉건 사회의 위계적 사회질서를 거부하기는커녕 오히려 더 철저하게 중앙집권적인 위계적 사회를 만들려고 하였고, 또한 기존 사회의 각종 차별적 예禮의 제도를 옹호한 보수주의자였으며, 때로 정당한 전쟁이라면 공격적으로 행하는 것도 반대하지 않았던 집단이었다. 게다가 겸애의 애愛도 기독교에서 말하는 이타적 사랑이라기에는 계산적이고, 또한 의지적인 면이 있는 것[1]이 사실이

---

1. 그레이엄은 묵가의 애愛를 '사람들을 이롭게 하고 그들을 해롭게 하기를 싫어하는

다. 묵가는 한마디로 흔히 말하는 따뜻한 감성을 강조하는 철학자 집단이 아니었다. 그들이 친족을 사랑하라고 하는 이유는 친족에게 느낄 수 있는 특별한 감정을 소중히 여겨서가 아니라 어디까지나 그것이 모두에게 이익이 되는 의무들 중의 하나 혹은 겸애를 실현하는 방편으로 판단되어 졌기 때문이다. 물론 이것은 그들이 친족에게 아무런 느낌도 느끼지 않았다는 것을 의미하는 것이 아니라, 단지 그 느낌이 친족에 대한 특별한 행위나 태도를 뒷받침하지는 않았다는 것이다. 친족에 대한 태도와 행위는 어디까지나 철저한 계산이나 이성으로 옹호되었다.[2]

한마디로 묵가의 이질성은 기존 사회질서나 행태를 거부하는 혁신성에 있었던 것이 아니고, 인간의 감성을 그 토대로 보지 않았던 점에 있었다.[3]

냉정한 의지'(Graham (1989), 41), 혹은 '사람들을 위한 동기에서, 사람들을 이롭게 하려하고, 사람들을 해롭게 하려하지 않는 것'(Ibid., 145)이라고 정의한다. 이 글에서는 이런 그레이엄의 주장을 따라, 묵가의 애愛를 '사랑'love 보다는 '관심'concern이나 '보살핌'care의 의미로 쓸 것이다.

2. 효나 인의 미덕들이 묵가에게 정당화의 차원에서는 이성에 의해 이로운 것으로 여겨지고, 따라서 의무로 여겨졌지만, 그러나 그 미덕들 자체가 감정을 배제한 것일 필요는 없다. 이에 대한 자세한 논의는 본문에서 다룰 것이다. cf. Graham (1989), 43.

3. 묵가의 윤리가 감정을 소홀히 했다는 것은 감정에 의해 도덕적 관습을 정당화하지 않았다는 메타적 차원의 주장이다.

별애別愛, 인仁, 겸애兼愛, 무차별애無差別愛

인과 겸애의 차이를 내기에 앞서, 먼저 인仁과 별애別愛, 겸애兼愛
와 무차별애無差別愛 간의 차이를 내는 작업이 필요하다. 별애는 겸애
와 반대되는 태도로 묵가가 말한 것[4]이었는데, 흔히들 이것을 가지고
인을 이야기했고, 무차별애는 유가 특히 맹자가 겸애에 대해 말한 것[5]
이다. 이처럼 유가의 인은 오랫동안 별애로 여겨져 왔고, 묵가의 겸애
는 오랫동안 무차별애로 여겨져 왔다. 그러나 내가 보기에 유가의 인
은 별애가 아니고, 묵가의 겸애는 완전한 무차별애가 아니다. 이런 각
각의 개념들의 차이를 보이기 위해, 일단 다음과 같이, '별애-인-겸
애-무차별애'의 스펙트럼 상[6]에서 편의적으로 정의해 보는 일이 필요
하다:

① 별애別愛: 자기를 사랑하고 타인을 사랑하지 않는 것. 불상애不相愛
(서로 사랑하지 않는다).

② 인仁: 가족(자기)을 사랑하고, 이를 확장해 타인을 사랑하는 데까지

---

4. 「겸애」편에 등장한다. 그런데, 사실 「겸애」편에는 겸애나 별애라는 용어보다는 '겸'이
나 '별'이라는 용어로 나온다. 겸애나 별애가 다 감정이라기보다는 관심이나 태도를
나타내기에 愛의 유무와 상관없이 같은 의미를 가리킨다.

5. 무차등애라고 표시할 수 있다. 여기서는 둘을 같이 혼용하여 쓴다. 맹자는 이것
을 '자기 형의 자식을 이웃 사람의 아이와 똑같다고 생각하는 태도'(『맹자』「등문공
상」). "以爲人之親其兄之子爲若親其鄰之赤子"라고 하였다.

6. 이 스펙트럼 상에서 각각의 요소들의 왼쪽에서 오른쪽으로의 배열순서는 '사랑의
범위의 확대와 강도의 심화 정도'를 나타낸다고 할 수 있다.

나가려고 함.

③ 겸애兼愛: 자기는 물론이고 타인을 아울러 사랑하기. 애인愛人(사람을 사랑함)으로 해석되는 경우는 자기도 사람의 일부이기에, 자기를 사랑하는 것이 사람을 사랑하는 것이 되는 경우가 있다.

④ 무차별애無差別愛: 타인을 사랑하기를 자기를 사랑하는 것과 같이 함. 무차등애無差等愛(차등이 없는 사랑).

앞서 말한 대로, 별애는 겸애와 반대되는 개념으로 묵가가 상정한 것이다. 묵가는 「겸애」 편에서 천하가 혼란한 원인으로 불상애(서로 사랑하지 않음)나 별애를 말한다. 불상애나 별애는 단순히 자기와 타인을 구분하는 것이라기보다는 자기와 타인을 상반되게 차별하는 것, 즉 타인을 무시하거나 해치면서 자신을 위하는 것이다.[7] 한마디로 자신은 사랑하지만 타인을 사랑하지 않아서, 자신의 이익만을 추구하고, 타인에게 손해를 끼치는 것이다. 예컨대, 부자관계에서 부모와 자식이 각각 자신은 사랑하지만 상대방을 사랑하지 않아, 상대방을 해치면서 자신들의 이익을 추구하는 것이 불상애[8]나 별애의 의미라고 하겠다. 그런데 유가의 인이 위와 같은 별애가 아니라는 점은 몇 가지 측면에서 말할 수 있다. 첫째, 인은 별애와는 달리, 자신의 이익이

---

7. 프레이저Chris Fraser는 별이 바로 '다른 사람들에 대해 도덕적 고려를 전혀 하지 않는 것'이라고 하였다. cf. Chris Fraser, http://plato.stanford.edu/entries/mohism,(이하 Fraser, http로 표기).

8. 『묵자』「겸애상」 "子自愛不愛父 故虧父而自利…. 父自愛也不愛子 故虧子而自利."

자신의 부모의 이익보다 앞선 형태로 추구되지 않는다.[9] 별애가 유가의 인보다는 혹 양주의 위아주의를 겨냥한 것이 아닌가 하는 의심이 들 정도로, 별애라는 개념에는 인과는 달리 자신의 이익과 자신의 부모의 이익이 상충되는 상황이 두드러지게 가정된다. 둘째, 인에는 자신의 부모나 친지를 타인의 부모나 친지보다 앞세운다는 개념은 있지만, 이것이 꼭 타인의 부모나 친지를 해치면서, 자신의 부모나 친지의 이익을 구하는 것은 아니다. 다만 인 개념이 타인의 부모에 대한 무관심을 함축할 수는 있다. 예컨대, 자신의 부모나 타인의 부모가 똑 같이 어려움에 처했을 경우에 자신의 부모를 먼저 구하는 것이 인仁의 태도이겠지만, 이것이 꼭 타인의 부모를 해치는 행위인지는 의심스럽다. 그런데, 이것은 앞서 정의했던 별애의 경우에서도 지적할 수 있다. 별애는 '자신을 사랑하고 타인을 사랑하지 않아서, 타인을 해치고 자기 이익을 추구하는 것'이라고 정의되는데, 이에 대해 자신을 차별적으로 사랑하는 것이 반드시 타인을 해치고 자기 이익을 추구하는 것으로 진행되어야 하는가를 의심해 볼 수 있다. 아마도 묵가는 공자에 비해 당시의 사회 상황을 더 비관적으로 본다고 추측할 수 있을 것이다. 예컨대, 이후의 사상가들인 순자나 한비자가 그러하듯이, 제한

---

9. 초기 묵가에 있어서 이미 부자간의 이해가 충돌되는 측면을 언급했으므로, 맹자와 같은 유가가 친친이전의 자기애를 생각하지 못했으리라고는 생각하기 힘들다. 또한 시기는 한참 뒤이지만, 동중서의 『춘추번로』에서도 "인仁은 남을 사랑함이고, 자신을 사랑함에 있지 않다."(仁者愛人 不在愛我)라고 하여 인仁과 대비하여 아我를 말하고 있고, 앞서 언급한 장재의 『정몽』에서도 애기愛己와 애인愛人은 대비되고 있다. 그렇지만 유가 전통에서 애기愛己와 애친愛親의 구분은 명확히 이뤄지지 않았다.

된 자원에 인구가 더 많아진 사회 상황을 첨가하면, 더 첨예한 이익의 대립상황을 생각할 수밖에 없을 것이고, 이 경우는 자연스럽게 타인에 대한 무관심이 결과적으로 타인을 해치는 경우로 이어질 수 있을 것이다. 하지만 적어도 개념적으로 인은 별애처럼 타인의 부모나 친지를 해치는 것까지 포함하지 않는다. 셋째, 또한 설사 유가의 인, 즉 친친이 이런 측면에서 결과적으로 타인에게 해를 가져다주는 것이라고 하더라도, 인은 별애와는 달리 그 지향점에 있어서 타인을 포섭하는 측면이 있다고 말할 수 있다. 일반적으로 말해, 인은 친친을 하고 나서, 그것을 타인에 대한 사랑으로 확장하라고 한다. 맹자는 이를 "노오로이급인지로老吾老以及人之老 유오유이급인지유幼吾幼以及人之幼"(내 노인을 대접해서 다른 사람의 노인에 미치고, 내 어린이를 잘 대해서 다른 사람의 어린이에 미친다)[10]라고 표현한다. 이런 확장은 유가 전통에서 충서忠恕 혹은 서恕의 방법으로 불리는 것인데, 이서의 방법이 인의 실현 방안으로 생각되어 왔기에 서는 인의 주요 구성부분이라고 할 수 있다. 즉, 타인에게로 확장되지 않는 친친은 결코 온전한 인의 미덕이 될 수 없다.[11] 반면 묵가가 비판하는 별애에 이런 '타인을 포괄하려는 측면'이 결여되어 있는 것은 분명하다. 별애의 개념에는 늘 자신의 이익과 타인의 이익이 충돌되고 있기 때문이다. 별애가 결여하고, 인이 포함하는 '보편성의 관심'의 요구는 사실 도덕적

---

10. 『맹자』「양혜왕상」.

11. 그레이엄은 묵자의 겸애가 틀림없이 공자의 '일이관지'의 원리로부터 도출되었으리라고 보았다. Graham (1989), 42.

요구이고, 이성적 요구이다.[12] 인은 이런 점에서 단순히 자기 본능적이고, 감성적인 별애의 태도와는 달리, 타인에 대한 고려를 보이고 있고, 따라서 이성의 역할을 적극적으로 인정하고 있는 도덕적 행위인 것이다.

차별적 사랑으로서의 인과 무차별적 사랑으로서의 겸애

그럼에도 우리는 유가의 인이 묵가의 별애와는 다르다 할지라도, 그것을 차별적인 사랑이라 지적할 수 있다. 유가의 사랑이 차별적이라는 주장은 친척에 대한 사랑과 타인에 대한 사랑이 다르다는 것을 말하는 것으로 측은지심과 같은 타인에 대한 보편적 관심도 사실은 친친의 차별적 관심에 의해 기초 지워져야 한다는 것이다. 얼핏 이것은 측은지심의 성격과 잘 맞지 않는 듯하다. 우리가 어려움에 빠진 아이를 도와주려 할 때, 우리는 그가 누구이건 상관하지 않는다. 즉 측은지심은 도와주려는 아이가 자신의 형의 아이이거나 이웃집 사람의 아이이거나를 가리지 않고 도와주려고 한다. 유가는 이것이 분명히 인의 단서라고 했으므로, 인은 이런 의미에서 무차별성을 가지고 있

---

12. 김도일은 이 장의 논평에서 묵가의 별애를 '각자가 자기 자신을 제대로 사랑하면, 전체사회가 평화로울 수 있다'는 주장으로 구성하여, 별애에도 이성적 요구가 있다고 할 수 있지 않겠냐고 했다. 하지만, '자신을 사랑하고 타인을 사랑하지 않는' 별애의 관점에 이런 전체사회의 평화를 지향하는 보편성이 함축되어 있지는 않은 것 같다.

다. 하지만 유가 특히 맹자는 이러한 무차별적인 측은지심도 결국은 친친에 기반되어야 한다고 주장함으로써, 보편적 사랑의 토대가 바로 차별적 사랑에 있어야 함을 선언하였다.

인과 겸애 간의 개념적 차이와는 달리 겸애와 무차별애 간에 개념적 차이는 거의 나지 않는다. 묵가 스스로가 앞의 ④ 무차별애의 정의[13]처럼, 겸애를 "남의 나라를 보기를 자기 나라 보듯 하고, 남의 집안을 보기를 자기 집 보듯 하며, 남의 몸을 보기를 자기 몸 보듯 하는 것이다"(시인지국약시기국視人之國若視其國, 시인지가약시기가視人之家若視其家, 시인지신약시기신視人之身若視其身)[14]라고 하였기 때문이다. 「경주」편에서 유가적 입장을 대변하는듯한 무마자의 다음과 같은 언급도 겸애가 무차별적 요소를 가지고 있음을 잘 보여주고 있다.

저는 겸애를 할 수 없습니다. 저는 저 먼 월나라 사람들보다 이웃 추나라 사람들을 더 사랑합니다. 추나라 사람들보다 (내 나라) 노나라 사람들을 더 사랑합니다. 노나라 사람들보다도 내 고향사람들을 더 사랑합니다. 내 고향사람들보다도 내 집안사람들을 더 사랑합니다. 내 집안사람들보다도 내 부모를 더 사랑합니다. 내 부모들보다도 내 자신을 더 사랑합니다. 그것은 모두 내게 더욱 가깝기 때문입니다.[15]

---

13. 이것은 『맹자』「등문공상」에서 나온다.

14. 『묵자』「겸애중」.

15. 『묵자』「경주」. "我不能兼愛 我愛鄒人於越人 愛魯人於鄒人 愛我鄉人於魯人 愛我家人於鄉人 愛我親於我家人 愛我身於吾親 以為近我也."

보편적 보살핌으로서의 겸애

그러나 겸애가 단순히 무차별애에 머물 수 없는 것도 몇 가지 측면에서 지적될 수 있다. 첫째, 다소 순환적이지만 겸애의 반대로 생각한 것이 별애이니, 별애의 반대가 겸애가 되어야 한다는 점이다. 별애가 '자신을 사랑하고 타인에게 해를 끼침'의 의미이니 이 반대는 단순히 '자신과 타인을 똑 같이 사랑함'이 아니다. 겸애에는 '자신을 좀 더 사랑하지만, 타인에게도 관심을 보이던지', 혹은 적어도 '자신을 사랑하고, 또 타인에게 해를 끼치지 않음'의 태도가 함축되어야 한다.[16] 겸애의 의미가 '무차별적 사랑'undifferentiated love, love without distinction, equal love for all etc.이 아니라, '포괄적 내지 통합적 보살핌'inclusive care[17]이 되어야 한다고 주장할 수 있는 점이다. 물론 이 통합적 보살핌의 영역에 무차별애라는 하나의 극단적 형태가 포섭된다. 통합적 보살핌의 정도가 친소에 따라 달라지지 않고 동일하게 나타나는 것이 무차별애이기 때문이다. 즉, 통합적 보살핌의 한 유형으로 무차별애를 말할 수 있다. 따라서 '자신을 좀 더 사랑하지만 타인에게도 관심을 가지는 것'을 인仁[18]이라고 한다면, 통합적 보살핌으로서의 겸애는 인과

---

16. 로이Loy Hui-chieh도 겸애의 의미에 '이익을 줌'benefitting, '도와줌'helping, '해를 끼치지 않음'not harming이 있다고 보았다. cf. Loy Hui-chieh, "On the Argument for Jian'ai," Dao (2013) 497-98. (이하 Loy (2013)으로 약칭).

17. cf. Loy (2013) 489. 물론 여기서의 애愛는 사랑love이라기보다는 관심concern 혹은 보살핌care이라고 보아야 할 것 같다.

18. 앞서 말한 대로, 유가의 인은 '(개체 등의) 부분들에 대한 관심' (cf. 『묵자』「경상」)

충돌하지 않고, 오히려 인을 포섭할 뿐만 아니라, 나아가 무차별애조차도 포섭하는, 보다 넓은 개념이라고 말할 수 있다. 즉, 인과 겸애는 동일하지 않지만, 서로 상충되지 않는 개념임을 알 수 있다. 인은 부분집합으로 얼마든지 전체집합인 겸애에 포섭될 수 있다. 물론 이 통합적 보살핌으로서의 겸애는 무차별애의 개념도 포함한다.

둘째, 반면에 겸애를 통합적 보살핌inclusive care[19]으로 보는 사람들은 묵가가 사용한 겸애의 실례들, 그리고 묵가가 받아들이는 차별적 사랑의 모습들에 주목한다. 겸애에 대한 실행가능성에 의심을 제기하는 비판자들에 대해 묵가는 겸애가 가능하다는 것을 여러 예로 보여준다. 하지만 그들이 실제로 겸애의 예로 든 역사적 사례들은 무차별의 사랑이라기보다는 유가의 인仁의 예로도 쓰일 수 있는 통합적 보살핌의 예들이다. 그저 타인에 대한 도움 내지 타인을 해치지 않는 경우들이다. 구체적으로 말하면, 우임금의 치수, 문왕의 인정仁政, 무왕의 정의로운 정벌, 탕임금의 희생, 나아가 문왕과 무왕의 공정한 상벌체계 집행이다.[20] 그런데, 바로 이 실례들은 결코 무차별적 사랑의 예들이 아니고, 타인에 대한 통합적 보살핌의 예들이다. 다시 말해, 묵가는 겸애를 '만백성들의 몸을 내 몸처럼' 여기던지 혹은 '만백성들의 몸을

이다. 물론 엄격하게 말하면, '자신'보다는 '자신의 친척'을 좀 더 사랑하는 것이다.

19. 사실 겸애兼愛라는 표현에서 겸兼은 현대 중국어나 심지어 한국어에서 '부수의 것'을 뜻한다. 예컨대, 겸직兼職은 아르바이트와 같은 부업副業을 뜻하는 말이다. 그것은 원래의 것과의 관계에서 '평등함'의 의미보다는 '부수적임'의 의미이다.

20. 『묵자』「겸애중」, 「겸애하」 참조.

먼저 생각하고 나중에 자기 몸을 생각'하는 것이라고 말하면서도, 그 겸애의 구체적 실행의 실례로는 단지 '굶주리는 자는 먹여주고, 헐벗은 자는 입혀주고, 병든 사람들은 부양해 주고, 사람이 죽으면 잘 장사지내 주는'일을 언급하고 있다.[21] 그것은 앞서 말했듯이 통합적 보살핌에 해당하는 '타인에게 해를 끼치지 않음'이나 '타인에게 도움을 줌'에 해당한다. 따라서 겸애는 비공非攻의 주장과 함께 타인을 공격하거나 해를 끼치지 않고, 약자를 도와주는 평화주의의 사상이 된다. 그것은 결코 적극적으로 타인과 나를 동등하게 대우한다는 의미를 드러내지 않는다. 묵가는 이처럼 무차별애로서의 겸애 개념과 그것을 구현했다고 하는 겸애의 구체적 실례에서 간극을 보이고 있다.[22] 물론 우리는 여기에서 묵가는 단지 그 실례들을 잘못 들었을 뿐이라고 말할 수 있다. 묵가는 그 무차별애로서의 겸애가 지닌 희박한 실행가능성의 비판에 대하여, 그러한 비판이 잘못된 겸애 개념에서 기인한 것이라고 지적하지 않았기 때문이다. 하지만 우리는 묵가의 무차별애로서의 겸애의 실례가 사실은 통합적 보살핌을 가리킨다는 것에 근거해서, 묵가는 겸애에 대한 분명한 개념을 가지지 않았다고 비판할 수 있다. 물론 우리는 한편에서는 이런 개념과 실례 간의 간극이 불가피했음을 이해할 수 있다. 비록 묵가가 「겸애」 편에서 겸애는 실현불가능하지 않고, 어렵지도 않다고 선언했다고 하더라도, 구체적 인간이 친

---

21. 『묵자』「겸애중」, 「겸애하」 참조. 이 정도의 선정은 맹자의 왕도정치에서도 얼마든지 수용할 수 있다.

22. cf. Fraser, http.

소를 따지지 않고 동등하게 사람을 대하는 실례를 제시하는 것은 거의 불가능에 가깝기 때문일 것이다. 그런 실례는 기껏해야 공정한 상벌체계와 같은 일시적이며, 한정된 분야에서거나 아니면 보편성을 지향하는 의도를 통해서만 찾아질 수 있을 것이다. 또한 묵가는 차별적 사랑인 효를 특별히 거부하는 것 같지 않다. 아니 거부하지 않는 정도가 아니라, 원초적 선善으로 인정하는 것 같다.[23] 또한 흔히 무차별적 사랑이라고 하면, 일종의 평등주의를 함축하는 것 같은데, 묵가는 사실 사회 내에서 지위에 따른 차별적 대우倫列를 부인하지 않는다.[24]

유가와 묵가의 차이

그러나 겸애가 단지 통합적 보살핌이라면 유가와 묵가의 차이는 무엇인가?[25] 유가의 인도 통합적 보살핌으로 볼 수 있는데, 묵가의 겸애가 그러하다면 유가와 묵가의 차이는 무엇인가? 사실 인이나 겸애는

---

23. cf. Dan Robins, "Mohist Care," *Philosophy East and West*, 62/1, 2012. (이하 Robins (2012)로 약칭)

24. 「상현」편 참조.

25. 물론 유가의 인仁이 차별애의 요소가 없음을 주장하지는 않는다. 단지 인仁이 통상적으로 말하는 친친적 사랑만을 의미하지는 않는다는 말이다. 인이 지향하는 '타인에 대한 사랑' (애인愛人)이 겸애의 의미와 같은 '以愛己之心愛人則盡仁' (자신을 사랑하는 마음으로 타인을 사랑하면 인을 완전히 깨달은 것이다)의 형태로 확인되는 것도 유가의 인과 묵가의 겸애의 유사성을 확인시켜 준다. cf. 장재, 『정몽』,「묵자」「겸애상」.

실제의 행태에서 그 차이가 거의 없다. 자신의 부모에 대한 효를 강조하고, 또 그 효를 넘어서서 타인에 대한 사랑을 강조하는 점에서 유가와 묵가 간에 실제 행동상의 차이는 없을 것이기 때문이다. 차이는 아무래도 그 행동을 어떻게 바라보는 지, 어떻게 평가하는 지에서 가능할 것이다. 다시 말해, 효를 어떻게 볼 것인지와 통합적 보살핌을 어떻게 볼 것인지, 나아가 그 둘 사이의 관계를 어떻게 바라볼 것이냐에 따라 차이가 날 것이다.

유가와 묵가의 차이가 이처럼 구체적 행동에 대한 관점의 차이일 뿐이라면, 위의 겸애에 대한 두 가지 해석들이 상호 충돌되지 않을 수 있다. 즉, 겸애가 무차별적 사랑이라는 것과 통합적 보살핌이라는 입장들이 충돌될 필요가 없다. 묵가의 무차별적 사랑의 이념이 현실적인 여건 때문에 통합적 보살핌의 형태로 나타난 것이라 이해하면, 무차별적 사랑과 통합적 보살핌의 두 의견을 다 받아들인 것이 된다. 이런 입장을 택해야지 유가의 인과 묵가의 겸애가 충돌되어온 역사적 사실을 이해하면서도, 무리 없이 묵가의 텍스트를 조화롭게 읽어낼 수 있을 것이다. 조금 자세히 얘기하자면, 묵가의 효 즉 부모에 대한 차별적 대우의 옹호는 묵가가 지향한 무차별 사랑을 실행함에 있어서 편의적 차원에서 받아들여진 것이다. 이러한 해석은『맹자』「등문공상」편에 나오는 후기묵가인 이지夷之의 말 "애무차등愛無差等, 시유친시施由親始"(사랑은 차등이 없지만 그 사랑의 베풂은 부모에게서부터 시작한다)[26]에 대한 나의 해석에 기반을 둔다.

---

26. 『맹자』「등문공상」.

맹자는 이지의 주장에 대해 바로 "이지는 정말로 형의 아이를 사랑하는 것이 이웃집 아이를 사랑하는 것과 같다고 생각하는가"[27]라고 반문하고, 나아가 이지의 입장을 이본二本의 입장[28]이라고 비판하였다. 사실 이지의 말은 사랑은 그 의도에서는 무차별적이지만, 그 베풂에 있어서 차별적으로 된다라는 것이었는데, 맹자는 대뜸 이지의 입장을 '이웃집 아이를 형의 아이처럼 사랑하라'라는 주장으로 받아들이고 있다. 그런데, 이지가 자신의 부모에 대한 후장厚葬을 했고, 나아가 "사랑의 베풂은 부모로부터 시작한다"고 한 것이 차별적 사랑인 친친의 행위나 태도와 크게 다를 바가 없을 것 같은데, 왜 맹자가 이지의 입장을 대뜸 무차별애로 몰아가는지 얼핏 이해가 가지 않을 수 있다. 게다가 무차별애의 예로 든 '약보적자若保赤子'(백성을 어린 아이처럼 여기라)라는 이지의 말도 이지의 입장을 반드시 '무차별애'와 같은 것으로 볼 수 없음을 보여주는데, 왜 맹자가 그렇게 반응하였는지 이해가 되지 않는다. 어려움에 빠진 백성이나 어린 아이에 대한 보살핌은 유가의 입장에서도 얼마든지 선호하는 표현이기 때문이다.

이처럼 부모에 대한 후장으로서의 친친과 약보적자에 드러난 측은지심이라는 인의 두 가지 단서를 이지가 다 보였는데도, 맹자가 이지에게 화를 낸 이유는 아마도 이지의 주장이 '애무차등'과 같은 선언에

---

27. 『맹자』「등문공상」. "夫夷子 信以為人之親其兄之子為若親其鄰之赤子乎."

28. 그레이엄은 본을 '행위의 원리'라고 보고, 맹자가 이지를 이본이라고 한 이유는 '모든 사람에 대한 동등한 관심'과 '자신의 친지에 대한 특별한 보살핌'의 두 가지 상충된 원리를 가지고 있기 때문이라고 하였다. cf. Graham (1989), 43.

서 시작되었기 때문이다. 애무차등이 이지의 기본적 입장이라면, 그가 말한 약보적자나 시유친시라는 말들이 아무리 차등적 사랑을 함축한다고 해도, 맹자는 이 말들의 진의를 의심했을 것이다. 맹자가 이지에 대해 이본이라고 평가한 이유도 이 때문일 것이고, 이어서 맹자가 매장에 대한 이야기를 꺼낸 것도 이 때문일 것이다. 먼저 맹자는 무차별애가 있을 수 없다고 생각하고, 그 예로 형의 아이에 대한 사랑과 이웃집 아이에 대한 사랑이 같을 수 없음을 든다. 그리고 나서, 무차별적인 사랑의 예로 이지가 언급한 『서경』의 약보적자나 자신이 측은지심의 예로 제시한 유자입정孺子入井이란 결코 '모든 사람에게 동일한 정도의 사랑을 베풂'의 의미인 애무차등이 될 수 없음을 보인다. 즉, 약보적자와 유자입정은 단지 어려움에 처한 약자나 부정의를 접했을 때, 우리가 자연적으로 가지게 되는 감정을 나타내는 표현들이었지, 결코 우리의 자연적 감정의 정도가 친소를 가리지 않는다는 의미를 나타내는 표현들이 아니었다고 주장한다. 다시 말해, 유자입정에서 보이는 측은지심이 친소를 가리지 않는 보편적 관심인 것은 사실이지만, 이것은 결코 무차별애가 아니라는 것이다. 아마 모르긴 몰라도 이웃집 아이가 빠졌을 때의 측은지심보다는 형의 아이가 빠졌을 때 느끼는 측은지심의 정도가 더 심할 것이다. 측은지심의 보편적 감정이란 설사 모르는 집 아이가 어려움에 처할 때에도, 우리는 그를 외면하지 않는다는 것이지, 그 아이에 대한 나의 측은지심이나 내 집 아이에 대한 나의 측은지심의 정도가 같음을 의미한 것은 아니다.

　맹자에게는 아무리 그 측은지심의 감정을 확장해서 온전한 인의 미덕으로 발전해도, 그것이 무차별적이 되지 않는다. 이처럼 인은 타인에게도 적용된다는 의미에서, 즉 적용의 범위에서 보편적이지만, 그 적용의 강도는 확장의 외연이 늘어남에 따라 달라질 수밖에 없게 된다. 인이 이렇게 차등적인 보편적 관심이기에, 그것은 친족에 대한 사랑인 친친과 충돌되는 것이 아니었다. 아니 사실 맹자는 그것이 친친에 기반한 것이라고 믿었다. 사랑은 무차별적이지만 시작은 부모로부터 한다는 이야기 가운데, 부모로부터 시작하는 것을 일종의 친친 혹은 효로 간주를 한다면 위의 이지의 언명은 효와 무차별적 사랑의 관계에 대해 말하는 것일 것이다.

그렇다면 이지의 이 말은 묵자 「겸애」편에서 다른 사람의 부모에 대한 보살핌이 효와 충돌이 되지 않는다고 한 부분[29]을 더욱 발전시킨 입장인 것처럼 보인다. 물론 여기서는 효를 잘하기 위해서는 겸애를 하라는 것이므로, 겸애가 효의 수단이고, 이지가 말한 것은 겸애를 하기 위해 효를 하게 된다는 것이므로 어떻게 보면 정 반대의 이야기일 수 있다. 하지만 적어도 이 두 가지가 상호 충돌되는 것은 아니라고 본다는 점에서 공통점이 있다고 할 수 있다. 더구나 이지의 말은 감정을 도덕성의 기초로 삼지 않는 묵가의 기본적 입장에서 볼 때, 더욱더 묵가의 일관된 입장으로 받아들일 수 있다. 이지가 위에서 강조한 것은 무차별의 사랑이고, 이것은 그 실현에 있어서 부모로부터 시작한다는 것이다. 한마디로 효는 무차별의 사랑을 실현하기 위한 수단일

---

29. 이것은 일종의 역지사지의 서恕 개념에 근거한 것으로 효자는 다른 사람이 자신의 부모에게 잘 하는 것을 원할 것이므로, 겸애를 하면 더욱 자기의 부모에게 잘하게 된다고 말한다.

뿐이다. 효는 유가가 생각하듯이 본능적인 혈연적 사랑에 기반한 것이 아니라, 보편적 이념에서 받아들여진 것이다. 이처럼 이념적으로 묵가가 무차별애를 지향한 것을 인정하고, 그것을 구현함에 있어서의 편의 때문에 효라고 하는 차별적 사랑을 수용했다고 하는 것이 적절한 해석일 것이다. 여기서의 편의란 전통사회에서 부모는 가장 가까운 시공간에 위치해 있으면서 영향을 주는 존재이기에, 인간이 효를 강조하게 된 것은 이런 시공간적 밀접성 때문이지, 무슨 혈연과 같은 요소 때문이 아니라는 점을 가리킨다.

현대에 핵가족 사회 혹은 1인 주거형태가 보편화된 경우에는 1년에 한번 볼까 말까한 부모나 형제보다는 이웃이나 혹은 직장 동료 등이 교류에 있어서 더 빈번하고, 따라서 이들에 대한 관계 맺음이 우리의 도덕성 함양과 더 관련이 있을 수 있다고 할 수 있다.[30] 그래서 이지의 말을 빌자면, '사랑은 무차별적이지만, 그 베풂은 이웃 혹은 동료로부터 이루어진다'고 할 수 있다. 이것은 공자 이래로 유가 전통에서, 효는 부모로부터 받은 은혜로부터 자연스럽게 나오는 것이고, 이로부터 타인에게로의 확장에 의해 도덕성이 함양된다는 주장과 날카롭게 충돌하는 지점이다. 물론 우리는 적어도 이지가 자신의 부모를 후장할 때, 아무 감정도 없었으리라고는 생각하지 않는다. 틀림없이 이지도 자신의 부모에 대한 특별한 감정이 있었을 것이다. 그러나 적어도 이

---

30. 강영안 교수는 사석에서 『성경』 누가복음 10:36~37을 인용하면서 "이웃은 공간적으로 가까운 사람이 아니라, 불행에 처해있는 사람이다"라고 하였는데, 이것을 받아들이면, 우리는 타인을 포함한 누구하고도 관계맺음을 시작할 수 있을 것이다.

지는 유가처럼 부모에 대한 특별한 감정 때문에 후장을 하지는 않았다는 것이다. 유가와의 차이점은 이처럼 효의 행위를 어떤 토대하에서 행하는가에 있다.

맹자가 이지에게 못마땅했던 것은 사실 후장의 행위 자체는 아니었을 것이다. 정확히 말하면 맹자는 이지가 그런 후장의 행위를 하면서 했던 말에 분노했던 것이다. 즉 이지는 앞서 말한 대로, 후장 혹은 효를 무차별애에 근거해서 끄집어낸다. 맹자의 이지에 대한 공격은 후장, 혹은 효에 있지 않고, 무차별애에 그 초점이 있는 것이다. 맹자와 같은 유가는 인간의 자연스러운 감정에 기초한 효를 강조하면서, 우리는 여기에 만족하지 않고, 이를 확충해서 보편적 사랑을 이룩해야 한다고 하였던 반면, 묵가인 이지는 무차별애를 실현하기 위한 방편으로 효를 행한다고 한 것이다. 한마디로 묵가는 영원의 상 아래에서 효를 본다.

유가는 구체적 현실에서 보편성을 본다. 묵가가 이렇게 영원의 상, 혹은 이상을 지향한 것은 아마도 이런 무차별적인 도덕적 지향성이 있어야지, 감정에 의해 근거 없는 차별로 빠질 위험성에서 우리를 구할 수 있을 것이라고 생각했던 것일 듯싶다. 다시 말해 무차별의 이상을 포기한, 차별적 대우의 허용은 궁극적으로 비도덕적인 별애로 나아갈 수밖에 없다고 생각한 것이다. 무차별의 이상이 없는 차별적 대우의 허용은 그 차별의 정도를 통제하기가 쉽지 않기에, 손쉽게 별애의 길로 간다고 생각했을 수도 있다.[31] 묵가의 겸애에는 이처럼 우리

---

31. 로이가 묵가는 세상의 악의 원인으로 단순히 '상호 보살핌의 결여'mutual lack of

에게 감정과는 다른 이성의 무차별적 관점이 있고, 이것이 현실보다 더 중요하며, 이것의 실현을 위해 우리는 수단적으로 차별적 사랑을 이용할 수 있을 뿐이다. 반면에 유가의 인은 인간이 가지는 특수한 감정에 주목하고, 이것의 확충으로서만 보편적 사랑의 가능성을 인정한다.

이성의 관점과 감성의 관점

앞에서와 같은 방식으로 무차별애와 보편적 관심의 두 해석을 적절히 조화시킬 수 있다면, 우리가 묵가의 겸애를 무차별애라고 바라보고 이를 차별애인 인과 대비해서, 묵가와 유가의 차이를 묵가는 이성의 관점으로, 유가는 감성의 관점으로 도덕을 본 것이다라는 해석도 일정부분 가능해진다. 전자는 이성을 토대 혹은 근거로 했고, 후자는 감성을 토대나 근거로 했다고 할 수 있다. 여기서 토대나 근거의 의미가 정당화의 맥락에서일 경우도 있고, 동기화의 맥락에서 일 경우도 있다.[32] 묵가와 유가의 차이는 한쪽이 정당화의 차원에서 이성을 강조했고, 다른 쪽이 동기화의 차원에서 감성을 강조한 것은 아니다. 물론

---

care만이 아니고 '상호 보살핌의 차이'mutual disparity of care를 제시하였다고 한 것은 묵가에게 무차별애의 이념이 필요했음을 보여주는 것이다. Loy (2013), 493.

32 . 정당화는 어떤 현상에 대해 그 근거나 이유를 묻는 시도이고, 동기화는 그 현상의 동기나 원인을 묻는 시도이다.

묵가는 부모에 대한 특별한 감성적 요소가 우리에게 있다는 것을 인지했을 것이다. 예컨대, 이지가 묵가의 당시 도덕적 관습이고 의무인 절장을 행하지 않고, 후장을 행한 것은 아마도 그의 자연적 감정에서 나왔을 것이다. 묵가의 의무감 혹은 묵가의 이성의 요구에서는 당연히 절장이 강조되었을 것이기 때문이다. 이지의 행동은 부모에 대한 차등적 사랑의 감정을 개재시켜야 이해 가능한 행동이었을 것이다.[33] 그렇지 않았다면 묵가 자체 내의 텍스트에서는 겸애를 말하면서도 후장을 강조한 이런 이지의 입장이 왜 드러나지 않았을 것인가? 어쩌면 맹자가 이지를 이본이라고 한 것도 이지의 후장이 묵가의 일반적 입장과는 달리 자연적 감정에 기반한 것임을 인정하였기 때문인지도 모른다. 그러나 그것이 묵가로 하여금 그러한 감성적 요소를 '계발해야 하는 감성'으로 나아가게 하지는 않았다.

기쁨, 노여움, 즐거움, 슬픔, 사랑, 미워함 (등의 감정)을 버리고 인의仁義를 사용해야 한다. 손, 발, 입, 코, 귀가 의義에 따라 일을 할 때 반드시 성인이 된다.[34]

---

33 . 니비슨David S. Nivison과 김도일은 감정을 중시하는 이지의 입장이 후기 묵가의 것이고, 전기 묵가는 다분히 감정을 무시하는 주의주의적인 것이었다고 하는데, 나는 『묵자』「겸애」편에서의 묵가의 입장도 감정을 무시하지 않았다고 생각한다. 김도일, 「맹자의 감정 모형─측은지심은 왜 겸애와 다른가?」『동아문화』, 제41집, 2003, 88-89; Nivison (1996), 133.

34. 『묵자』「貴義」 "必去喜 去怒 去樂 去悲 去愛 而用仁義 手足口鼻耳從事於義 必為聖人."

이 구절이 강조하는 것은 마땅히 해야 할 인의仁義나 의義와 같은 것은 모두가 다 이성적 사고로부터 왔다고 할 수 있다는 것이다. 묵가가 이성적 사고를 강조했다고 해서, 묵가가 정당화에만 관심이 있고, 동기화 혹은 동기부여에는 관심이 없다고 해석되어서는 안 된다. 마찬가지로 유가도 감성과 그 감성에 의한 동기부여에만 관심이 있었다라고 볼 것이 아니고, 왜 그것을 해야 하느냐 하는 정당화의 측면도 가지고 있었다고 해야 한다. 우리 마음의 자연스러운 발현을 그렇게 강조한 유가지만 그것이 옳다고 하는 판단은 단지 감성에서만 맡겨둘 수가 없기 때문이다. 동기화와 정당화의 구분으로 두 학파를 나누는 것은 두 학파의 문제의식이 달랐을 경우에는 어느 정도 타당할 수 있지만, 묵가나 유가 자체의 차이가 그런 것은 아니다. 유가나 묵가는 다 무엇이 옳은지를 고민했고(정당화의 문제), 어떻게 그것에 이를 것인지를 고민했다(동기부여의 문제). 우리는 두 가지 차원이나 맥락을 다 적용해서 그들 간의 차이를 보일 수 있다. 다시 말해, 정당화의 맥락에서건, 동기화의 맥락에서건 묵가와 유가의 차이를 이성과 감성을 중심으로 구분해 볼 수 있다.

동기화의 차원과 정당화의 차원

먼저 동기화의 차원을 살펴보자. 동기화의 차원은 앞서도 말했듯이 도덕적 행위를 이끄는 동기 혹은 동력에 주의를 기울이면서 도덕문제를 접근해 가는 맥락이다. 당연히 유가는 보편적 사랑 혹은 통합적 보살핌의 도덕적 행위는 친친이나 측은지심과 같은 인간의 원초적이면서도 자연적 감정의 확충에 의해서만 가능하다고 주장하였다. 관습을 통해 성장하는 존재, 그리고 감성적인 존재인 인간의 속성상, 이러한 구체적 관습이나 자연적 감정에의 호소를 통하지 않고, 사랑이라는 감정을 형성하기 힘들고, 이러한 구체적 사랑의 형성 없이 보편적 사랑은 불가능하다는 것이 그들의 기본 입장이었다. 이에 반해, 묵가는 이러한 자연적 감정의 확충에 대해서 회의적 입장이었고, 오히려 이런 감성과 관습에 물든 사고로는 편협하고 차등적인 사랑을 넘어설 수 없다고 보았다. 그들은 오직 철저한 계산을 통한 이익의 추구를 보편적 사랑 혹은 보살핌을 이룩할 수 있는 동력으로 보았다.

정당화의 차원은 사회 실천적인 관심을 가진 유가나 묵가에 다소 결여되어있었지만, 유가와 묵가가 이런 정당화의 차원 자체를 가지지 않는 것은 아니다. 더욱이 묵가처럼 무차별이라는 다분히 실행 불가능한 이념을 가진 학파라면 그런 주장이 정당화의 차원을 도입하지 않고 성립하기는 거의 불가능하다고 하겠다. 나아가 유가의 경우에도, 겉으로는 감성을 내세우지만 사실은 그 감성이라는 것이 합리성을 함유하는 감성이라는 점에서 정당화의 측면을 가지고 있다고 하겠다. 흔히들 유가 도덕의 기초로 보는 친친이나 측은지심의 감정은 통제할 수 없는, 충동적인 감정이 아니다. 어디까지나 이성에 의해 인도되는 그런 합리적 감성이다. 공자가 재여는 부모에 대한 사랑을 받지 못하였나 보다, 부모의 상을 1년만 하자고 하는 걸 보니[35]라고 하였는

---

35. 『논어』 「양화」.

데, 여기서 말하는 부모에 대한 애틋한 정은 사실 부모로부터 실제로 사랑을 받은 사람이라도 자연스럽게 가지게 되는 것이 아니다. 그것은 마땅히 가져야 하는 감정을 말하는 것으로 이미 가치판단을 함유하는 감정이다. 또한 맹자가 군자는 푸줏간을 멀리해야 한다라고 했을 때, 맹자의 의도는 측은지심이 자칫 군자로 하여금 고기를 먹지 못하게 하는 상황에 빠트릴까 봐 우려해서였다. 여기서 알 수 있는 것은 측은지심이 어떤 경우에도 정당화되는 것은 아니라는 사실이다. 집 가까이 있는 푸줏간의 동물에게 느끼는 측은지심은 틀림없이 제물로 바쳐지는 소에게 느끼는 제선왕의 측은지심과 다를 바 없을 것이나, 맹자에게 있어 후자가 왕도정치를 할 수 있게 하는 성선性善의 사실을 드러내는 증표인 사단四端이었지만, 전자는 될 수 있으면 느껴서는 안 되는 감정이었던 것이다. 이렇게 보자면, 유가에 있어서도 감정 그 자체는 정당화의 맥락에서 궁극적 토대가 되는 것은 아니고, 여전히 합리적 판단, 혹은 이성적 판단이 도덕적 감정의 본질을 형성하고 있음을 알 수 있다.

묵가의 겸애가 단순히 무차별애가 아니고, 또한 겸애의 무차별적 의미를 오직 의도에서만 찾아질 수 있다는 점은 겸애가 단순히 '겸애兼愛'나 '겸상애兼相愛'의 표현이 아니고 '겸상애兼相愛 교상리交相利'라고 표현되어졌음을 통해서도 알 수 있다. 먼저 묵가에서 애愛(사랑함)와 이利(이익을 줌)의 관계를 해명하는 것이 중요할 것 같다. 애愛와 이利는 기본적으로 묵가에서 '의도'(지志)와 '실제 성취'(공功)에 각각 대응되는 것 같다. 물론 묵가의 입장은 의도와 실제 성취가 같이 병행되어야 한다고 생각한다.[36] 애愛와 이利가 묶여 애리愛利라고 할 정도로 묵가는 사랑하는 것과 이익을 주는 것 사이에 상호 호응의 관계가 있어야 한다고 생각했다. 물론 사랑을 하면서 실제로 이익을 가져오지는 못하거나, 나아가 자신의 의도와는 달리 해를 끼치는 경우가 있을 수 있고, 나아가 사랑은 상대를 이롭게 하는 '의도'(지志)와 '능력'(능能)만 있으면 성립하지 반드시 그 이롭게 하는 결과까지 포함하는 것은 아니라고 생각했음에도, 묵가는 당위적 차원에서 애愛와 이利의 상호 보완성을 강하게 주장하였던 것이다. 예컨대 묵가는 '어떤 사람을 사랑하는 것은 그를 이롭게 해 줄 것에 대해 생각하는 것이지 다른 사람을 이롭게 해 줄 것을 생각하는 것이 아니다'[37]라고 하였는데, 이는 설사 결과적으로 어떤 사람을 이롭게 하지 못한다 하더라도 그를 이롭게 하기 위해 여러 가지 고려를 하였다면 그를 사랑한다고 말할 수 있음을 보여준다.[38] 애愛는 이처럼 기본적으로 의도나 능력에 머무는 개념인 반면, 이利는 실질적 혜택을 말한다. '겸상애 교상리'의 표현은 바로 이런 애愛와 이利의 관계를 잘 보인다. 이 점에서, '겸상애 교상리'는 '(의도에 있어서) 두루 서로 사랑하고, (실제에 있어서) 교류하면서 서로 이익을 줌'[39]으로 번역할 수 있다. '두루 서로 사랑함'

---

36. 유가의 입장을 명목주의, 묵가의 입장을 실질주의라고 할 수 있는 것은 묵가가 유가 주장의 비실용성을 비판하면서 출현하였기 때문이다.

37. 『묵자』「대취」. "愛獲之愛人也 生於慮獲之利 非慮臧之利也."

38. '옳음'과 '효'와 같은 묵가의 윤리적 미덕들은 전부 의도와 능력으로 정의되지, 그 성취에 의해 정의되지 않는다. '사랑' 혹은 '관심'도 이렇게 볼 수 있다.

39. cf. Robins (2012), 64.

은 의도의 영역이고, '교류하면서 서로 이익을 줌'은 실질 행위를 가리킨다. 겸애의 의미가 무차별적 사랑을 의미할 수 있지만 그것은 오직 의도나 능력의 측면에서 그러하고, 사실은 실질적으로 교류하는 상대에게만 차등적으로 이익을 줄 수밖에 없는 즉, 차별적일 수밖에 없음을 선언하는 표현이라고 해석할 수 있다. 물론 여기서 겸상애가 반드시 무차별애의 의미로만 해석될 수도 없다. '두루 서로 사랑함'은 앞서 지적했듯이 '포괄적 보살핌'의 경우로도 해석될 수 있기 때문이다. 그러나 묵가가 겸애를 여러 곳에서 개념적으로 무차별애로 정의한 점에 비춰볼 때, 얼마든지 이런 해석도 가능하다고 생각한다. 한마디로 말해 겸애는 겸상애로 대변되는 무차별성(의도와 능력상)과 교상리로 대변되는 차별성(실제 행위상)의 두 측면을 다 포함하는 개념임을 제시했다고 할 수 있다.

실제 행위상에 있어서 유가와 묵가의 덕스런 행위는 겉으로 보기에 크게 다르지 않아 보인다. 실제의 행위는 친소 관계에 따라 차별적인 것으로 될 가능성이 크기 때문이다. 즉, 차별적인 제도인 중국사회의 인륜과 예의 구체적 제도를 옹호하는 것은 유가나 묵가에서 차이가 없을 것이다. 이 점에서 묵가가 겸애의 원리를 통해 차별의 제도나 관행에 맞섰다는 것은 사실이 아니다. 묵가는 사실 이런 차별의 제도가 겸애의 원리와 상충된다고 보기는커녕 그런 차별의 제도가 겸애의 원리에 의해 더 강화되고, 또한 차별의 제도를 통해 겸애의 원리가 비로소 구현된다고 보았다. 전자의 측면은 부모에 대한 효가 겸애의 원리를 통해 더욱 더 사회적으로 조장이 되는 데에서 보이는데, 왜냐하면 바로 겸애의 사회 분위기 속에서 자신의 부모가 다른 이들로부터 보호받기 때문이다. 후자의 측면은 부모에 대한 자신의 후장과 묵가의 교설인 겸애가 충돌되는 것이 아님을 보이려고 한, 묵가인 이지夷之에 의해 다음과 같이 표현되었다: "사랑은 무차별적이지만, 그 베풂은 부모로부터 시작한다."(애무차등愛無差等, 시유친시施由親始)[40] 이지에게서는 부모에 대한 특별한 대우, 즉 이 경우는 자신의 부모에 대한 후장이 '무차별적 사랑'을 구현하기 위해서 행해진다고 할 수 있다. 이지에게서 '무차별적 사랑'이 논리적으로 먼저 생각되었고, 바로 이 무차별적 사랑을 구현하기 위해서 부모에 대한 특별한 보살핌의 행위가 선택되었다고 할 수 있는 것이다. 왜 무차별애를 구현하기 위한 방식이 자신의 부모에 대한 보살핌으로부터 시작되어야 하는가? 그것은 앞서 말한 대로, 구체적 시간과 공간에 처해서 특정한 사람들과 교류할 수밖에 없는 각 개인의 처지에서 비롯된 어쩔 수 없는 편의성 때문이 아니겠는가?[41] 인간은 공간적, 시간적으로 제한을 받는 존재이므로 그들이 가까이 있는 사람에게, 그들이 교류하는 사람들에게 먼저 이익을 주는 것이 불가피하다고 느꼈을 것이다. 이것이 바로 '교상리'(교류하면서 서로 이롭게 함)가 '겸상애'(두루 서로 사랑함)와 개념적으로 다른 점이다. 물론 이 둘은 겸애의 개념에서 통합되고 있다. 이렇게 통합된 겸애의 개념은 '무차별적 사랑'의 이념과 '포괄적 보살

---

40. 『맹자』「등문공상」.

41. 사실 엄밀히 말해서 『묵자』 내에서 효는 다른 것에 의해 정당화되는 미덕이 아니다. 그 자체가 '다스려짐'(치治)을 구성하는 요소이다. 효가 편의성 때문에 묵가에게 중요한 의무가 되었다는 주장은 좀 더 논의되어야 할 하나의 가설이다.

핌'의 현실이 합쳐진 개념이다. 차별적 베품의 실행이라는 실제 행동의 측면을 생각했을 때, 겸애의 의미는 실제상에서는 이념이나 의도에서와는 달리 무차별적 사랑에 머물 수 없게 된다는 것이다.[42]

무차별애와 의도

무차별애로서의 겸애의 의미는 의도에서만 성립될 수 있다는 사실과 함께, 의도가 겸애의 실행에서 중요한 역할을 하는 부분이 있다. 그것은 시간과 공간 속에서 제약된 각각의 개인이 어떻게 모든 사람을 사랑할 수 있을까의 문제이다. 이는 무차별애의 가능성에 대한 의문인데, 이 의문에 대한 답을 후기묵가[43]는 '의도'에 대한 언어적 표현의 의미를 탐구하는 가운데에서 해결하였다. 예컨대 『묵경』에서 묵가는 설사 우리가 그 사랑의 대상의 수가 얼마인지 몰라도, 어디 있는지 몰라도, '그 대상을 위하여 이익을 주려고 하는' 의도가 확인된다면, 얼마든지 모든 사람에 대한 사랑이 가능한 것이라고 한다. 겸애는 이런 차원에서 실행 가능한 것임을 강조하고 있다.

---

42. 백영선은 묵가의 입장이 '차별적 베품의 실행'에 머물 수 없고, 결국 '무차별적 실행'을 지향하고 있는 것은 아닌가하고 지적한다. 틀림없이 의도의 차원에서 보자면, 무차별적 실행을 지향한다. 그러나 '의도에 있어서의 무차별적 실행에 대한 지향'이 '실제에 있어서의 무차별적 실행에 대한 지향'은 아니라고 생각한다.

43. 후기묵가는 『묵경』의 저자들을 가리키며, 『묵경』은 현행본 『묵자』의 40-45장을 가리킨다.

(경) 천하 사람의 수를 모르는 데도 사랑이 다할 수 있음을 안다. 그 이유는 질문에 있다.

(경설) 일일이 그 수를 알지 못한다. 어찌 백성을 사랑함이 그것을 다 하는 것이 됨을 알겠는가? 사람을 다 묻는다면 그 묻는 것을 다 사랑한다. 만약 그 수를 모르고도 사랑이 그것을 다하는 것을 아는 것은 어렵지 않다.[44]

(경) 그들이 있는 곳을 모르지만 사랑하는 데 해가 되지 않는다. 그 이유는 자식을 잃은 사람에 있다.[45]

같은 연장선상에서 설사 한 사람을 사랑하더라도 그것이 모든 사람을 사랑하는愛人의 의미로 받아들여 질 수 있다. 또 어떤 사람을 죽이더라도 그것이 살인은 아닌 경우가 있을 수 있다.

장인야臧人也 애장애인야愛臧愛人也
: (노예) 장은 사람이다. 장을 사랑하는 것은 사람을 사랑하는 것이다.

도인인야盜人人也 살도인비살인야殺盜人非殺人也
: 도둑은 사람이다. 도둑을 죽이는 것은 사람을 죽이는 것이 아니다.[46]

---

44. 『묵자』「경하」. "不知其數而知其盡也 說在明者." 『묵자』「경설하」. "不二智其數 惡智愛 民之盡文也 或者遺乎其問也 盡問人則盡愛其所問 若不智其數而智愛之盡文也 無難."

45. 『묵자』「경하」. "不知其所處 不害愛之 說在喪子者."

46. 『묵자』「소취」.

장臧[47]은 노예를 가리키는데, 우리는 이 노예를 사랑하는 것에서 모든 사람을 사랑하고 있음[48]을 말할 수 있다. 장臧은 인간에게 도움이 되는 노예인데, 이 노예를 사랑하는 것에서 우리는 이 사람이 모든 사람을 사랑하고 있다는 점을 알 수 있다.[49] 반면에 도둑도 노예처럼 사람이지만, 도둑은 사람을 해치는 존재이므로, 이 도둑을 처형하는 것은 그 의도가 일반적으로 사람을 해치는 것이 아니므로, 사람을 죽이는 것이 아니라고 말할 수도 있다. 『묵경』에서 보이는 위의 역설적 주장들은 의도나 태도의 영역에서, 그리고 언어적 표현의 의미를 확인함으로써, 겸애의 의미를 이해하려는 묵가의 일관된 입장을 잘 보여주고 있다. 이에 대해서는 다음 절에서 자세히 논하겠다.

---

47. 장臧은 고대 중국에서 남자 노예를 가리키는 보통 명사이다. 그것은 역사적 인물을 가리키는 고유명사로부터 유래됐음에도, 여기서는 가장 천한 사람이라는 의미로 사용되어진다. 『묵자』「경설상」참조. 획獲은 여자 노예를 가리키는 이름으로 장臧과 같은 방식으로 또한 사용된다.

48. 여기서 '사람을 사랑함'(애인愛人)이 바로 겸애의 또 다른 표현이다. 물론 이것이 모든 사람에 대한 무차별적 사랑을 의미하는 것은 아니다.

49. 그레이엄은 이것을 묵가는 비천한 노예에게서 인간성을 보았기 때문에 노예를 사랑하는 것이 사람을 사랑하는 것이 되는 것이라고 했는데, 묵가가 과연 비천한 인간에게서 '목적으로서의 인간성'을 발견했는지는 의문이다. '장臧을 다른 사람처럼 사랑하라'는 것이 '장臧을 인간으로서 사랑하라'는 것은 아니다.

보편과 총칭

『묵경』의 세 가지 주장

그레이엄은 묵가의 겸애를 일종의 보편적 원리로 보고, 이를 유가의 인仁이나 예禮의 구체성과 대조시키고 있다. 하지만 후기 묵가의 겸애와 관련된 논의를 하는 이 절에서 나는 묵가의 겸애도 추상 보편이 아니고, 구체 보편임을 보이겠다.

김영건은 그의 논문[1]에서 묵가의 대표적 주장인 겸애[2]에 중점을 두고 『묵경』 안에서 발견되는 다음의 세 가지 주장에서 비롯하는 어려움을 해소하려고 노력한다:

---

1. 김영건, 「도둑을 죽이는 것은 사람을 죽이는 것이 아니다」, 『철학논집』 32, (2013): 93–122.
2. 앞서와 마찬가지로 "겸애兼愛"는 "애인愛人"과 같은 의미로 받아들인다.

A: 도둑은 사람이다 (그러나) 도둑을 죽이는 것은 사람을 죽이는 것이 아니다.[3]

B: 도둑은 사람이다 (그러나) 도둑을 사랑하는 것은 사람을 사랑하는 것이 아니다.[4]

C: 장臧은 사람이다. 장을 사랑하는 것은 사람을 사랑하는 것이다.[5]

김영건은 만약 C가 가장 천한 노예인 장臧을 사랑하는 어떤 사람이든지 그는 '모든 사람을 사랑할 수 있는 의도와 능력을 지니고 있다'[6]고 말할 수 있음을 의미한다면, B는 참이 될 수 없다고 한다. 김영건

---

3. 『묵자』 「소취」. 대부분의 해석가들은 묵가가 A 주장을 겸애와 사형제도와의 갈등에 대한 대응으로서 제시했다고 믿는다. 왜냐하면 어떤 사람을 사랑하는 것은 분명히 그가 죽는 것보다는 사는 것을 원하기 때문이다. cf. 『논어』 12:10.

4. 『묵자』 「소취」 "애인愛人"은 "사람을 사랑함" 이외에 "타인을 사랑함"으로 번역될 수 있다. 나는 이것을 묵가의 겸애와 연결시기기 위해서 전자로 번역한다. 앞서 유가의 맥락에서는 애인을 타인을 사랑함으로 번역하였다.

5. 『묵자』 「소취」.

6. 김영건은 "애인愛人"을 "모든 사람을 사랑하려는 의도와 능력을 가짐"이라고 정의하는데, "애인"을 미덕(도덕적 특성)으로 생각하는 것 같다. 그러나 그의 애인의 정의는 순환적이기에 조심해야 한다. 그의 정의는 "모든 사람을 이롭게 할 의도와 능력을 가짐"으로 바뀌어야 할 것이다. 우리는 묵가가 미덕을 의도와 능력으로 정의한 것(『묵자』 「경상」, 「경설상」)과 "인자함은 사랑이다"(『묵자』 「경설하」)를 기억한다면 그의 이런 정의는 이해될 만하다. 예컨대, 묵가의 윤리적 체계에서 효는 부모를 이롭게 하려는 의도와 능력이다. 그러므로 효자는 그의 부모를 이롭게 하는데 항상 성공하지 못한다.(『묵자』 「경설상」) 이 때문에 묵가는 "올바르게 행동하기를 구하는 것은 올바르게 행동하는 것이 아니다"(『묵자』 「소취」)라고 하였다. 이 글에서 나는 "애인"을 미덕으로, 또 "사람을 이롭게 하려는 이도와 능력을 가짐"으로 정의한다.

의 의미는 만약 어떤 사람이 가장 천한 사람을 사랑할 정도로 인자하다면 그의 인자함은 비록 도둑이 물건을 훔침으로써 사람을 해치는 사람임에도, 그로 하여금 도둑을 사랑하게 했을 것이다라는 것이다. 김영건은 여기에서 묵가에게 일종의 그 대상에 관계하지 않는 무조건적 사랑을 부여하고 있다.[7] 다른 말로 하면 묵가에게 있어서, 사람으로서의 모든 사람은 사랑받을 가치가 있어야만 한다는 것이다. 그런 의미에서 김영건은 묵가가 장臧을 사랑하는 것이 사람을 사랑하는 것이라고 말했다면 그들은 도둑을 사랑하는 것 또한 사람을 사랑하는 것임을 받아들여야 한다고 주장한다. 그러나 묵가는 오직 전자만 받아들이고, 후자는 받아들이지 않는다. 김영건은 묵가에 있어서 이런 비일관성을 피할 수 있는 유일한 방법은 공리주의적 입장을 택하거나 묵가의 겸애가 제한을 가지고 있어서 단지 약간의 사람을 사랑할 뿐이지 모든 사람을 사랑하는 것은 아니라는 것을 받아들이는 것뿐이라고 한다. 김영건은 결론적으로 묵가가 온전히 공리주의라고 하기는 어려운 면이 있어서 결국 묵가의 겸애는 약간의 사람을 사랑하는 것을 의미할 수밖에 없다고 한다.

김영건의 이 같은 주장들에 대해 나는 먼저 그가 묵가가 공리주의가 될 수 없는 것으로 보는 이유들이 사실은 심각한 것이 아니고, 따라서 우리는 묵가에게 일관되게 공리주의를 부여할 수 있다고 본다.

---

7. 그레이엄A. C. Graham은 김영건과 같은 생각을 가지고 "장臧과 획獲은 그들이 사람인 것을 제외하고는 그들에 대해 어떤 관심도 갖지 않을 정도로 천한 노예들이기에 그들에 관심을 보이는 사람은 사람으로서의 그들에 관심을 보이는 것이다."라고 하였다. Graham (1989), 152.

둘째로 나는 묵가의 겸애는 비록 그것이 예외 없는 보편성을 의미하는 것은 아니라 하더라도 여전히 어느 정도의 일반성, 즉 총칭성을 내포하고 있다고 본다. 이 묵가의 총칭성은 '명사의 총칭적 사용'the generic use of nouns이라는 개념에 의해 설명될 것이다. 그러므로 나의 주장은 김영건의 주장과 완전한 대척점은 아니고, 약간의 변형이다.

이 해석에서 김영건은 묵가가 목적으로서의 인간 개념을 갖고 있다고 믿는 것 같다. 달리 말해서 김영건은 묵가 사상이 그 사회적 지위, 역할, 성격과 관계없이 인간을 그 자체로 가치 있는 존재로 생각했다고 보는 것 같다. 이런 인간 개념을 가진 묵가는 당연히 노예뿐만이 아니고 도둑까지 사랑해야만 한다. 이런 묵가의 인간개념에 기초해 김영건은 또한 묵가를 공리주의로 보는 기존의 해석에 의문을 제기한다. 이에 따르면, 묵가는 분명하게 이익과 구분되는 옳음의 개념을 가지고 있기에 공리주의자일 수 없다. 그는 이 주장을 위해 다음과 같은 『묵자』 원문을 인용한다:

세속의 군자들은 의로운 선비를 봄에 있어서 곡식을 지고 가는 사람만큼도 못하게 여긴다. 지금 여기에 어떤 사람이 곡식을 지고 가다가 길가에 쉬고 있는데 일어나려다가 일어나지 못하는 것을 군자들이 본다면 늙고 젊거나 귀하고 천한 것에 관계없이 반드시 그를 일으켜 세워 줄 것이다. 어째서인가? 그렇게 하는 것이 의로움이기 때문이다. 지금 의로움을 행하는 군자들은 옛 임금들의 도를 떠받들며 얘기를 하고 있다. 그러나 (세속의 군자들은) 기뻐하며 실행하지 않을 뿐만 아니라 또한 그들에 대해 비방을 한다. 그러니 세속의 군자들이 의로운 선비를 봄에 있어

서 곡식을 지고 가는 사람만큼도 못하게 여긴다는 것이다.[8]

김영건은 묵가의 윤리적 입장은 공리주의일 수 없는데, 왜냐하면 묵가는 이로움과 구분되는 옳음의 개념을 갖고 있기 때문이다. 많은 사람들이 어려움에 처한 곡식 수송자를 돕는 것은 그것이 이롭기 때문이 아니라, 옳기 때문이다. 이 점에서 묵가는 이로움과 구분되는 옳음의 개념을 가지고 있다. 이에 따라 김영건은 묵가가 공리주의자가 아니라고 한다.[9]

묵가의 의도 결과주의

그러나 위의 인용문은 단지 우리는 종종 어떤 일을 할 때, 그것이 옳기 때문에 그 일을 한다고 느낀다는 것을 말하고 있다. 하지만 이러한 느낌이 우리의 행위를 의무론적으로 정당화하는 것은 아니다. 그것은 단지 왜 우리가 그런 일을 하게 됐는지의 행위에 대한 동기적 설명은 제공할 수 있다. 그러나 그러한 설명이 그것의 도덕적 가치를 성립시키지 않으므로, 그것은 묵가가 공리주의가 아님을 보여주지 못한다. 오히려 묵가의 일반적 특성은 공리주의를 함유하는 결과론의

---

8. 『묵자』「귀의」.

9. 즉 그에 따르면, 의무론은 옳기 때문에 옳다고 하고, 공리주의는 이롭기 때문에 옳다고 한다.

입장을 보여준다. 묵가는 "의義는 이익이다"[10]라고 선언하면서, 이익을 빼고 옳음을 말할 수 없다는 점을 분명히 한다. 이익이 옳음의 필요조건이라는 묵가의 입장은 묵가가 넓은 의미의 공리주의 혹은 적어도 결과주의임을 지지한다. 묵가가 일종의 결과론이거나 공리주의라는 점은 다른 근거를 통해서도 지지될 수 있는데, 그 근거란 묵가의 목적-수단의 접근방식이다. 여기서 말하는 묵가의 목적-수단의 접근방식이란 바로 묵가가 대체로 어떤 풀어야 할 문제 혹은 목표를 먼저 세워 놓고, 그 다음에 그 목표에 대한 적절한 수단 혹은 그 문제에 대한 적절한 접근방식을 제공한다는 것을 말한다. 물론 유가도 또한 그들의 목표를 성취하기 위한 적절한 수단에 대해 말하곤 한다. 이것은 결과론적 접근 방식이 묵가에만 고유한 것은 아닐 수 있음을 함축한다. 그러나 유가의 수단은 묵가의 수단과는 달리 도구론적이지 않다. 그것은 오히려 목표 그 자체를 구성하는 것이다. 유가의 구성적 수단이란 수단이 그들의 목표를 구성하는 요소임을 의미한다. 이 점에서 나는 묵가에만 목적-수단의 결과론적 접근방식을 부여한다. 좀 더 설명해 본다면, 예컨대 묵가는 효자가 되기 위해서 다른 사람을 사랑해야 한다고 말한다.[11] 이 경우에 다른 사람을 사랑하는 것은 효자가 되는 것의 구성 요소가 아니다. 달리 말하자면, 다른 사람을 사랑

---

10. 『묵자』「경상」.

11. 『묵자』「겸애중」「겸애하」참조. 물론 『맹자』「등문공상」에서 이지가 "愛無差等 施由親始"라고 한 것은 겸애가 목표이고, 효가 수단임을 말한 것이다. 이렇게 본다면 '다른 사람을 사랑하는 것'과 '효'는 호혜성의 원칙을 기반으로 연결된다.

164

하는 것은 효자가 되기 위해 요구되는 것이 아니다. 다른 사람을 사랑하는 것은 그러한 목표에 대한 단순한 도구이다. 다른 사람을 사랑하는 것은 효자가 되는 것에 본질적 가치를 가지지 않는다. 우리는 같은 목표를 이루기 위해 다른 수단을 쓸 수 있기 때문이다. 따라서 목표와 수단은 묵가의 관점하에서는 분명하게 서로 구별되는 것이다.[12] 그러나 유가는 그들의 목표를 달성하기 위해서 종종 도구적이거나 외재적 수단을 채택하지 않는다. 그들은 틀림없이 그들의 목표를 달성할 수 있는 내재적인 수단을 찾는다. 그들은 효자가 되기 위해서 다른 사람을 사랑해야 한다고 주장하지 않았다. 대신에 다른 사람을 사랑하기 위해서 우리는 효자가 되어야 한다고 말한다. 유가에게 있어서 효자가 되지 않고서 다른 사람을 사랑할 방법은 없다. 유가에게 있어서 효자가 되는 것은 다른 사람을 사랑하는 것을 구성하는 것이다. 묵가에게 있어서 다른 사람을 사랑하는 것과 효는 이런 방식으로 연결되어 있지 않다. 이것이 내가 유가의 수단은 그들의 목표를 구성하는 것이고, 반면 묵가의 수단은 그렇지 않은 것이다라고 말할 때, 내가 의미한 것이다. 그것은 묵가의 윤리적 입장이 결과론적이라는 주장을 지지한다. 틀림없이 이 묵가의 결과론 혹은 공리주의는 옳음과 결과적 이익 혹은 효용을 동일시하는 전통적 의미의 공리주의나 결과주의는 아니다. 왜냐하면 묵가는 단순한 결과보다는 의도와 능력을 강조하기 때문이다. 이것은 묵가가 미덕을 결과보다는 '결과를 지향하는 의도나 능력'으로 정의함에서 보인다. 예컨대, 사랑의 미덕은 '이익을 줌

---

12. cf. 『묵자』 『공맹』.

그 자체'보다는 '이익을 가져다주려는 의도나 능력'으로 정의된다. 이것이 내가 말하는 묵가의 '의도 결과주의'[13]이다. 그러므로 묵가는 다음과 같이 말한다:

아버지를 위하는 까닭에 장臧을 사랑하는 것은 아버지를 사랑하는 것이다.[14] 아버지를 위하는 까닭에 장臧을 이롭게 하는 것은 아버지를 이롭게 하는 것이 아니다. 아들에게 이롭기 때문에 아들을 위해 음악을 원하는 것은 아들을 사랑하는 것이지만 아들에게 이롭기 때문에 아들을 위해 음악을 구하는 것은 아들을 이롭게 하는 것이 아니다.[15]

묵가는 또 다음과 같이 이야기 한다:

획獲을 사랑하는 데에서 보여지는 사람을 사랑함은 획獲의 이익을 생각하는 것에서 나오지, 장臧의 이익을 생각하는 데에서 나오지 않는다.

---

13. 나는 이것을 아래에서 '의도 공리주의'라고도 표현할 것이다.

14. 이 부분에 대한 로빈스 (Dan Robins)의 번역은 매우 다르다: "장을 친척으로 여겨서 그를 사랑하는 것은 친척을 사랑하는 것이 아니다." 그의 번역은 묵가 사상에서 매개된 혹은 규범적 사랑과 직접적, 혹은 개별적 사랑 사이의 구분에 기반하고 있다. cf. Robins (2012), 80. 그러나 나는 후속의 문장들이 사랑함과 이익을 줌 사이의 구분을 다루고 있기에 그것들과의 대비를 받아들이는 그레이엄 (Angus C. Graham)의 해석을 따른다. cf. Angus C. Graham, Later Mohist Logic, Ethics and Science, (Hong Kong: The Chinese University of Hong Kong, 2003): 252.

15. 『묵자』「소취」.

그러나 장臧을 사랑하는 데에서 보여지는 사람에 대한 사랑은 획獲을 사랑하는 데에서 보여지는 사람에 대한 사랑이다.[16]

여기서 우리의 주목을 끄는 것은 어떤 사람을 사랑하는 것과 어떤 사람을 이롭게 하는 것 사이의 관계이다. 그것은 어디에 묵가의 의도 결과주의와 전통적 결과주의의 차이가 있는 지를 보여준다. 먼저 어떤 사람을 사랑하는 것은 그를 이롭게 하는 것을 생각함[17]으로 구성된다. 비록 그것이 항상 실제적으로 그를 이롭게 하지 않을지라도 그러하다. 이것은 어떤 사람을 사랑함은 앞서 말한 대로 그 사람을 이롭게 하려고 의도하는 데에서 성립하지, 그를 이롭게 하는 데에서 성립하지 않기 때문이다. 이런 의미에서 어떤 사람을 사랑함과 어떤 사람을 이롭게 함의 구분은 묵가 윤리학에서의 의도(지志)와 결과(공功)의 구분[18]에 해당한다. 둘째, 어떤 사람을 사랑함은 다른 사람에게 확장될 수 있지만, 어떤 사람을 이롭게 함은 그럴 수 없다. 따라서 장을 사랑하는 것과 획을 사랑함은 똑 같이 사람을 사랑함이다. 그러나 장臧을 이롭게 함과 획獲을 이롭게 함은 다른 것이다. 왜냐하면 이익을 줌은 오직 구체적인 사람들만 관여하기 때문이다.[19] 이렇게 다른 구체적 사

---

16. Ibid.

17. 려慮는 단순한 의도를 넘어서는 일종의 심적 행위를 의미하는 것 같다. 그것은 자신의 능력과 외부 환경에 대한 일종의 숙고를 포함한다.

18. 의도 (지志)와 성취 (공功)는 서로 따르지 않을 수 있다 (『묵자』「소취」 "志功 不可 以相從也"). 성취 (공功)는 백성을 이롭게 하는 것이다. (『묵자』「경상」 "功 利民也").

19. 「경」과 「경설」에서 묵가의 겸애에 관한 문제는 겸애가 미래의 사람만이 아니고 멀

람들에게 이익을 줄 수 있음에도, 그러한 두 이익을 주는 행동들이 다 동일하게 사람을 사랑하는 것에 해당됨에 주목해야 한다.

도둑을 죽이는 것은 사람을 죽이는 것이 아니다

'사람을 사랑함' '장臧을 사랑함' '도둑을 죽임' 등등의 행위에 대한 불일치를 해소하기 위한 논의를 좀 더 진행시키자면, 우리는 흔히 사랑은 미덕이고, 죽임은 악덕이라고 생각한다. 그러나 '사람을 사랑함'은 미덕이지만, 사랑 그 자체는 미덕이 아니다. 예컨대, '도둑을 사랑함'은 바람직하지 않다. 같은 논리로 '사람을 죽임'은 허용될 수 없고, 악덕이지만, 죽임 그 자체는 악덕이 아니다. 예컨대, '도둑을 죽임'은 허용될 수 있다. 묵가는 다음과 같이 말한다:

도둑은 사람이다. 도둑이 많음은 사람이 많음이 아니다. 도둑이 없음은 사람이 없음이 아니다. 어떻게 이 점을 분명히 밝힐 수 있을까? 도둑이 많음을 미워하는 것은 사람이 많음을 미워하는 것이 아니다. 도둑이 없음을 원하는 것은 사람이 없음을 원하는 것이 아니다. 온 세상이 이것에 동의한다; 비록 도둑이 사람이지만 도둑을 사랑함은 사람을 사랑함이 아니고, 도둑을 사랑하지 않는 것은 사람을 사랑하지 않음이 아니니,

---

리 떨어져 있는 사람도 관계를 하는지였다. 이 두 경우는 시간과 공간과 관련해서 우리에게 물리적으로 접근불가능한 사람들이다. cf. 『묵자』「경설하」.

도둑을 죽이는 것은 사람을 죽이는 것이 아님을 받아들이는데 어려움이 없다.[20]

이 인용문에서 묵가는 이 절의 처음에 제시된 그들의 문제 주장들 중의 A와 B를 직접적으로 다룬다. 참고로 A와 B는 다음과 같다: "A: 도둑은 사람이다. (그러나) 도둑을 죽이는 것은 사람을 죽이는 것이 아니다." "B: 도둑은 사람이다. (그러나) 도둑을 사랑하는 것은 사람을 사랑하는 것이 아니다." 몇 가지 단계가 우리를 A와 B로 이끈다. 첫째, 묵가는 A와 B가 비록 도둑이 사람이지만 도둑이 많은 것이 사람이 많은 것이 아니고, 도둑이 없는 것이 사람이 없는 것이 아니라는 사실들로부터 도출된다고 믿었다. 둘째, 묵가는 조건문의 후반부를 '미워함'과 '원함'과 같은 내포적 용어를 사용함으로써 설명하려 하였다. 달리 말하면, 도둑이 많은 것을 미워하는 것은 사람이 많은 것을 미워함이 아니기에, 도둑이 많은 것은 사람이 많은 것이 아니고, 도둑이 없는 것을 원하는 것은 사람이 없는 것을 원하는 것이 아니기에 도둑이 없는 것은 사람이 없는 것이 아니다. 셋째, 묵가는 이제 도둑을 사랑함은 사람을 사랑함이 아니고(B), 도둑을 죽이는 것은 사람을 죽이는 것이 아니라고(A) 말한다. 여기에서 묵가는 하나의 변형을 더한다; 그들은 도둑이 많은 것을 미워하는 것은 사람이 많은 것을 미워하는 것이 아니라는 주장으로부터 도둑이 많은 것을 원하는 것은 사람이 많은 것을 원하는 것이 아니다라는 주장으로 나아간다. 묵가는 이

---

20. 『묵자』 「소취」.

러한 세 단계가 A와 B의 주장들을 정당화하기에 충분하다고 믿는다.

도둑이 많은 것을 원하는 것은 사람이 많은 것을 원하는 것이 아니기에 그들은 도둑을 사랑하는 것은 사람을 사랑하는 것이 아니다(B)라고 주장한다. 도둑이 없는 것을 원하는 것은 사람이 없는 것을 원하는 것이 아니기에, 도둑을 죽이는 것은 사람을 죽이는 것이 아니다(A)라고 주장한다. 이러한 전환들에서 '사랑함'과 '죽임'은 욕구의 용어로 정의된다. 전체적으로 묵가의 주장들은 도둑을 이롭게 하기를 원하는 것은 사람을 이롭게 하기를 원하는 것이 아니라고 하고, 도둑을 미워하는 것은 사람을 미워하는 것이 아니라고 진행된다.

의도적 공리주의와 이익 개념

의도적 결과주의 혹은 의도적 공리주의[21]는 우리로 하여금 몇 개의 난해한 『묵자』의 구절들을 잘 이해하게 해 준다. 예컨대 묵가는 "불가피한 죽임 (비의도적인 죽임)은 사람을 죽이는 것이 아니다"(전살도#殺盜, 비살도야非殺盜也)[22]라고 한다. 이것은 묵가가 오직 의도적 행위에만 책임을 요구하기 때문에 쉽게 이해된다. 도둑의 처형은 적극적으로 추구된 것이 아니니(말하자면, 비의도적으로 이루어진 것이니),

---

21. 의도란 일시적인 심리적 상태나 동기가 아니다. 오히려 나는 그것들을 어떤 일을 하는 데 있어서의 항구적인 논리적 이유들로 파악한다.

22. 『묵자』「대취」.

허용될 만하다. 반면에 묵가는 "우리가 온 사회를 위해 심지어 한 사람을 해치기를 의도한다면(이것은 공리주의자들에 의해 받아들여지겠지만), 그것은 정말로 사회를 이롭게 하는 것이 아니고"(살일인이존천하殺一人以存天下, 비살인이이천하야非殺人以利天下也)[23] 따라서 받아들여질 수 없다. 그럼에도 불구하고 "묵가는 만약 자신을 죽여서 세상이 이롭게 된다"(살기이존천하殺己以存天下, 시살기이이천하是殺己以利天下)[24]면 받아들일 수 있다고 보았다. 이것들이 어떻게 다른가? 내가 보기에 자신을 죽이는 것은 다른 한 사람을 죽이는 것과는 달리 사람을 해롭게 하는 것이 아니니 받아들일 수 있다. 그것은 희생이니, 악덕이 아니고 미덕이기 때문이다. 똑같이 한 사람임에도 다른 한 사람을 해롭게 하는 것은 받아들일 수 없는 반면, 자신을 해롭게 하는 것은 괜찮다고 생각하는 점이 흥미롭다. 그러면 왜 묵가는 죄가 없는 한 사람을 죽임(실제로 죽이려는 의도를 가짐)은 이익을 가져 올 수 없지만, 자신을 죽임(실제로 죽이려는 의도를 가짐)은 이익을 가져올 수 있다고 생각하였는가? 하나의 가능한 대답은 묵가는 단순히 물질적인 것들에만 국한되지 않는 더 넓은 의미의 이익 개념, 즉 정신적 가치를 이익으로 생각했다는 것이다. 묵가에게 있어서 이익이란 인구나 자원처럼 물질적 자원에만 국한되지 않고, 다스림(치治)이란 비물질적인 것들도 포함하고 있다.[25] 로빈스Dan Robins는 효와 같은 관계적

---

23. 『묵자』「대취」.

24. Ibid.

25. 「겸애상」, 「겸애중」, 「겸애하」.

미덕들은 그것들이 가져올 더 많은 물질적 이익들과 상관없이 가치를 지니고 있고, 아마도 묵가는 이러한 관계적 미덕들이 이익이 됨을 당연한 것으로 여겼다[26]라고 말하는 데, 그도 역시 이러한 정신적 가치가 묵가에게는 이익이 될 가능성을 제시한 것이다. 로빈스의 해석에 따르면, 묵가에게 이익이란 이利나 인仁과 같은 비물질적 핵심 가치들을 포함하는데, 이것들은 물질적 이익들로 환원될 필요가 없다고 본다. 이런 확장된 묵가의 이익 개념 때문에, 우리는 앞서 말했던 구절에서 김영건이 묵가는 그것이 옳기 때문에 어려움에 빠진 사람을 도와야한다고 생각했고, 그래서 묵가는 이익과 무관한 옳음의 분명한 개념을 가지고 있었던 것이고, 이러한 사실은 묵가가 의무론자임을 보인다고 한 것에 반드시 동의하지 않게 된다.

명사의 총칭적 사용

이제 '사람을 사랑함'의 보편성과 명사의 총칭적 사용the generic use of nouns[27]을 이야기해 보자. 만약 묵가가 표준적인 공리주의나 결과주

---

26. Robins (2012), 84.

27. 총칭적 표현generics이라는 말로 언어학자들은 다음의 두 가지 다른 현상을 대개 의미한다: ⓐ 종류의 지칭, ⓑ 총칭generality의 진술들. cf. Francis Jeffry Pelletier ed., Kinds, Things, and Stuff, Mass Terms and Generics, New York: Oxford University Press, 2010. 이병욱은 2013년 개인적 만남에서 '총칭적 표현'의 개념을 나에게 소개해 주었다.

의 입장이라면 묵가의 입장은 반드시 모든 사람을 사랑해야 되는 것은 아니다. 공리주의는 다수를 위해 소수를 희생시키는 것이 가능하기 때문이다. 하지만 묵가는 이런 방식으로 생각하지 않는다. 결과 그 자체보다 결과를 가져오려는 의도를 강조하는 묵가 공리주의의 특별한 모습은 묵가로 하여금 겸애의 일반성을 포기하지 않게 한다. 겸애의 보편성은 묵가가 사람을 사랑하는 것과 말을 타는 것을 구분할 때 드러난다:

사람을 사랑함은 모든 사람을 사랑해야만 사랑을 사랑한 것이 된다. 사람을 사랑하지 않는 것은 모든 사람을 사랑하지 않아야만 사람을 사랑하지 않는 것이 되는 것이 아니다. …… 말을 타는 것은 모든 말을 타지 않아도 말을 타는 것이 된다. 한 마리의 말을 타도 말을 탄 것을 함축한다. 반면에 말을 타지 않은 것은 모든 말을 타지 않아야 말을 타지 않는 것이 된다.[28]

위의 인용문에서 묵가는 비록 '사람을 사랑함'(애인愛人)과 '말을 탐'(승마乘馬)이 외면적 구조에서는 비슷하지만, 그것들이 가리키는 것은 매우 다르다는 것을 보여주기를 원했다. 전자의 표현인 '사람을 사랑함'은 모든 사람에 관련하지만, 후자의 표현인 '말을 탐'은 오직

28.『묵자』「소취」 "愛人 待周愛人而後為愛人 不愛人 不待周不愛人… 乘馬 不待周乘馬然後為乘馬也."

한 마리 말에만 관련될 수 있다.[29] 즉, 모든 사람을 사랑해야지만 '사람을 사랑한다'고 말할 수 있는 반면, 한 마리 말을 탄 것도 '말을 탄다'라고 말할 수 있다. 반면에 '사람을 사랑하지 않음'은 모든 사람에 관련되지 않을 수 있고, '말을 타지 않음'은 모든 말에 관련되어야 한다.[30] 즉, 한 사람을 사랑하지 않아도 '사람을 사랑하지 않는다'고 말할 수 있는 반면, 어떤 말도 타지 않아야 '말을 타지 않는다'라고 말할 수 있다. 요점은 '사람을 사랑함'은 '말을 탐'과는 다르게 모든 사람에 관련된 표현이라는 것이다. 우리는 사람을 사랑함의 묵가 개념의 보편성을 의심할 수 없다. 보편성은 사람을 미워함의 경우에서도 볼 수 있다:

이 세상에 도둑이 있음을 알 수 있지만 여전히 이 세상에 대한 완전한 사랑을 가지고 있다. 이 집에 도둑이 있음을 알지만, 이 집을 다 미워하지는 않는다. 두 사람 중의 한 사람이 도둑인 줄 알고 있지만 이 두 사람을 다 미워하지는 않는다. 비록 사람들 중의 한 사람이 도둑이지만, 그

---

29. 위의 인용문에서의 두 가지 종류의 표현의 차이는 전칭과 특칭의 양화사의 차이에 해당한다.

30. 여기서 "애인愛人"과 "불애인不愛人"은 통상적 문맥에서 취급된다. 그러나 그것들은 특별한 문맥에서는 다른 의미를 가질 수 있다. 예컨대, 우리가 어떤 사람이 한 특정한 사람을 사랑함을 알 때, 우리는 "그가 사람을 사랑한다"愛人이라고 말할 수 있다. 이 경우에, '사람을 사랑함'愛人은 모든 사람을 사랑함이 아니고, 한 사람을 사랑하는 것이다. 비슷하게, 우리가 어떤 특정한 사람이 어떤 사람도 사랑하지 않음을 알았을 때도, 우리는 그는 "한 사람도 사랑하지 않는다"不愛人이라고 말할 수 있다. 이 경우에 "불애인不愛人"은 '어떤 사람을 사랑하지 않음"이 아니라, "어떤 사람도 사랑하지 않음"이다.

가 누구인지 모른다면 어떻게 그 사람들을 다 미워할 수 있는가?[31]

사람을 사랑함과 사람을 미워함의 보편성을 유지할 수 있는 묵가의 방법은 그런 보편성이 예외나 반례를 인정하지 않는 종류의 것은 아님을 인정하는 것이다. 사람을 사랑함은 모든 사람을 다 사랑할 것을 의미하지 않고, 사람을 미워함은 모든 사람을 다 미워할 것을 의미하지 않는다. 이 말은 묵가의 보편성은 모든 사람을 가리키지 않기에 약간의 사람을 가리켜야만 한다는 김영건의 주장을 의미하는 것 같다. 일견 그러하다. 하지만 김영건의 주장은 겸애를 '약간의 사람을 사랑함'이라고 표현하는데, 이렇게 표현하면 '사람을 사랑함'이라는 겸애의 의미가 충분히 전달되지 않는다. 내가 제안하는 것은 '두루함'(주周), '다함'(진盡),[32] 그리고 '포함함'(겸兼)과 같은 묵가의 보편성의 개념은 예외 없는 모든 것을 가리키지 않고, 몇 몇 예외를 허용하는 일반적인 것을 가리킨다는 것이다. 나의 제안은 묵가가 우리가 설사 몇 명의 사람들을 미워한다 해도, 대체로, 일반적으로 사람을 사랑할 수 있다고 주장했다는 것이다. '사람을 사랑함'의 표현을 '모든 사람을 사랑함'으로 보지 않고, '대체로, 일반적으로, 총칭적으로 사람을 사랑함'으로 본다. 이것이 내가 '명사의 총칭적 사용'을 끌어들이는 이유이다. '모든'이 아니면 '약간의'를 받아들이는 전통 논리학의 관점은 묵가의 '사람을 사랑함'의 표현을 분석하는 데 적절하지 않다.

---

31. 『묵자』「대취」.
32. 『묵자』「경상」. "진盡은 그렇지 않음이 없는 것"(盡 莫不然也)이다.

내가 보기에 '사람을 사랑함'의 '사람'은 총칭적 사람을 지칭한다. 그러니까 '사람을 사랑함' 이라는 표현은 용어terms의 총칭적 사용의 관점에서 해석되어진다. 사랑이라는 것이 '그 대상을 이롭게 하려는 의도와 능력'으로 구성되니, 묵가에 있어서 사람을 사랑함은 '총칭적 사람을 이롭게 할 의도와 능력'을 가리켜야 한다. 모든 사람을 사랑함의 반례라고 할 수 있는 도둑을 처형하는 경우의 불편함은 사람을 사랑함을 모든 사람을 사랑함이라기보다 총칭적 사람을 사랑함으로 보았을 때, 사라진다. 내가 '총칭 명사'generic term 혹은 '명사의 총칭적 사용'the generic use of nouns이라고 하는 것이 무엇을 의미하는지 좀 자세히 설명하겠다.

서구에서 총칭명사 혹은 명사의 총칭적 사용은 보편성보다는 총칭성을 다룬다. 그것은 다음과 같은 예例에서 보인다; "모기는 말라리아를 옮긴다"는 '총칭적 진술'generic statement은 모든 모기가 그 바이러스를 옮기지 않음에도 참이다.[33] "모기가 말라리아를 옮긴다"는 문장은 그 의미의 명료화를 위해서나 그 문장의 진위를 가리기 위해서 "모든 모기는 말라리아를 옮긴다"나 "약간의 모기는 말라리아를 옮긴다"로 바꿀 필요가 없다. 그것은 그 자체로 매우 분명하고 참인 문장이다. 이 점이 많은 언어 철학자들이 명사의 총칭적 사용에 주목하여 그런 총칭적 진술을 다루는 이유이다.

---

33. cf. Sara-Jane Leslie, "Concepts, Analysis, Generics, and the Canberra Plan," (with M. Johnston) Philosophical Perspectives 26, (2012): 124. (이하 Leslie (2012)로 약칭).

고전 중국어의 어휘들은 관사, 지시어, 그리고 양화사가 없어서(말하자면, 그냥 명사만 있어서),[34] 총칭적 명사로 간주될 수 있다. 이 때문에 총칭적 명사는 일반적으로 복수나 일반성을 표현하기 위해서 관사의 사용이나 다른 문법적 장치를 필요로 하지 않는다.[35] 명사의 총칭적 사용의 경우와 마찬가지로 고전 중국어 어휘는 관사나 복수형의 문법 형태가 없이도 복수성이나 일반성을 표현하는 데 잘 작동한다. 고전 중국어 이름의 범위를 정하는 과정은 "사람을 사랑함"과 "말을 탐"을 이해하는 경우에서 보이고, 그것은 내가 묵가의 탐구활동인 논변 혹은 (종류의) 명료화의 활동(변辯)[36]이라고 부르는 것인데, 위에서의 서구 언어철학에서의 명사의 총칭적 사용과 매우 유사하다. 이것이 내가 묵가의 변을 서구 전통 안에서의 명사의 총칭적 사용과 비교하는 이유이다.

"모기는 말라리아를 옮긴다" 안에서의 "모기"라는 표현은 모든 모기를 의미하는 것이 아니고, 총칭적 모기를 의미하듯이, "사람을 사랑함"에서의 "사람"은 모든 사람을 의미하는 것이 아니고, 총칭적 사람을 의미한다. 비록 모든 모기가 말라리아를 옮기는 것은 아니지만, 우

---

34. 무표형 명사bare nominals의 일반적 특성에 대해서는 이병욱의 다음과 같은 미출간 논문을 참조: "Articles and Bare Nominals" in http://individual.utoronto.ca/byeonguk/Articles%20&%20bare%20nominals.pdf.

35. 물론 총칭적 명사는 때때로 관사를 가진다.

36. 또 언급할 만한 사실은 묵가 전통에서의 변辯은 변류辯類 (종류의 분별)로 이해될 수 있는데, 여기서 유類는 서구 전통에서의 총칭적 명사에 의해 지칭되는 "일반적 사물"thing in general에 비견될 수 있다.

리는 "모기가 말라리아를 옮긴다"라고 말할 수 있다. 마찬가지로 비록 묵가가 도둑을 처형함을 옹호하는 것에서 보이듯이 모든 사람을 사랑하는 것은 아니지만 그들은 "사람을 사랑한다"고 말할 수 있었다. 장藏이 어버이를 위하기 때문에 장藏을 사랑하는 것은 어떤 특정한 사람, 즉 어버이를 사랑하는 것을 의미한다. 그러나 장藏을 사랑하는 것은 또한 총칭적 사람을 사랑하는 것이 된다. 예컨대, 장藏이 사람들을 위하기 때문에 장藏을 사랑하는 것은 사람을 사랑하는 것이다. 달리 말해서, "너는 왜 장藏을 사랑하는가?"라는 질문에 대해서 너의 대답이 "왜냐하면 그는 사람들에게 유익하기 때문이다"라고 한다면 네가 장藏을 사랑하는 것은 네가 사람을 사랑하는 것으로 해석될 수 있다. 획獲을 사랑함도 또한 같은 방식으로 사람을 사랑하는 것일 수 있다. 획獲이 사람들에게 유익하기에 획獲을 사랑함이 사람을 사랑하는 것이 될 수 있기 때문이다. 획獲을 사랑하는 것은 획獲의 이익을 원하는 것 즉 획獲의 이익을 생각하는 것으로 구성되는 반면, 장藏의 이익을 원하는데 있어서의 장藏을 사랑함은 장藏의 이익을 생각하는 것이다. 따라서 획獲을 사랑하는 것과 장藏을 사랑하는 것은 둘 다 사람을 사랑하는 것을 의미할 수 있다는 점에서 같지만 그것을 실현하는 각각의 방법들(누구를 이롭게 하는지, 어떻게 이롭게 하는지 등등)은 다르다.

변辯과 명사의 총칭적 사용

이제 본격적으로 "도둑을 사랑함," "장臧을 사랑함," 그리고 "장臧을 죽임"에 대해 이야기해 보자. 묵가의 의도 결과주의 혹은 의도 공리주의의 틀과 용어의 총칭적 사용에 해당하는 묵가의 변辯의 탐구의 틀 안에서, 도둑을 사랑하는 것이 사람을 사랑하는 것이 아니고(B), 장臧을 사랑하는 것이 사람을 사랑하는 것(C), 그리고 도둑을 죽이는 것이 사람을 죽이는 것이 아니다(A)를 이해할 때이다. 무엇보다도 먼저 기억해야 할 것은 묵가의 변의 탐구는 윤리적 탐구이고, 위의 세 주장 중의 두 술어, 곧 "사람을 사랑함 (하지 않음)이다"와 "사람을 죽임 (죽이지 않음)이다"는 주어 "장臧을 사랑함", "도둑을 사랑함", 그리고 "도둑을 죽임"에 의해 지칭된 활동들이 윤리적인지 아닌지를 확정하는 역할을 한다. "사람을 사랑함이다"라는 술어는 그것에 의해 기술된 활동들이 윤리적임을 의미하고, "사람을 사랑함이 아니다"와 "사람을 죽이는 것이다"는 술어들은 그것들에 의해 기술된 활동들이 비윤리적임을 의미한다. 그것들이 윤리적인지 아닌지를 결정하는 것은 위의 표현들 즉 주어와 술어들 안에서의 목적 동사와 직접 목적물의 이해에 달려있다. 목적 동사는 "사랑함"과 "죽임"을 가리키고, 반면에 직접 목적물들은 "장臧" "도둑" 그리고 "사람"이다. 직접 목적물들과 관련해서 "도둑" "장臧" 그리고 "사람"들과 같은 명사들은 일반적인 것을 가리키는 보통 이름이다. 심지어 "장臧"도 일반 명사이지 고유명사가 아니다. "장臧"은 사람들을 섬기는 남자 노예를 가리킨다. "도둑"과 "장臧"과 같은 일반 명사의 범위는 "사랑함"과 "죽임"과 같은 타동사에 의지해서 정해진다. 만약 장臧이 인간이기 때문에 사랑받는다면, 그레이엄과 김영건이 생각하듯이, 도둑은 그도 또한 인간이기에 사랑받아야 함에 틀림없다. 만약 묵가의 사랑이 인간에 대한 이런 종류의 무조건적 사랑이라면, 묵가가 도둑을 사랑하지 않을 다른 방법이 없다. 그러나 묵가는 장臧이 사람들을 위하기 때문에 사랑받는다고 믿었다. 다른 말로 하면, 묵가는 장臧이 사람들을 섬긴다고 믿기에 장을 이롭게 하려고 한다. 여기에 묵가가 사람을 사랑한다고 말하면서도 도둑을 사랑하지 않을 수 있는 여지가 있게 된다. 도둑은 사람에게 해가 되기에 미움을 받는다.[37] 묵가는 도둑이 사람들의 이로움에 반하게 행동하기 때문에 사람들이 도둑의 이익을 미워한다고 생각한다. 이것이 왜 묵가가 장臧을 사랑하는 것은 사람을 사랑하는 것이지만, 도둑을 사랑하는 것은 사람을 사랑하는 것이 아니다라고 말하는 이유이다. 사람을 사랑하는 것이 사람을 이롭게 하려는 의도를 갖는 것을 의미하기에 우리는 도둑을 이롭게 하는 것에 대해서 생각하는 동시에 사람을 사랑할 수 없다. 도둑을 사랑하는 것과 사람을 사랑하는 것은 똑같이 주장될 수 없다. 묵가는 사람들을 이롭게 하려는 의도와 능력

---

37. 우리는 장臧을 사랑함을 말을 사랑함과 동일시할 수 있다. 묵가의 관점에서는 두 종류의 사랑은 사람을 위한다는 점에서 차이가 없다. 그러나 「경」과 「경설」에서, 자신을 사랑함은 다르다. 따라서, 묵가가 말하기를 "자신을 사랑하는 것은 자신을 이롭게 하기 위한 것이 아니다. 말을 사랑하는 것과 같지 않다.(『묵자』 「경설상」 "愛己者 非為用己也 不若愛馬.") 따라서 묵가에게 사랑이란 다양한 근거에서 이루어질 수 있다. 때때로 그것은 도구적이고, 때때로 그것은 도구적이지 않다. 그러므로, 묵가에게서 적어도 장을 사랑하는 것이 순전히 도구적 근거에서 이루어질 수 있는 한, 묵가가 사람을 목적으로 생각했다는 결론을 이끌어낼 수 없다.

을 둘 다 가지는 것과 사람들을 해치려는 사람을 사랑하는 것의 두 가지를 일관되게 견지할 수 없다.

묵가의 변辯의 탐구와 명사의 총칭적 사용은 둘 다 통상적 맥락에서의 발화자의 의도와 언어의 관용표현에 대한 우리의 반성을 통해 수행되는 것으로, 이것들에 대해 좀 더 심도 있는 비교를 위해서, 우리는 하나의 예를 살펴볼 것이다. 현대의 언어학자와 철학자들은 왜 "문이 열려 있다"와 같은 표현이 명사와 관련해서(즉, 문) 부분적 지칭을 하는 데 반해, "문이 닫혀 있다"와 같은 표현은 그 언어적 구조의 유사성에도 불구하고, 역시 마찬가지로 명사 즉 문과 관련해서 보편적 지칭을 하는지 설명하려고 노력해 왔다. "문이 열렸느냐?"와 같은 질문에 대해, 우리는 적어도 하나의 문(여러 문들 중의 일부)이 열려있다면 "네"라고 대답할 수 있다. 반면에, "문이 닫혔느냐?"라는 질문에 대해 우리는 오직 모든 문이 닫혀있는 경우에만 "네"라고 말할 수 있다. 이것이 "열려 있음"의 언어로 문들의 범위가 부분적인 것을 표현하기 위해 사용되고, "닫혀 있음"의 언어로 문들의 범위가 전체적인 것을 표현하기 위해 사용된다는 의미이다.

이런 논의가 서양에서는 명사의 총칭적 사용의 영역에서 진행되어 왔다. 몇몇 언어학자들은 연관된 술어들의 차이를 나열함으로써 이것을 설명해 왔다.[38] 그러나 다른 사람들은 그것들이 통상적으로 말해

---

38. 윤영은은 각각의 것을 부분적 술어와 전체적 술어로 부른다. 그런 대비적 술어들의 예는 다음과 같다: 아픈-건강한, 더러운-깨끗한, 점이 있는-점이 없는, 젖은-마른 등등. cf. Youngeun Yoon, "Total and Partial Predicates and the Weak and Strong Interpretations," Natural Language Semantics 4, (1996): 228.

진 맥락을 고려함으로써 그 차이들을 설명해 왔다. 윤영은은 이 과정에 대해 다음과 같은 통찰을 제공한다: "약한 해석과 강한 해석들의 이러한 관계, 술어의 두 종류들, 하나의 혹은 다른 해석을 이끄는 것처럼 보이는 언어 용어적 성질들은 엄격하게 준수되는 원리에 의해서가 아니라 오직 경향이나 선호에 의해 설명될 수 있지만, 그러나 이러한 선호들은 의미론을 형성할 정도로 충분히 강하다라고 주장될 수 있을 것이다."[39] 여기에서 우리는 명사의 총칭적 사용이 양화사나 관사와 같은 모호성을 해소하기 위한 효과적 장치들을 도입함으로써 발전시킬 수 있는 종류의 과학이 아님을 이해해야 한다.[40] 그것은 언어적 표현을 명료화하기 위해서 우리의 고려와 참여가 필요한 탐구이다. 『묵경』안에서의 논의는 그런 탐구에 속한다. 묵가는 그것을 통한 그들의 주장에서 어떤 진리 조건을 제공하려고 노력하지 않았다. 그들이 했던 것은 단순히 그들의 주장에 약간의 등가적 문장들을 제공한 것이었다. 명사의 총칭적 사용 안에서는 이러한 의미론자들이 효용성과 정확성이 주요 관심인 '이상 언어'를 구성하려고 하지 않았다는 점에서 일상 언어 철학자들로 간주되어질 수 있다. 그렇다면, 묵가는 '이상언어 철학자'라기보다는 '일상언어 철학자'로 적절히 규정되어질 수 있을 것이다. 그러므로 묵가가 그런 일상언어 철학자들처럼 옳음을 찾는 데 있어서 단순한 결과보다도 의도에 더 집중하는 것은 이상한 일이 아니다.

---

39. Ibid., 218

40. 레슬리Sara-Jane Leslie도 또한 비슷한 언급을 한다. cf. Leslie (2012), 125.

나는 명사의 총칭적 사용의 틀로부터 묵가의 겸애 교설을 해석하였다. 묵가의 '사람을 사랑함'의 개념은 "사람"을 사람의 총칭적 명사로 봄으로써 더 잘 이해될 수 있다. 묵가는 우리가 모든 사람을 이롭게 해야 한다고 보지 않았고, 단지 총칭적 사람을 이롭게 해야 한다고 보았다. 사랑의 행위는 모든 사람이라기보다는 총칭적 사람에게 적용되어지기에, 묵가는 적어도 도둑을 사랑하는 것은 아님을 보여주는 도둑의 처형을 옹호함에 있어서 어떤 비일관성을 배제할 수 있었다. 즉 묵가가 도둑을 처형함에 어떤 당혹스러움을 느끼는 않았던 이유는 그 처형이 총칭적 사람을 위하기 때문이었을 것이다. 따라서 묵가에 의해 주장된 A, B, C의 세 문제 주장들은 모두 인간 총칭 즉 인간류人間類의 복지에 초점이 맞추어져 있다. 기억해야만 하는 것은 이 해석이 의무론적인 것(인간 그 자체를 위한)도 아니고, 공리주의적인 것(다수를 위한 소수의 희생)도 아니라는 것이다. 이것이 내가 묵가의 입장은 단순한 공리주의 혹은 결과주의도 아니고, 의도적 결과주의라고 주장하는 이유이다.

5장

도덕적 행위의 토대와
수양의 문제

도덕적 행위의 토대: 한 뿌리와 두 뿌리

여기서는 유가와 묵가에 있어서의 도덕적 행위의 토대 및 수양의 방법을 통해 인과 겸애에 대한 이해를 증진하고자 한다. 주로 도덕성(의義)과 마음(심心), 언어(언言), 기운(기氣)과의 관계에 대해 살펴볼 것이다.

『맹자』 3A:5¹의 의의

『맹자』「등문공상」 5장(3A:5)은 묵가라고 알려진 이지夷之와 유가인 맹자 간의 대화를 다루고 있다. 이 대화는 묵가의 겸애와 유가의 인

---

1. 『맹자』는 앞에서처럼 장구명章句名을 직접 표시하기도 하고, 3A:5처럼 약호로 표시하기도 할 것이다. 3A:5는 『맹자』「등문공상」 5장을 가리킨다.

의 차이를 드러내는 매우 흥미로운 구절이라고 생각되었지만,[2] 전통적인 주석가들에게서는 충분히 다뤄지지 않은 측면이 있다. 이것은 흔히 묵가의 겸애사상은 타인의 부모를 자신의 부모와 마찬가지로 사랑하라는 것이고, 즉 무차별애이고, 이는 모든 사람이 자신의 부모를 통해 생겨났다는 점을 간과한 점에서 맹자는 이지의 입장을 이본二本이라고 비판했다는 식으로 처리되어 왔다.[3] 니비슨David S. Nivison은 1980년에 발표한 그의 "Two Roots or One?"(이본二本인가, 일본一本인가?)[4]이라는 계발적인 논문을 통해 본本을 혈통으로 보는 이러한 해석에 이의를 제기하고 그것을 心과 관련지어 다양하게 해석할 수 있는 여지를 열어 놓았다. 신광래信廣來, Kwong-Loi Shun도 이런 니비슨 해석의 연장선상에서 그 나름의 해석을 내놓는다. 나는 여기서『맹자』3A:5에 대한 신광래(니비슨-신광래)의 해석이 가진 장점을 제시하고, 그것이 전통적 해석들보다 훨씬 발전된 해석을 보여주지만, 그들의 해석도 여전히 맹자가 왜 이지를 이본二本으로 비판하였는지를 명확히 드러내는 데 실패했다고 주장한다. 다시 말해, 내가 보기에 기존의 전통적 해석들은 혈통의 측면에 입각해서 일본一本, 이본二本의 문제를 부분적으로 해결하였고, 신광래는 그런 부분적 해석의 미진한

2.『주자어류』참조.

3. 주로 조기와 주희의 견해를 참조했다. 주희는 이지의 '애무차등 시유친시'가 묵가의 입장을 견지하면서 유가에도 부합하려는 일종의 견강부회이고, 그저 변명의 말일 뿐이라고 보았다. cf.『맹자정의』,『맹자집주』참조.

4. 이 논문은 Nivison (1996)에 실려 있다.

부분을 마음의 측면을 도입해서 극복해 보려 하였지만, 여전히 모호한 측면을 노정했다고 본다. 내가 보기에 신광래 해석의 문제는 우리가 신광래 해석을 따랐을 때, 이지의 입장도 맹자와 마찬가지로 나름으로는 일본一本일 수 있다는 점에서 기인한다. 혹은 어떤 면에서 맹자의 입장도 이본二本일 수 있는 가능성이 있다.[5]

이러한 상황은 좀 더 정합적으로『맹자』3A:5를 해석할 필요성을 제기한다. 나는 여기서 모든 문제의 근원이 본本에 대한 맹자와 이지, 나아가 전통 주석가 및 현대 해석가들의 견해가 조금씩 다르기 때문이라고 주장하려 한다. 특히 그것은 기본적으로 본에 정당화의 의미와 동기부여의 의미가 섞여있기 때문에 벌어진 일이라고 주장하려 한다. 그리고 이런 해석이 받아들여진다면 우리는 유가의 인과 묵가의 겸애에 대한 훨씬 진전된 이해를 할 수 있을 것이라고 믿는다. 또한 오직 이렇게 도덕적 행위에 있어서, 정당화와 동기부여의 의미를 구분함으로써만이 유가의 인과 묵가의 겸애가 더 분명히 이해될 수 있다고 믿는다. 이런 주장을 효과적으로 전달하기 위해 먼저『맹자』3A:5의 본本의 문제가 어떠한 것인지를 살피고, 그 문제에 대한 전통적 해석들과 신광래(니비슨)의 대안적 해석을 살핀 다음, 나의 해석을 제시하려고 한다.

---

5. cf. Myeong-seok Kim, "Emotion and Judgment: Two Roots of Moral Motivation in Mengzǐ," unpublished manuscript.

『맹자』 3A:5의 구조

『맹자』 3A:5의 대화는 앞서 말했듯이 유가인 맹자와 묵가의 일인인 이지夷之 간에 이루어진 논쟁인데, 그것은 이지가 자기의 속해 있는 묵가의 교리에 반하는 행위 즉, 자신의 부모를 후장한 것을 문제 삼아 이지를 비판한 맹자의 비판 부분, 그에 대하여 이지가 무차별의 사랑 즉 겸애는 사실 유가의 이론과 상충하는 것이 아니라는 차원에서 응답한 부분, 그리고 다시 그에 대해 맹자가 이지를 비판하는 부분의 세 부분으로 이루어진다. 엄격히 말한다면 세 번째 부분에서 맹자는 두 가지로 나누어 이지를 비판하므로 내용상 네 부분으로 분리해 볼 수 있다. 이 대화가 특히 흥미로운 것은 두 번째 부분에서 이지가 맹자의 비판에 대해 자신을 옹호하면서 내 놓은 주장인데, 그것은 "사랑은 보편적 혹은 무차별적 사랑이지만 베풀음은 부모로부터 시작하여야 한다"(애무차등愛無差等, 시유친시施由親始)[6]이다. 이는 얼핏 보면 유가의 덕목인 인을 연상시키는 주장이다. 비록 무차등적 사랑이라는 유가가 받아들이기 힘든 표현이 있지만 부모에 대한 사랑이 가장 우선이라는 표현은 유가의 친친을 연상시키기 때문이다.[7] 다시 말해, 유가의 인도 자신의 부모 형제에 대한 사랑을 강조하지만, 사실은 그 사랑이 거기서 멈추어서는 안 되고, 궁극적으로 다른 사람 혹은 심지어 사물로

---

6. 『맹자』 3A:5.

7. 사실 후대 신유학의 사람들이 박애를 이야기 할 때를, 특히 왕양명이 만물일체를 이야기할 때를 생각하면 더욱 그러하다.

까지 확장되어야 함[8]을 주장하기 때문에, 이지의 '보편적 사랑(사실은 무차등애로 표현됨)은 부모로 시작해야 한다'라는 표현은 자칫 유가의 입장을 표현하는 것 같다. 이지는 또한 이런 주장과 함께, 유가도 묵가와 마찬가지로 보편적 사랑을 옹호하며, 이의 근거로 유가가 긍정하는 『서경』의 '(임금이 백성을 사랑함이) 어린 아이를 보호하듯이 한다'(약보적자若保赤子)는 표현을 들었다.

맹자는 물론 이지의 이 주장을 순순히 받아들이지 않는다. 그는 먼저 이지가 정말로 자신의 조카에 대한 사랑과 이웃집 아이에 대한 사랑이 같은 것임을 믿는 것인가 하고 힐책한다. 이것은 주로 이지의 '애무차등愛無差等' 즉 무차별애의 주장을 겨냥하여 비판하는 것처럼 보인다. 맹자의 힐책은 맹자가 이지의 의도와는 달리, 『서경』의 '약보적자若保赤子'의 마음과 혹은 그와 유사하게 보이는 유자입정孺子入井에 나타난 측은지심을 묵가의 겸애와 같은 무차별적 사랑과 연결 짓

---

8. 『맹자』 「진심상」 참조 "친친이인민親親而仁民 인민이애물仁民而愛物." 물론 맹자에게서는 인의 궁극적 단계가 여전히 무차별적 사랑은 아니라고 하겠지만, 유가의 수기치인修己治人과 '노오로급인지로老吾老及人之老'와 같은 충서忠恕의 표현들, 나아가 꼭 유가의 것이라고 할 수 없지만, 『예기』의 대동사상大同思想 등에서 보이는 보편적 사랑과 묵가의 무차별적 사랑 간에는 긴밀한 연관관계가 있음이 사실이다. 나아가 한유가 인을 '박애博愛'로 정의하고, 장재가 서명西銘에서 '민오동포民吾同胞'라 하고, 정호가 인을 '혼연여물동체渾然與物同體'로 정의한 것 등등은 모두 유가의 보편적 사랑이 무차별적 사랑을 지향하는 듯한 인상을 준다. 여하튼, 이지의 위의 주장이 맹자의 '친친인민애물'과 닮지 않았나 하는 의심은 『주자어류』에 보인다: "아부가 묻기를, 무차별적 사랑이 부모로부터 베풀어져야 한다는 것은 친한 이를 친히 하고, 백성을 사랑하며, 사물을 아끼라는 것과 서로 유사한 것이 아닌가?"(亞夫問 愛無差等 施由親始 與親親而仁民 仁民而愛物 相類否).

190

지 않으려는 시도에서 나온 것이다. 그에 따르면, 『서경』의 '(임금이 백성을 사랑함이) 어린 아이를 보호하듯이 한다'(약보적자)는 표현은 마치 어린 아이가 우물에 들어갈 때 그것은 그의 죄가 아니므로 그가 누구인지를 묻지 않고 구해야 하는 것처럼, 백성들이 아무 잘못 없이 괴로움에 처하는 상황을 보고 자연스럽게 구제해야 한다는 주장일[9] 뿐이다. 맹자는 아마도 약보적자나 유자입정에서 보이는 것은 기껏해야 어려움에 처한 혹은 불공정한 처지에 처한 타인에 대한 일종의 '관심' 내지 타인에 대한 '사랑'(인민仁民)이라고 할 수는 있지만, 이것이 우리가 부모에게 갖는 특별한 친밀의 감정으로 볼 수는 없다는 것이다. 따라서 유가가 비록 타인에 대한 관심이나 사랑이 있음을 인정했다하더라도, 이로부터 묵가처럼 우리의 모든 사랑은 타인과 자신의 가족의 차이를 무시하는 무차등적이 되어야 한다고 주장해서는 안 된다는 것이다.[10] 맹자는 이지에 대한 이런 질책 후에, 바로 뒤이어 이 대화에서 해석상 가장 문제가 되는 부분인 본本(뿌리)의 문제를 제기한다.

---

9. 흥미로운 것은 유자입정에서 보이는 측은지심을 아이의 '죄 없음'과 연결시키는 것이다. 이는 아마도 유자입정과 맹자 1A:5의 소에 대한 연민의 감정을 연결시킨 것인 동시에, 측은지심의 행사에 시비지심이 같이 운용됨을 보여주는 것이다. 다시 말해, 죄가 있어서 형장에 끌려가는 사람에 대해서는 측은지심이 일어나지 않는다는 것이다. 그러나, 측은지심이 과연 꼭 시비지심을 함유해야 하는지는 의문이다. 우리는 얼마든지(?) 흉악범에 대해서도 측은지심을 가질 수 있기 때문이다.

10. 맹자의 이런 비판은 묵가가 겸애의 예로서 제시하는 우禹, 탕湯, 문왕文王, 무왕武王 등의 백성을 위하는 정책이 꼭 묵가가 말하는 겸애로 볼 필요는 없다는 점을 지적하는 것이다. 『묵자』 「겸애중」, 「겸애하」 참조.

또 하늘이 만물을 낳는 것은 그들로 하여금 하나의 본本을 가지게 하였는데, 이자는 두 개의 본本을 가졌기 때문이다.[11]

말하자면, 맹자가 보기에 하늘이 만물을 생성시킴에 하나의 뿌리(일본─本)를 갖게 하였는데, 이지는 두 뿌리(이본二本)를 주장하는 것 같은 잘못을 범했다는 것이다. 그렇다면 이지의 잘못이란 무엇인가? 즉 여기서 하나여야만 하는 뿌리가 둘로 되었다고 할 때의 뿌리란 무엇인가? 그것이 바로 이른바 3A:5에 관련한 본本의 문제이다. 맹자는 이렇게 이지를 두 뿌리를 가진 것으로 비난하고 나서, 아마도 본本과 연결된 듯한 하나의 이야기를 첨가하는데, 그것은 구체적으로 말해서 매장의 풍속이 어떻게 예법으로 정착하게 되었는지를 보여주는 것이다.

상고시대에 일찍이 그 어버이를 장례하지 않은 자가 있었는데, 그 어버이가 죽자 들어다가 구렁에 버렸었다. 후일에 그 곳을 지날 적에 여우와 살쾡이가 파먹으며 파리와 등에가 모여서 빨아 먹거늘, 그 이마에 땀이 흥건히 젖어서 흘겨보고 차마 똑바로 보지 못하였으니, 땀이 흥건히 젖은 것은 남들이 보기 때문에 땀에 젖은 것이 아니라, 중심이 면목面目에 도달한 것이다. 그는 집으로 돌아와서 삼태기와 들것으로 (흙을 담아) 뒤집어 쏟아서 시신을 엄폐하였으니, 시신을 엄폐하는 것이 진실로 옳다면 효자와 인인이 그 어버이를 엄폐하는 데는 또한 반드시 도리가

---

11. 『맹자』「등문공상」 "且天之生物也 使之一本 而夷子二本故也"

192

있을 것이다.[12]

맹자는 부모에 대한 매장의 풍습이 사회적 체면이나 개인적 이익의 고려와 같은 어떤 외재적 요인에 의해서가 아니고, 인간 내면의 감성적 요소[13]에 의해서 생겨난 것이라고 한다. 이는 물론 어떤 역사적 사건에 대한 이야기가 아니고, 맹자 자신이 사변적으로 구성한 이야기일 것이다. 여기서 얼굴에 땀이 나게 한 내면의 감성적 요소란 '유자입정孺子入井'(어린애가 물에 빠지려할 때)에서 보이는 측은지심과 마찬가지로 맹자에 있어서는 도덕적 행위를 가능하게 하는 감정이라 볼 수 있다.[14] 이지의 이본설을 비난하는 와중에 맹자가 매장의 기원에 대한 설명을 제시했기 때문에, 우리는 당연히 부모의 매장풍습에 관한 이 이야기와 뿌리 개념은 밀접하게 연결되었으리라 이해할 수 있다. 다시 말해 부모에 대한 매장의 풍습의 이야기는 인간이 한 뿌리를 가졌음을 예증한다고 볼 수 있다는 것이다. 여하간 하늘이 만물을 낳을 때 한 뿌리를 갖게 했다는 것과 매장의 풍습이 외재적인 것이 아니

---

12. 『맹자』「등문공상」. "蓋上世嘗有不葬其親者 其親死 則擧而委之於壑 他日過之 狐狸食之 蠅蚋姑嘬之 其顙有泚 睨而不視 夫泚也 非爲人泚 中心達於面目 蓋歸反虆梩而掩之 掩之誠是也 則孝子仁人之掩其親 亦必有道矣."

13. 이것을 '감성적 요소'라 한 것은 이것이 의식적이 아니고, 무의식적으로 생겨난 것이기 때문이다.

14. 물론 이 둘이 똑 같은 것은 아니다. 매장의 예에서 보이는 감정은 부모에 대해서 갖게 되는 친친의 감정이고, 유자입정에서 보이는 측은지심의 감정은 '(친족에 관계없이 불행에 빠진) 타인에 대한 연민의 감정'이기 때문이다.

라, 인간의 내재적 본성[15]에 토대를 두었다는 이 이야기가 맹자의 뿌리에 대한 관념을 설명하는 키가 되어야 할 것이다.

기존해석의 문제점

위의 3A:5는 전통적인 주석가들에게는 심각하게 받아들여지지 않았다. 그들은 단지 일반적인 묵가와 유가의 차이의 관점에서 이 대화를 이해하려고 했다. 즉 맹자가 이지가 묵가이면서도 그들의 일반적 주장인 박장 대신에 후장을 한 것을 비판하자, 이지가 자신은 묵가의 일반적 입장인 무차별애를 떠난 것이 아니고, 또한 그런 무차별애의 베풂은 부모로부터 시작한다고 말함으로써 후장도 묵가에게서 받아들여질 수 있다는 궁색한 변명을 한 것으로 보았다.[16] 혹은 신광래처럼 후장은 물론 묵가의 통상적 입장인 박장 주장과 충돌하지만, 적어도 더 중요한 묵가의 입장인 공익추구에서는 크게 벗어난 것이 아니라고 보았다. 앞서 말한 대로 후장은 공익추구의 실현을 위해 순서상 부모로부터 시작했다고 볼 수 있기 때문이다. 그렇다면 이지가 묵가의 입장에서 보아 사소한 잘못은 했지만, 커다란 잘못을 범한 것은 아

---

15. 미리 말하자면, 뿌리(본本)와 본성(성性, 생生, 천생天生)의 관계에 주목하는 것이 필요한 것처럼 보인다.

16. 조기주 참조. cf. 『맹자정의』.

니다.[17]

이런 해석들은 그 나마 이지의 입장을 반영한 해석이지만, 이지에 대해 비판적인 입장에 따르면 이지의 반응은 유가의 인을 연상시키는 '애무차등愛無差等, 시유친시施由親始'의 주장을 통해 이지는 잘 조화가 안 되는 두 입장 즉 무차등애와 자신의 후장을 그저 듣기 좋게 변명으로 연결시킨 것에 불과하다고 부정적으로 해석한다.[18] 하지만 위의 다양한 해석들은 유가와 묵가의 일반적 차이를 그저 드러내는 것 일 뿐, 이 대화에 나타난 이지와 맹자의 주장과 행동들을 보다 정합적으로 설명해주지 못한다. 예컨대, 설사 이지의 말처럼 '사랑이 무차별이지만 그 베풂은 부모로부터 시작한다'는 것이 사실이라고 해도, 왜 그 베풂이 박장이 아니라 후장이어야 하는 지는 여전히 대답하지 않았기 때문이다. 다시 말해 부모로부터 하더라도 왜 너희들의 입장인 박장을 하지 않고 후장을 했느냐라는 맹자의 힐란에 대해 이지는 제대로 된 대답을 못했던 것이다. 만약 이지가 부모로부터 시작하는 것이 후장을 함축한다고 생각했다면, 이제 이지 시기 이후의 묵가는 더 이상 박장을 주장하지 말아야 할 것이다. 이 방법만이 이지가 여전히 묵가

---

17. Shun (1997), 131-132.

18. 주자는 이를 '변명의 말'(둔사遁辭)로 보았다. 『맹자집주』. "약보적자는 『주서』「강고」편의 글이다. 이 편은 유가의 말이다. 이자가 이것을 인용한 것은 대개 유가를 이끌어서 묵가에로 끌어들이려 함이다. 그럼으로써 맹자가 자신을 비난한 것을 물리치려고 하였다. 또 '애무차등 시유친시'라고 말한 것은 묵가를 미루어서 유가에 부합하려 함이다. 이것으로 자신이 부모를 후장한 뜻을 해석하였다. 모두가 이른바 변명의 말이다."

이면서도 후장을 할 수 있는 유일한 가능성이다.[19] 그러나 정말 이지 당시의 혹은 이후의 묵가가 이렇게 생각했을까?

그런데, 또 다른 문제는 이지의 그렇게 대답한 이유가 어떻든 여하간 이지가 유가의 주장인 후장을 했는데도 불구하고 맹자는 왜 그 토록이나 이지에 대해 분노[20]하였을까 하는 점이다. 설사 이지가 무차등애 등을 언급했다 하더라도, 이지가 후장을 한 행위만은 칭찬했어야 하지 않을까? 별로 개선의 싹수가 없었던 양혜왕이나 제선왕 등에게도 약간의 인의 단서를 근거로 그들이 인정仁政을 할 수 있음을 그렇게 고무시키던 맹자가 왜 이지의 후장에는 주목하지 않았을까? 왜 그 후장의 행동을 인의 단서로 삼아 무차등애가 잘못임을 지적하지 않았을까? 왜 이지의 약간의 싹수 있는 행동을 적극적으로 이용하지 않았던 것일까? 그것은 아마도 무차등애의 개념 때문이리라. 또한 그 무차등애를 주장하기 위해서 "약보적자"나 "시유자친"과 같은 유가의 언설들을 사용한 것에 더욱 분노했으리라.[21] 이지에 대한 맹자의 분노는 다음과 같이 펼쳐진다.

---

19. 그러나 왜 꼭 후장을 해야지 겸애가 이루어질 수 있다고 보는지 분명하지 않다.

20. 사실 이지는 도덕은 감정의 표출이라는 맹자의 입장에서 보자면 교도가능성이 많은 인물이다. 부모에 대한 후장을 통해 이지가 그 자신의 잘못된 교리를 교정할 수 있는 가능성을 보여주었기 때문이다. 그러므로 맹자의 분노는 후장에 대한 분노가 아니라, 변명을 통해 자신의 잘못된 교리를 은폐하려했기 때문일 것이다.

21. 사실 공자나 맹자나 유사함은 아주 '아닌 것' 보다 더 나쁜 것이다. 향원과 같은 사이비를 덕의 적이라고 했던 것이 그 이유이다.

저 이자_{夷子}는 정말로 형의 자식을 사랑하는 것이 이웃 사람의 자식을 사랑하는 것과 꼭 같다고 생각하는가? (이지가 말한 약보적자가) 의미하는 것은 따로 있다. 어린 애가 기어서 우물 안으로 들어가려는데, 아이의 잘못은 아니기 때문이다. 장차 하늘이 만물을 낳음에, 하나의 뿌리를 가지게 했는데도, 이자는 뿌리를 둘로 하였기 때문이다.[22]

맹자는 『서경』에 나오는 약보적자 즉 '백성을 사랑하기를 (부모가) 어린 아이 대하듯이 한다'를 『맹자』 2A:6에 나오는 유자입정 즉 '어린 아이가 우물로 들어갈 때 느끼는 측은지심'과 같은 것으로 받아들인다. 그리고 그 측은지심은 물론 형의 자식은 물론이고 이웃사람의 자식에게도 적용이 되는 것이지만, 그러나 그것은 이지의 말이 함축하는 것처럼 형의 자식과 이웃사람의 자식이 똑같이 사랑스러워서 그런 것이 아니다. 흥미롭게도 맹자는 유자입정의 측은지심을 제선왕이 희생하는 소에게 보인 측은지심과 같은 것으로 생각하고, 그 측은지심의 정체는 바로 무고하게 (정당하지 않게) 어려움에 빠진 것에 대한 반응(즉 무고하게 처형당하러 가는 사람에 대해 느끼는 감정)[23]이라고 생각하고 있다. 당연히 이것은 그 범위에 있어서 형의 자식 즉 친족에만 국한되지 않는다는 점에서 차별이 없는 것이다. 하지만 만약 형의 자식과 이웃 사람의 자식이 똑 같이 우물에 빠졌을 경우에는 어떠할

---

22. 『맹자』 「등문공상」. "夫夷子 信以爲人之親其兄之子爲若親其鄰之赤子乎 彼有取爾也 赤子匍匐將入井 非赤子之罪也 且天之生物也 使之一本 而夷子二本故也.

23. 『맹자』 「양혜왕상」. "即不忍其觳觫若無罪而就死地."

까? 김도일은 다음과 같은 『맹자』의 구절을 인용하면서, 이 점과 관련한 재미있는 이야기를 하고 있다.

지금 같은 방에 있는 사람이 싸우면 가서 구하면서, 비록 머리를 그대로 풀어 헤치고 갓끈만 매고 가서 구해도 괜찮다. 마을의 이웃에 싸우는 자가 있으면 머리를 풀어 헤치고 갓끈만 매고 가서 구한다면, 의혹된 것이니, 비록 문을 닫아 버려도 괜찮다.[24]

위의 구절은 비록 문제가 되는 사람이 반드시 어려움에 빠진 경우라고 할 수 없겠지만, 우리는 모르는 사람보다 잘 아는 사람의 안위에 대해서 매우 깊은 관심을 가져야 함을 말하고 있다. 따라서 우물에 빠지는 아이가 모르는 사람의 아이였을 때보다, 자신의 아이였을 경우가 훨씬 더 강력한 측은지심을 느꼈을 것이라고 생각하게 해 준다.[25] 이지는 어쨌든 친친의 특별한 사랑을 이야기 하고, 약보적자나 유자입정이 이러한 친친의 특별한 사랑과는 다르다고 하면서, 맹자는 뿌리 이야기를 꺼낸다. 즉 형의 자식에 대한 사랑과 이웃 아이에 대한 사랑은 같을 수가 없고, 유자입정에서 이웃 아이에 대해 느끼는 사랑

---

24. 『맹자』「이루하」. "今有同室之人鬪者 救之 雖被髮纓冠而救之 可也 鄉鄰有鬪者 被髮纓冠而往救之 則惑也 雖閉戶可也." cf. 김도일, 99-102.

25. 그러나 과연 본문의 위의 『맹자』 구절이 유자입정의 경우, 그 어린애가 누구인지에 따라 측은지심의 정도가 달라질 것을 함축하는 지는 의문이다. 유자입정의 측은지심은 측은지심의 보편성을 강조하기 위해 말해졌기 때문이다. 사실 어린애가 자신의 아이였을 경우는 측은지심이 아니고, 친친의 감정이라고 해야 할 것이다.

은(형의 자식에 대한 사랑처럼 무조건적인 것이 아니고), 그 아이가 공정하지 않게 어려움에 빠졌기 때문에 나온 것임을 분명히 하였다. 그 후에(즉 유자입정의 측은지심은 조건적인 것임을 분명히 한 후에), 이지는 두 뿌리를 주장하고 있다고 말했던 것이다. 그리고 나서, 맹자는 다음과 같은 매장의 풍습에 대한 이야기를 들려준다.

상고시대에 일찍이 그 어버이를 장례하지 않은 자가 있었는데, 그 어버이가 죽자 들어다가 구렁에 버렸었다. 후일에 그 곳을 지날 적에 여우와 살쾡이가 파먹으며 파리와 등에가 모여서 빨아 먹거늘, 그 이마에 땀이 맺히고, (그 시신을) 흘겨보고 제대로 쳐다보지 못했다. 무릇 이렇게 땀이 난 것은, 남들에게 보여주기 위해 난 것이 아니요, 마음 안의 감정이 얼굴에 드러난 것이다. 그는 집으로 돌아가서 들것을 가져와서 그 시신을 매장했다. 매장하는 것이 진실로 맞다면 효자와 인인이 그 부모를 매장하는 것은 역시 그 도리가 있는 것이다.[26]

부모의 시신이 동물과 벌레에 의해 손상되는 것을 보고서, 이마에 땀이 났다는 것은 일종의 친친의 감정이 생겨났다는 것이다. 이러한 감정이 바로 매장이라는 예법이 생겨난 동기라는 것이다. 여기서 중요한 것은 자신의 부모에 대한 시신이 손상되는 것을 보고 이러한 감

---

26. 『맹자』 「등문공상」. "蓋上世嘗有不葬其親者 其親死 則舉而委之於壑 他日過之 狐狸食之 蠅蚋姑嘬之 其顙有泚 睨而不視 夫泚也 非為人泚 中心達於面目 蓋歸反虆梩而掩之 掩之誠是也 則孝子仁人之掩其親 亦必有道矣."

정이 생겨났지, 자기가 모르는 사람의 시신이 손상되는 것을 보고 이러한 감정이 생겨난 것은 아니라는 점이다.[27] 이러한 친친의 감정은 물론 앞서 말한 약보적자의 감정은 아니다.[28] 즉, 유가의 약보적자는 단순히 친족에 국한되지 않고, 누구에게나 적용되는 사랑이지만, 여기 버려진 부모의 시신이 손상되는 모습을 결코 볼 수 없었던 감정은 누구에게나 적용되어진 것이 아니다. 이것은 오직 자신의 친족이기에 느끼는 특별한 감정이며, 바로 이 감정에 앞서서 맹자가 이지에게 이본을 얘기했다는 사실이 본의 의미를 해명하는 데 있어서 중요하다고 하겠다. 한 마디로 일본과 이본의 이야기는 측은지심이 아니라, 친친의 맥락에서 나왔던 것이다.

사실 위의 매장에 대한 이야기는 인간의 도덕성에 관한 것은 어떤 내적 성향과는 상관없이 정해진다는 묵가의, 혹은 이지의 입장을 비판하기 위해서 도입된 것으로 보인다. 예컨대, 이지는 그가 부모의 후장을 했을 때, 유가와 마찬가지로 우리에게 특별한 관계가 있는 부모에게 특별한 애정의 감정을 느꼈을 수 있다.[29] 그가 특별한 존재가 아

---

27. 주자 『맹자집주』 참조.

28. 어떤 다른 외부적 요인에서가 아니라 마음의 자발적인 반응의 측면에서만 보면, 2A:6과 3A:5는 유사한 측면이 있다. 물론 하나는 특별한 관계에 있는 사람에게서만 발휘되고, 다른 하나는 그렇지 못하지만. cf. Shun (1997), 129, 133.

29. 사실 「겸애」편 등에서 혼란의 원인으로 지목된 별애를 주장하는 사람들은 단순히 자신만을 사랑하는 것이 아니고, 자기 가족과 자기 나라를 타인의 가족이나 타인의 나라보다 더 사랑하는 사람들로 그려진다. 따라서 엄격하게 말해서 묵가는 일반적으로 이기심보다는 '개별성'partiality을 더 문제로 삼고 있고, 따라서 후장을 한 이지는 신광래의 주장처럼 일부러 그런 행동을 한 것이 아니라, 자신의 부모에 대해

니라면, 틀림없이 그랬을 것이다. 하지만 그가 주목하는 것은 유자입정이나 약보적자에서 드러나는 측은지심이다. 그가 유자입정이나 약보적자의 이야기를 통해 우리에게 전달하려는 것은 우리에게는 약자에 대한 연민의 감정이 있다는 것이다. 다시 말해서 이지에게는 자기 이익만을 위하는 경향성이 있는 것이 아니고, 맹자에게서 받아들여지는 친친의 감정과 측은지심의 사단의 감정이 다 있었을 것이다. 그렇지만 이지는 그러한 감정들의 사실로부터 그렇게 해야 한다의 당위적 길로 나아가지 않았다고 할 수 있다.[30] 아니 엄격히 말하자면 그는 자기 이익의 경향성이나 친친의 감정에는 눈을 감고 오직 측은지심의 감정에 주목했다. 하지만 맹자는 측은지심보다는 친친에 주목을 하기 위해 매장의 이야기를 끄집어냈던 것이다. 맹자의 매장 이야기에서 보이는 이본의 이야기를 감정의 사실과 당위적 도덕성의 간극이라고 볼 수 있는 이유가 이 때문이다. 매장의 도덕적 관습이나 부모에 대한 공경의 도덕적 태도는 밖에서 온 것이 아니라, 즉 남의 눈을 의식해서나, 어떤 계산을 통해서 이루어진 것이 아니라, 어쩔 수 없이 강력하게 우리를 지배하는 내적 충동 때문이었다는 이야기를 통해 일본과 이본의 이야기를 한 것이다.

서 특별한 감정을 느꼈다고 보는 것이 더 정확할 것 같다. cf. Shun (1997), 133; Wong (1989), 253.

30 . Shun, 134. 매장에 대한 맹자의 이야기와 묵가가 장례에 대한 이야기를 하면서 관습과 올바름은 같지 않다고 하는 「절장하」 부분과, 올바름은 올바름의 기준을 통해 정해져야 한다는 「비명상」의 대조를 통해 묵가와 유가의 입장차를 살펴볼 수 있다.

신광래의 대안적 해석

신광래는 본本에 대한 기존의 입장을 세 가지로 정리하고, 자신의 대안적 해석을 내보이고 있다.[31] 첫째, 조기와 주희는 본本을 '생물학적 기원'biological origin 즉 혈통으로 보았다.[32] 맹자가 이지를 이본二本을 가지고 있다고 한 것은 이지가 무차별적 사랑을 말함으로써, 다른 사람을 마치 자신의 부모처럼 대했고 따라서 스스로를 두 혈통을 가진 것으로 취급했다는 것이다. 주희는 특히 이지가 이본인 이유는 그가 무차별적 사랑을 강조하기 때문이고, 그가 그 무차별적 사랑을 부모로부터 시작하여야 한다고 말한 것은 단순한 변명[33]에 불과하다고 보았다. 둘째는 주희의 또 다른 해석으로, 이에 따르면, 본은 '사람들에 대한 적절한 사랑의 형태를 계발하기 위한 기초'a basis for cultivating the proper form of affection for people이다.[34] 이것은 다른 사람에 대한 적

---

31. Shun (1997), 129−135.

32. 『맹자장구』. "하늘이 만물을 낳는데, 각자가 하나의 본을 통해 나온다. 지금 이자가 타인의 부친과 자기의 부친을 동등하게 생각하는 것은 이본이 되므로, 그 사랑을 동등하게 하려고 한다." 『맹자집주』. "또 사람과 사물의 생은 각각 반드시 부모로 근본하고 둘이 없으며 또 자연의 이치이니 마치 하늘이 그렇게 만든 것 같다."

33. 주희가 이렇게 주장한 것은 아마도 '부모로부터 베품'을 긍정적으로 해석하면, 자칫 이지의 입장이 유가의 입장과 가까워질 수 있음을 우려했기 때문일 것이다. 그럼에도 이지가 나중에 잘못을 뉘우친 것은 적어도 이미 부모에 대한 후장을 시행한 이지의 어떤 가능성 때문이라고 인정하기도 한다. cf. 『맹자집주』.

34. 『주자어류』. "…. 사람의 사랑은 본래 부모로부터 확립되어서 미루어 사물에 까지 미치니 자연히 차등이 있게 된다. 이제 이자夷子가 먼저 사랑은 차등이 없다고 생각하고 그것을 베푸는 것은 부모로부터 시작한다고 하니 이것이 이자가 이본이 되는

절한 사랑의 형태를 알기 위해서는 우리는 부모에 대한 사랑으로부터 시작해야 하고, 그럼으로써 자연스럽게 다른 사람에 대한 우리의 관심 혹은 사랑에는 차등이 있어야 한다는 것을 알게 된다는 것이다.[35] 본을 타인에 대한 사랑을 위한 일종의 출발점으로 보는 것이다. 세 번째 해석은 진대제, 그레이엄A. C. Graham, 라우D. C. Lau와 같은 최근의 해석자들에 의해 이루어졌는데, 이는 본을 '행위의 원칙'a principle of conduct으로 해석하는 것이다. 이에 따라 맹자의 이지해석은 이지가 무차별적 사랑을 옹호하면서도 동시에 부모를 특별히 취급함으로써, 두 개의 상충하는 행위 원칙을 도용했고, 따라서 사물들을 두 뿌리를 가진 것으로 취급했다는 것이다.

신광래는 각각의 해석이 가진 문제점을 다음과 같이 언급한다. 첫째 본을 혈통으로 보는 입장은 매장풍습의 기원에 관한 이야기가 하나의 혈통을 가지는 것의 예증이 되는지가 명확하지 않다고 한다. 둘째, 이지가 사물들이 하나의 본을 가지는 것으로 생각하지 못했다라고 말하는 것은 이지가 어떤 점에서 잘못인지를 진단한다기보다는, 단지 무차별적 사랑에 대해 동의하지 않음을 수사학적으로 표현하는 것 같다고 한다. 셋째, 이지가 어떤 의미에서 사물들을 이본을 가진 것으로 취급했다고 하는지도 불분명하다고 한다. 사실 제대로 말

이유이다."(人之有愛 本由親立 推而及物 自有等級 今夷子先以爲愛無差等 而施之 則由親始 此夷子所以二本矣).

35. 이런 입장은 사랑의 선후가 자연스럽게 사랑의 강도가 다름을 보여준다는 가정 하에 있다. 사실 감정의 표출 순서가 다르면 그 감정의 강도도 다를 것이라는 점은 경험적으로 설득력이 있다.

한다면 수백만의 본이라고 해야 하지 않는가?[36] 혹은 달리 말해서 무차별적 사랑은 자신의 부모를 다른 사람의 부모와 동일시하는 것이므로 자신을 본이 없는 것으로 취급하는 것일 수도 있다.[37] 어떻게든 본을 혈통이라고 하면, 이지는 다본多本이나 무본無本이 되어야 하므로, 이본二本을 의미 있게 하기는 힘들다. 그러나 신광래가 제시하는 이러한 난점들이 나에게는 크게 설득력이 있지 않아 보인다. 매장의 풍습은 분명히 하나의 혈통을 예증하는 것처럼 보이며, 또한 '이지의 잘못이 무엇인지를 진단하는 것'과 '단지 이지의 겸애에 동의하지 않음을 수사학적으로 표현하는 것'이 어떻게 다른지를 사실 잘 모르겠다. 게다가 왜 이지가 무본無本이나 다본多本이 아니라 이본二本이냐는 신광래의 의문도 이二를 '자기와는 다른 것의 인정'(이 경우 자신의 부모와 같지 않은 남의 부모도 인정함)으로 바라보면 얼마든지 용인할 수 있을 것 같다. 그럼에도 내가 이 해석을 받아들이지 않는 것은 이 해석이 자신의 부모에 대해 후장을 함으로써 무의식중이라도, 혹은 애무차등愛無差等, 시유친시施由親始를 주장함으로써 억지로라도, 자신의 부모 즉 혈통을 강조한 이지가 왜 이본이 되는지를 설명해주지 못하는 것이다.

신광래에 따르면, 본을 '행위의 원칙'으로 보는 세 번째 해석은 첫

---

36. 사실 주자도 그렇게 말했다. "······사랑에 차등이 없다는 주장이 어찌 이본二本에 그치겠는가? 대개 천만본千萬本이 있다"(愛無差等 何止二本 蓋千萬本也). 『주자어류』.

37. 『맹자』 『등문공하』에서 맹자는 사실상 묵자를 무부無父로 공격한다. 이렇게 보면, 본本이 혈통이라면 묵자는 무본無本을 주장한다고 해야 한다. Shun (1997), 130.

번째 해석과 마찬가지로 어떻게 매장의 기원에 대한 사변적 이야기가 일본의 개념을 예증할 수 있는지 설명하지 못하고, 이지가 사물들을 이본을 가진 것으로 취급했다는 관찰은 이지의 잘못을 진단하지 않고, 단지 그와의 차이를 수사학적 용어로 표현하는 데만 기여한다고 한다. 더욱이 하늘이 사물들로 하여금 일본을 갖게끔 산출했다는 언급이 하늘이 사람들은 일관된 행위원칙을 가져야만 하게 했다는 점을 의미하기에는 지나친 장치인 것 같다고 하였다. 사실 매장의 이야기는 유가에 있어서 도덕원칙이 감성이라는 것을 잘 보여주고 있지만, 감성만이 유일한 도덕원칙이라는 점은 보여주지 못하기에 일본의 개념을 예증하지 못한다고 할 수 있다.

　신광래는 본을 '다른 사람들에 대한 적절한 사랑의 형식을 개발하기 위한 기초'로 보는 앞서의 두 번째 해석을 자신의 대안적 해석과 유사하다고 본다. 그것은 친친을 타인에 대한 사랑을 개발하기 위한 기초로 보았던 유가의 일반적 태도에서 바라볼 때, 더욱 설득력을 가진다. 그러나, 신광래에 따르면, 본을 도덕 행위의 적절한 형식을 개발하기 위한 기초로 보는 두 번째 해석은 첫 번째, 세번째와 마찬가지로 이러한 일본의 개념이 어떻게 매장의 기원에 대한 설명을 통해 예증되는지 분명하지 않다고 한다. 부모에 대한 사랑이 절실한 것은 매장의 기원으로 설명되지만, 그것이 사랑의 기초의 역할을 하는 지는 매장의 이야기로 드러나지 않는다는 것이다. 또한 이 해석에서 본다면, 이지에 대한 맹자의 불만은 이지가 다른 사람들에 대한 적절한 사랑의 형식을 정하는 데 있어서 부모에 대한 사랑이 일정한 역할을 한다고 보지 않았다는 것인데, 문제는 이러한 이지에 대한 맹자의 비판이 어떻게 이지가 이본을 가진 것으로 기술함으로써 표현될 수 있는지 불분명하다고 한다. 사실 사랑의 실행은 부모로부터 시작해야 한다는 이지의 원래 입장을 생각해 보았을 때, 그 부모에 대한 우선적 사랑이 그 후의 사랑의 적절한 형태를 결정하는 맹자의 매장 이야기가 보여주는 것은 부모에 대한 사랑이 다른 사람에 대한 사랑과는 같지 않음을 보여주는 것이고, 이러한 사랑이 다른 사람에 대한 사랑의 적절한 형태에 대한 기초임을 보여주지는 않았다. 이처럼 신광래가 보여주는 기존의 해석에 대한 비판이 함축하는 것은, 본에 대한 제대로 된 해석은 매장 풍습에 의해 예증되어야 하고, 이지와의 차이만을 단순히 보여주는 것이 아니라, 이지의 잘못을 진단해주어야 하고, 나아가 하늘이 사물들로 하여금 일본을 갖게 했다는 부분을 설명해 주어야 한다. 신광래는 이러한 점들을 고려해서 그의 대안적 해석을 제시한다.

신광래의 시각에서 다시 구성한 3A:5의 대화 내용의 핵심은 다음과 같다: 무차별적 사랑을 해야 하지만, 그것의 실행은 부모로부터 해야 하기에 후장을 했다는 이지의 주장에 대해 맹자는 이지가 다음과 같은 잘못을 저질렀다고 보았다. 첫째, 묵가이면서 묵가의 입장인 박장薄葬을 하지 않고, 후장厚葬을 하였다. 둘째, 무차별적 사랑을 강조하는 과정에서 유가의 보편적인 사랑(인仁)을 무차별적 사랑 (겸애兼愛)과 동일시했다. 유가의 보편적 사랑은 무차별적 사랑이 아니라 여전히 차별적 사랑이다. 셋째, 도덕성(매장의 도덕적 관습)이 자연스러운 마음에서 기반을 둔 것인지를 인지하지 못했다.

일반적 관점에서 볼 때, 맹자와 이지의 차이는 차별적 사랑과 무차별적 사랑 간의 차이거나, 도덕성 내지 도덕적 관습이 자연스러운 마음에서 기반하는 것인지 그렇지 않은 것인지의 차이이다. 전자는 도덕성을 혈통에 기본을 두는 방식을 따르느냐, 혈통을 무시하는 방식을 따르느냐에 따라 맹자와 이지를 구별하는 것이고, 후자는 도덕성을 우리의 감성적 마음에 근거해서만 바라보느냐 그렇지 않느냐에 따라 구별하는 것이다. 조기나 주희와 같은 전통적 주석가들이 주로 전자의 관점에 입각해서 일본과 이본의 차이를 지었다면, 니비슨과 신광래는 후자의 관점에 입각해서 일본과 이본의 차이를 설명한다. 즉, 신광래와 니비슨은 혈통보다는 도덕성과 자연스런 마음과의 상관관계를 기반으로 하여 맹자를 일본으로, 이지를 이본으로 묘사하는 것이다. 그 들이 이런 입장을 취했던 이유는 일본을 예증하기 위한 것처럼 보이는 매장의 풍습에 대한 이야기가 자연스런 마음과 도덕성의 관계를 보여주는 것이라고 믿기 때문이다.[38]

니비슨과 신광래에 따르면, 이지에게는 옳은 삶을 살아가기 위해서는 두 가지가 필요하다고 한다. 마음의 감정과는 독립적으로 무엇이 적절한 삶의 방식인지를 결정하는 부분과 그런 삶의 방식을 살아가기 위해 우리가 주목하고, 개발해야 할 우리 마음의 '감정적 원천' emotional resources의 부분의 둘이 그것이다. 신광래에 따르면, 이 두 가지 부분이 하나의 뿌리를 형성하고 있으면 일본이고, 그렇지 않으면 이본이라는 것이다. 맹자는 적절한 삶의 방식의 내용이 그 자체로 심의 자연스러운 감성적 성향에 그대로 드러난다는 점에서 일본이지만,

---

38. 매장이 옳은 것이냐, 또 왜 옳은 것이냐의 논의가 그 당시에 있었음은 『묵자』, 『여씨춘추』 등에 보인다. cf. Shun (1997), 134.

이지는 그 내용이 마음이나 정감과는 상관없이 이루어지고, 그 내용의 실행을 위해서 감정적 원천이 필요하다고 믿는다는 점에서 이본이라고 본다. 신광래에 따르면, 이지가 '무차별적 사랑을 베풂에 부모로부터 시작해야 한다고 한 것'(애무차등愛無差等 시유친시施由親始)은 무차별적 사랑을 수행할 수 있는 감정적 원천을 개발하기 위한 것이다. 따라서, 맹자가 매장의 풍습을 통해 이지를 비판할 수 있었던 것은 부모로부터 시작하는 것이 이지처럼 억지로, 어떤 목적을 지니고 행해져야 하는 것이 아니고, 자연스러운 마음에서 행해져야 한다는 입장 때문이다. 신광래의 이러한 해석은 부모에 대한 후장을 치름으로써 마치 유가처럼 친친의 측면도 간직하고 있었던 것처럼 보이는 이지에 대해 맹자가 왜 분노를 했는지를 설명해 주는 장점이 있다.

나의 해석

사실 부모에 대한 사랑이 다른 사람에 대한 적절한 사랑의 형태를 길러주는 기초라는 것이 단지 도덕성과 마음의 관계를 문제 삼을 때만 그러할까? 사실 혈통의 문제는 전혀 관계가 없는 것일까? 신광래가 지적하듯이 첫 번째와 두 번째의 해석은 주지에 의해 지지되었다. 문제는 이 두 입장이 다 나름의 의미를 지니고 있고, 서로 연결되는 것 같은데, 어떻게 이 연결부분을 설명할 수 있느냐가 핵심일 것 같다. 주자는 사실상 그 연결고리를 충분히 보여주지 못하고 있다.

맹자는 말하기를 사람이 그 형의 아들과 이웃의 아들을 사랑하는 것
은 본래 차등이 있고, 『서경』에서 비유를 취한 것은 본래 소민小民이 무
지해서 법을 어긴 것이 마치 어린 아이가 무지해서 함정에 빠진 것일 따
름이다고 했고, ㉮ 또 사람과 사물의 생은 각각 반드시 부모로 근본하고
둘이 없으며 또 자연의 이치이니 마치 하늘이 그렇게 만든 것 같다. ㉯
그러므로 그 사랑이 이로부터 성립하고 미루어서 다른 사람에 미치니,
스스로 차등이 있다. 이제 이자의 말과 같으면 이것은 그 부모를 보기를
본래 길거리 사람과 다를 바 없는데, 단 그 배품의 순서는 잠시 이로부
터 시작할 뿐이다라고 하였으니 이본二本이 아니고 무엇인가.[39]

위에서 보듯이 주희는 본을 ㉮와 같이 같은 부모에게서 비롯함 즉
혈통의 의미로 보았고, ㉯ 이 혈통의 결과로 자연스럽게 즉 본성에 의
해 부모에게 더 친밀감이 있고, 이것이 다른 사람에게로 향하는 차별
적 사랑의 기초로 작동한다는 것이다. 여기에서 ㉮와 ㉯는 분명한 차
이가 있는데, 문제는 이 차이를 어떻게 주자처럼 자연스럽게 연결할
수 있는가이다. 아마도 주자의 입장은 인간이 허공에 떠 있는 존재가
아니라, 구체적 상황 속에서 정서적 공감을 갖는 존재, 그리고 그 시
기가 부모와 한집이나 한동네에 사는 가부장적 농업사회라는 점 등등
을 고려했을 때는 혈통에 따른 자연적 감성의 강조가 충분히 이해가
된다고 할 수 있다. 하지만 혈통이 같다고 반드시 애틋한 감정이 생기
는 것은 아닐 것이다. 이웃보다도 못한 가족이 있을 수 있는 것이다.

---

39. 『맹자집주』.

더욱이 시대가 바뀌어 가족보다는 이웃과 더 많은 시간을 갖게 되는 현대에 있어서, 정서적 공감의 장이 반드시 혈연적 가족에서부터만 시작되어야 한다고는 기대할 수 없다.

　신광래의 해석에 의하면 맹자는 감정과 해야 하는 옳은 일이 일치를 이루고 있지만, 이지는 옳은 일을 정하는 것과 그 일을 실천하는 부분이 다르다고 한다. 다시 말해서 올바른 삶을 사는 데에 두 가지 요소가 필요하다는 것이다. 이것이 맹자가 일본이고, 이지가 이본이라는 그의 주장의 핵심이다. 그런데, 이지는 정말로 옳은 일의 판단과 감정이 다른 것일까? 혹은 맹자는 정말로 감정과 옳은 일의 판단이 일치를 이루고 있는가? 결론적으로 말하면, 맹자나 이지나 다 그렇게 다르지 않다는 것이다.

　옳은 것을 결정하고, 그것을 실행하는 체제가 일원화되어 있는 것을 일본이라 한다면, 이것은 이지도 마찬가지라고 생각된다. 신광래가 보기에 묵가 혹은 이지는 도덕적 성향을 아예 인정하지 않거나 혹은 그런 성향이 옳은 일의 판단과정에 어떤 역할을 한다는 것을 부정하는 입장인데, 따라서 이지에게는 옳은 것을 결정하는 부분과 그것을 실행하기 위해 고려하고, 개발시켜야 할 감정적 원천이 분리되어 있다는 것이다. 하지만 이지는 물론 맹자처럼 부모에 대한 사랑이 다른 사람들에 대한 적절한 사랑의 형식을 개발하는 데에 기초의 역할을 한다고 보지 않아도, 얼마든지 부모에 대한 사랑이 다른 무엇보다도 우선이라고 말할 수 있어 보인다. 웡David B. Wong은 이것을 "겸애는 친친으로부터 시작해야만 한다고 말하는 것이 친친이 타인에 대한 사랑보다 도덕적 우선성을 가짐을 증명하지는 않는다"라는 말로 표현한다.[40] 주자가 말한 것처럼 이지가 베풀려는 것이 무차별적 사랑이라면, 즉 그 목표가 무차별적 사랑이라면 적어도 이지에게는 맹자처럼 별도의 감정적 원천이 있어야 할 필요는 없기 때문이다. 무차별적 사랑 그 자체가 엄격한 손익계산에서 나온 것으로 엄밀한 의미에서 사랑이라고 볼 수 없으므로, 그런 무차별적 사랑을 부모로부터 시작하는 것은 어떤 감정적 원천을 끌어들임이 없이, 단지 편의를 위한 이성적 고려에 있어서 얼마든지 가능할 것이기 때문이다. 신광래가 이지에게서 가정하는 도덕적 행위를 위한 감정적 원천의 필요나 혹은 그런 감정의 고양을 위한 '자동제어'feedback의 효과 같은 이론적 장치들은 지나치게 '맹자적' 혹은 '유가적'인 것 같다. 다시 말해, 이지는 '시유친시施由親始'를 통해 어느 정도 부모가 특별한 위치에 있고, 그에 따라 그들에 대한 우리의 감정이 현실적으로 특별하다는 것을 인정하지 않을 수 없었다 하더라도, 이것이 도덕적인 것과는 무관하다고 생각하는 한, 적어도 이지에게는 어떤 수양의 프로그램도 부여하지 않는 것에 아무런 문제가 없을 것이다. 이러한 해석은 얼핏 사회적 존재로서 인간이 가질 수밖에 없는 인간의 자연스러운 감정의 존재를 부인하는 것 같으나, 그래서 현실을 무시한 공리공론처럼 보이지만,[41]

---

40. 웡David B. Wong은 이것을 "겸애는 친친으로부터 시작해야만 한다고 말하는 것이 친친이 타인에 대한 사랑보다 도덕적 우선성을 가짐을 증명하지는 않는다"라는 말로 표현한다. Wong (1989), p. 259.

41. 사실 어떤 측면에서는 매장의 풍습이 유가적 정감보다는 타인의 시선을 고려하는 묵가식의 이익추구에서 기인했다는 것이 더 현실을 반영하는 것일 수 있다. 후자가 더 자연스러운 것일 수 있다는 것이다.

사실 이는 도덕에서, 관습만이 아니라 감정까지 배제하려 한 묵가의 주지주의 철학에 비추어볼 때,[42] 오히려 정합성이 있는 해석이다.[43] 다시 말해, 이지가 차등이 없는 사랑을 말하고 그러면서도 그것을 베푸는 것은 부모로부터 시작해야 한다고 한 것은 기본적으로 부모가 무차별적 사랑을 베풀기에 가장 가까이 있기에 그것을 펼치기에 편리하다는 것이다. 이러한 해석은 부모에 대한 사랑을 포함하는 이타적 사랑들을 이기주의적 관점에서 설명하는 묵가의 경향에 비추어 얼마든지 정당화 될 수 있다. 이것은 자연스런 마음의 근본성을 강조하는 맹자의 주장이 일본인 것처럼, 교설의 근본성을 강조한다는 점에서 일본일 수 있음을 보여준다. 이러한 해석은 물론 니비슨이나 신광래가 보는 것처럼 이지의 입장이 묵가의 입장을 떠나 감정적 원천에 대한

---

42. 묵가가 옳은 것과 관습적인 것을 분리하려한 것은 『墨子』「節葬」 "有輆沐之國者 其長子生 則解而食之 謂之宜弟 其大父死 負其大母而棄之 曰鬼妻不可與居處.... 有炎人國者 其親戚死 朽其肉而棄之 然後埋其骨 乃成爲孝子.... 有儀渠之國者 其親戚死 聚柴薪而焚之 燻上謂之登退 然後成爲孝子 此上以爲政 下以爲俗 爲而不已 操而不澤 則此豈實仁義之道哉 此所謂便其習而義其俗者也." 참조. 또 그들이 감정을 도덕성으로부터 배제시키려한 것은 『墨子』「貴義」 "必去喜 去怒 去樂 去悲 去愛而用仁義 手足口鼻從事於義 必爲聖人." 참조.

43. 묵가는 손익계산에 감정이 개재되어서는 안 된다고 주장하지만, 이러한 주장이 그들의 이기주의 인간관과 어떻게 조화를 이룰 수 있을지는 의문이다. 인간의 이기적 욕망은 가장 이성적인 현자에 있어서도 배제될 수 없을 뿐만 아니라 (「상현상」「상현중」「상현하」 참조), 묵가의 윤리체계에서는 이기적 욕구가 어쩌면 이성의 목적이라고 볼 수 있기 때문이다. 물론 혹자는 묵가에 있어서 핵심적인 것은 이성보다는 천지天志이고, 이 천지天志에서 드러난 종교적 정열이 묵가의 근본 목적이라고 하지만, 나는 천지는 이기적 욕구 혹은 그런 욕구가 극대화되는 '공공 이익의 추구'를 위한 개념적 장치일 뿐이라고 본다.

필요성을 느끼는 방향으로 나아갔음을 인정하지 않는 가운데 이루어진다.

또한 우리는 이지가 이본을 받아들이고도, 맹자의 주장도 이지와 마찬가지로 이본이라고 맹자를 비판할 수 있다. 나는 사실은 이 해석이 맹자와 이지의 올바른 해석이라고 본다. 즉 맹자가 강조하는 자연적 감정이 과연 올바른 삶의 형태를 정하고, 나아가 그것을 다른 사람에게로 확대할 수 있는 동력의 역할을 할 수 있을까라는 질문에 회의적이다. 김명석은 이런 입장에 부정적이다. 그에 따르면 맹자의 입장도 이본이어야 할 필요성을 제기한다. 측은지심과 친친의 감정을 조율할 권이나 사의 역할이 필요하기 때문이다.

그러나 사실 무엇이 옳은지를 결정하는 도덕적 판단에서는 감정이 필요 없고, 그런 도덕적 판단을 실행에 옮기기 위하여 감정적 원천이 필요하다는 것을 이지의 입장이라고 인정한다 하더라도, 이것이 어떻게 두 개의 뿌리를 인정한 것인지는 분명하지 않다. 다시 말해 도덕에 있어서, 이론과 실천의 두 계기를 구분하는 것이 과연 어떤 차원에서 이본이라고 볼 수 있는지 의문이다. 적어도 이론적으로는 그리고 적어도 실천적으로는 하나의 일관성을 가지고 있지 않은가? 게다가 엄밀하게 말하면 이론과 실천이 하나의 뿌리를 갖는다는 맹자에 있어서도 사단의 의의를 말하는 이론적 차원과 그것을 확충하는 실천 수양의 차원은 둘로 나뉘어 볼 수 있을 것 같다. 적어도 개념상으로는 그렇다. 게다가 신광래 해석의 가장 큰 문제는 도덕성과 관련하여, 과연 이렇게 마음과는 상관없는 합리적 부분과 마음의 정감적 부분의 둘로 나누어 보는 틀로 이지를 해석할 필요가 있는지도 의문이다. 이것은 앞서 말한 것처럼 맹자의 틀인데, 이것을 이지에게 적용시켜 이본이라고 비난[44]하는 것은 정당한 비판이 아닌 것 같다.

내가 보기에 신광래의 해석이 범한 잘못은 맹자의 틀을 가지고 이 대화를 해석하였다는 것이다. 신광래의 해석은 틀림없이 기존의 해석들보다 훨씬 더 정교하게, 이지의 '애무차등愛無差等, 시유친시施由親始'의 주장을 해명하여 주는 미덕이 있다. 그는 특히 이지가 시유친시施由親始를 하는 이유를 감정적 원천을 확보하기 위한 것이라 주장하는데, 이것은 물론 하나의 가능한 해석이고, 기존의 해석들이 간과했던 것을 해명해주는 효과가 있으며, 그리고 실제로 인간의 자연스런 감정에 비추어 묵가의 무차별적 사랑을 좀 더 실행가능하게 만들어주는 미덕이 있지만, 도덕적 성향의 감정적 원천을 도덕의 또 다른 뿌리로서 이지에게 요구하는 것은 지나친 것이다. 이지는 물론 유자입정孺子入井이나 약보적자若保赤子 등을 언급하지만 이것은 도덕적 성향이라기보다는 애무차등愛無差等의 이성적 판단일 것이다. 이지는 단지 누구보다도 가까이 있다는 점 때문에 무차별적 사랑을 베풂에 부모로부터 시작하라고 했을 뿐이며, 이는 그 베풀어지는 것이 감정과는 상관없는 무차별적 사랑이라는 점에서 더 잘 이해될 수 있다. 이지에게 왜 다른 사람의 부모를 자신의 부모와 똑같이 대하라고 하느냐, 혹은 왜 친친의 도덕적 성향을 확충시키지 않느냐고 비판하면서, 이것은

---

44. 이본二本이 그냥 사실을 적시하는 기술적 용어descriptive term라면 아무 문제가 없지만, 그것을 비난하는 규범적normative 혹은 평가적evaluative 언어로 사용하면 문제가 있다는 것이다. 맹자의 이본이라는 용어는 문맥상에서 후자임에 틀림없다.

부모의 혈통을 소홀히 하는 것이고, 친친의 도덕적 성향을 무시하는 점에서 일본이 아니라고 할 수는 있지만, 적어도 우리가 이본에게서 연상하는 일관성의 결여를 이지에게 물을 수는 없을 것이다.

수양의 문제: 부동심

고자의 부동심과 맹자의 부동심

유가와 묵가의 수양의 차이를 보여주는 부분이 『맹자』「공손추상」의 이른바 부동심不動心[마음이 (외부의 유혹에 의해) 흔들리지 않는다] 장에 보인다. 사실 이 부분은 맹자와 고자告子의 부동심의 차이에 대한 이야기인데, 고자가 묵가라는 결정적 증거는 없지만 고자와 묵가와의 사상상의 유사성으로 인해 여기서는 고자의 입장을 묵가의 입장으로 간주하고 논의를 시작하려고 한다. 『맹자』의 이 부분은 주로 도덕성과 관련하여 마음(심心), 언어(언言), 기운(기氣)의 관계를 논하고 있는데, 이 부분을 이해하기 위해서는 의외설을 말하는 『맹자』「고자상」이나, 심재心齋라는 장자의 수양방법을 말하는 『장자』「인간세」 등의 관련된 부분을 아울러 언급해야 할 것이다.

맹자는 유가의 주요한 덕인 용기를 설명하면서 자신이 생각한 용기를 부동심이라고 정의하면서, 이 부동심을 자신보다 앞서서 성취한 사람은 고자라고 하고, 고자와 자신의 차이를 다음과 같이 말하였다:

고자가 말하기를 말에서 얻지 못하면 마음(심心)에서 구하지 말라; 마음에서 얻지 못하면 기운(기氣)에서 구하지 말라고 하였다. 마음에서 얻지 못하면 기운에서 구하지 말하는 것은 가능하지만, 언어(언言)에서 얻지 못하면 마음에서 구하지 말라는 것은 불가하다.[1]

위에서 언급한 것은 언어(언言), 마음(심心), 기운(기氣)의 세 가지 것인데. 여기에서 '얻는다'(득得)나 '구한다'(구求)라고 할 때, 그 얻음의 대상이나 구함의 대상은 도덕성(의義)으로 보는 것이 적절할 것이다. 따라서 위의 구절은 도덕성과 그 도덕성의 토대로서 생각할 수 있는 세 가지 요소 즉 언어, 마음 기운 사이의 관계를 해명하는 것임에 틀림없다. 먼저 이 세 가지 요소에 대해 알아보자.

마음은 사실 유가의 용어로서, 묵가는 사실 마음(심心)이라는 용어보다도 지성(지知)이라는 용어를 많이 쓴다. 『묵경』에 보면 인간의 잠, 꿈, 환상 등등과 심적 상태가 지성의 능력의 특정한 상태로 묘사되고 있다. 예컨대, '잠은 지성이 지각이 없는 상태이다'[2] 등이다. 마음이건 지성이건 이것이 우리의 내면의 감정이나 마음의 상태 혹은 능력을

---

1. 『맹자』「공손추상」 "告子曰 不得於言 勿求於心 不得於心 勿求於氣 不得於心 勿求於氣 可 不得於言 勿求於心 不可."
2. 『묵자』「경상」 "臥 知無知也."

가리키는 것은 분명하다.

언어(언言)는 또한 일종의 정치적 · 윤리적 교설로 이해하였다. 묵가에서는 이러한 교설의 정당성 혹은 옳음을 따지는 삼표도 언어의 기준으로 묘사가 되었다. 기운(기氣)은 일종의 환경, 분위기 등에서 생겨나는 에너지의 흐름을 말하는데, 도가에서 강조하는 부동심의 원천이라고 할 수 있다. 특별히 이것이 맹자에서 도덕성의 효과로 이해되는 것에 주목할 필요가 있다.

조기와 주희의 전통적 해석

그런데 도덕성의 토대에 대해 이야기하는 것처럼 보이는 이 주요한 구절을, 전통적으로 조기와 주희는 다음처럼 상식적으로 이해한다:

얻지 못한다는 것은 다른 사람의 선심善心과 선언善言을 얻지 못하는 것이다. 구한다는 것은 취하는 것이다. 고자의 인간됨은 용기가 있지만 사려함이 없어서 그 정情을 궁구하지 않는다. 다른 사람이 자신에게 좋지 않은 말을 하면, 그 마음에 선善이 있음을 다시 취하지 않는다. 직설적으로 화를 낸다. 맹자는 불가하다고 생각했다. 고자는 다른 사람들이 악한 마음을 가지고 있음을 알면, 비록 선한 말투로 자신에게 와도 또한 직설적으로 화를 낸다.[3]

---

3. 조기, 『맹자정의』.

고자는 말에 이해하지 못하는 것이 있으면 마땅히 그 말을 버리고, 마음에서 그 이치를 돌이켜 구할 필요가 없다고 생각했다. 마음에서 편안하지 않음이 있으면 마땅히 힘써 그 마음을 통제하고, 기운에서 도움을 다시 구할 필요가 없다고 생각했다. 이것이 그 마음을 지켜서 움직이지 않게 함이 빠른 까닭이다. 맹자는 이미 그 말을 암송하여 판단하여 말하기를 고자가 마음에서 얻지 못한 것을 기운에서 구하지 말라라고 한 것은 근본에 급하고, 그 말단에서 느슨하게 한 것이니 가ㄷ한 것 같다. (그러나) 말에서 얻지 못한 것을 마음에서 구하지 말라고 한 것은 이미 밖에서 잃었는데, 쫓아서 그 안을 버리는 것이니 그 불가함이 필연적이다.[4]

그러나 이런 해석들은 '마음에서 얻음'이나 '마음에서 구하지 않음'을 각각 '다른 사람에게서 이해를 얻지 못함'이나 '자기반성'과 같은 의미로 해석한 것으로, 맹자가 고자의 입장을 비판하면서 이 뒤의 문장에서 "고자는 의義를 밖에 있는 것으로 생각했다"(의외설義外說)[5]고 말하는 부분을 잘 해명하지 못한다. 틀림없이 여기서의 고자의 의외설은 『맹자』「고자」편의 인내의외설仁內義外說(인仁은 안에 있고, 의義는 밖에 있다) 부분과 함께 이해되어야 한다. 즉 맹자의 생각은 고자가

---

4. 『맹자집주』. "告子謂於言有所不達 則當舍置其言 而不必反求其理於心 於心有所不安 則當力制其心 而不必更求其助於氣 此所以固守其心而不動之速也 孟子旣誦其言而 斷之曰 彼謂不得於心而勿求諸氣者 急於本而緩其末 猶之可也 謂不得於言而不求 諸心 則旣失於外 而遂遺其內 其不可也必矣."

5. 『맹자』「공손추상」. "是集義所生者 非義襲而取之也 行有不慊於心 則餒矣 我故曰 告 子未嘗知義 以其外之也."

의라고 하는 도덕성의 기원을 밖이라고 생각했기 때문에, 앞서와 같은 잘못된 입장에 빠졌다는 것이다.

도덕성과 관련지은 신광래의 해석

이런 점에서 신광래의 다음과 같은 해석은 음미해 볼 필요가 있다.

> 고자의 주장의 앞부분은 교리에서 의義를 얻지 못하거나 이해하지 못하거나 의義에 관한 교리에 관련해서 잘 되지 못하면, 심心에서 의義를 찾아서는 안 되거나 심心에서 의義를 요구해서는 안 된다는 것을 말하는 것이 된다. 이 어떤 해석에서도 고자의 견해는 교리로부터 의義를 얻지 못하면 심心으로부터도 의義를 얻을 수 없다는 것이 된다. 맹자는 앞부분의 주장을 거부하므로, 맹자가 의義를 심心으로부터 유래되는 어떤 것으로 간주했다는 것이 도출된다. …… 따라서 후반부의 주장은 심心으로부터 의義를 얻지 못하면 의義를 구하거나 기氣에 요구하지 말 것을 말하고 있는 것이 된다.[6]

신광래에 따르면, 공손추상의 부동심不動心과 관련된 고자와의 논쟁은 도덕성(의義)의 근원에 대해 말하고 있는 것이다. 앞서 말한 것처럼 고자가 묵가인지는 논란이 있지만 나는 고자의 입장이 묵가의

---

6. Shun (1997), 117.

입장을 대변할 수 있다고 생각한다. 고자의 언어에 대한 입장은 묵가의 언어에 대한 강조를 연상시키기 때문이다. 고자의 입장은 마음이나 기운보다는 언어에 도덕성의 토대가 놓여있다는 것이고, 맹자는 이에 대해 언어보다는 마음, 기운보다는 마음에 주안점을 둔다. 맹자에서 마음과 기운의 관계에 대한 입장은 직접적으로 표출되지 않았지만, 적어도 언어가 마음과 마찬가지로 인위적인 것이고, 통제될 수 있는 영역을 의미한다면, 아마도 맹자의 입장은 마음(심心) > 언어(언言) > 기운(기氣)의 순서가 될 것이다.

장자의 심미적 덕과 마음, 언어, 기운

홍미로운 것은 이런 개념들이 『장자』에서도 보인다는 것이다.

> 뜻(지志)을 하나가 되게 하라. 귀(이耳)로 듣지 말고, 마음(심心)으로 들어라. 마음으로 듣지 말고, 기운(기氣)으로 들어라....기운은 빈虛 것이며 사물을 기다리는 것이다.[7]

『장자』의 위의 구절이 도덕성과 관련한 구절은 아니지만, 그럼에도 인과 겸애의 이해와 관련해서 시사점을 준다. 먼저 위의 구절에 나오는 귀로 듣는 것과 마음으로 듣는 것은 각각 묵가의 지성적인 겸애

---

7. 『장자』「인간세」 4:26-28.

의 덕과 유가의 감성적인 인의 덕을 가리킨다고 할 수 있다.[8] 귀로 듣는 것은 먼저 언어이기에 귀로 듣지 말라는 것은 언어에 너무 얽매이지 말라는 말이다. 마음으로 듣지 말라는 것은 우리의 감정에 좌우되지 말라는 것으로 이해할 수 있다. 장자가 보기에 언어와 감정에 기반한 덕들로는 결코 그들이 목표로 하는 사회·정치적 안정을 이룰 수 없다. 지성적 덕과 윤리적 덕은 그 객관적 기준의 강조와 강한 자의식 때문에 효과적으로 다른 사람들에게 어필할 수가 없다. 보다 효과적인 것은 드러나지 않게 사람들을 설득하는 것인데, 이것이 위의 구절이 함축하는 장자의 기운에 따르는 덕이라고 할 수 있다.

언어, 마음, 기운 간의 관계에 대해 장자의 입장을 구성해보면, 아마도 기운(기氣) > 마음(심心) > 언어(언言)의 순서가 될 것이다. 물론 언言, 심心, 기氣의 개념들이 유가, 묵가, 도가의 이 세 사상가 집단에서 동일한 것이라고 할 수는 없겠지만, 그래도 상당히 동시대의 인물들로 보았을 때, 아마도 공통적 요소를 가지고 있었을 것으로 추측할 수 있으므로, 이 개념들을 중심으로 구성된 고자 (혹은 묵가), 맹자, 도가(장자)의 철학적 입장들은 어느 정도 유의미하다고 할 수 있을 것이다. 이 입장들을 나는 각각 지성적 덕, 도덕적 덕, 그리고 심미적 덕으로 볼 수 있다고 생각한다.

---

8. 귀로 듣고 아는 것도 묵가에 의하면 오관五官과 지知(지성)의 합작에 의한 것이다. 장자는 묵가의 이런 태도를 받아들였다. 즉 감각적 기관에 의해 판단된 것도 객관적 사실이라기보다는 인간의 사고의 편견이 들어간 것이라는 것이다.

222

맹자에 있어서의 기운과 도덕성의 관계

　기운은 사실 초기 유학자 중에서는 맹자에게서 처음 등장하는 개념인데, 이 개념이 무엇을 의미하는지는 『맹자』의 부동심을 논하는 다음 구절을 잘 살펴볼 필요가 있다.

　북궁유의 용기를 기름은 피부가 찔려도 흔들리지 않으며 눈동자를 피하지 않아서, 생각하기를 털끝만큼이라도 남에게 좌절을 당하면 마치 시조에서 종아리를 맞는 것처럼 여겨, 갈관박에게도 모욕을 받지 않으며 또한 만승의 군주에게도 모욕을 받지 않아 만승의 군주를 찌르는 것 보기를 마치 갈부를 찔러 죽이는 것처럼 생각하여 무서운 제후가 없어서 험담하는 소리가 이르면 반드시 보복하였다. 맹시사의 용기를 기름은 '이기지 못함을 보되, 이기는 것과 같이 여기노니, 적을 헤아린 뒤에 전진하며 승리를 생각한 뒤에 교전한다면 이것은 적의 삼군을 두려워하는 자이다. 내 어찌 반드시 승리를 할 수 있으리오. 두려움이 없을 뿐이다.'하였다. 맹시사는 증자와 유사하고 북궁유는 자하와 유사하니 이 두 사람의 용기는 그 누가 나은지는 알지 못하겠거니와 그러나 맹시사는 요약함을 지킨다. 옛적에 증자가 자량에게 이르기를 '그대는 용기를 좋아하는가? 내 일찍이 큰 용기를 부자에게 들었으니, 스스로 돌이켜서 정직하지 못하면 비록 갈관박이라도 내 두려워하지 않겠는가. 그러나 스스로 돌이켜서 정직하다면 비록 천만명이 있더라도 내가 가서 대적할 수 있다.' 하셨다. 맹시사의 기운을 지킴은 증자의 요약함을 지

킴만 못하다.[9]

　여기서 세 사람 즉 북궁유, 맹시사, 증자의 용기가 비교되고 있다. 북궁유는 언제나 반격하고 어떤 경우에도 패배나 모욕을 용납하지 않았다. 맹시사는 패배를 승리라 여기고 두려움이 없었다. 증자는 자신을 스스로 살펴 꼿꼿하지 않으면 비천한 사람도 두렵게 할 수 없었으나, 꼿꼿함을 발견하면 수천명의 사람이라도 대적할 수 있다는 공자의 태도를 배우고 싶어했다. 맹자는 부동심을 가능하게 만드는 기운(기氣), 요약함 (약約)의 두 요소를 들어 세 사람의 용기를 비교하고 있다. 아니 사실은 공자의 용기에서 드러나는 정직함 (축縮)의 요소까지를 포함한다면 세 가지 요소라 할 것이다. 맹자는 맹시사가 요약함을 잘 지켜 북궁유보다 낫다고 하면서, 나아가 맹시사를 증자와 비교하고 있다. 그런데 우리의 주목을 끄는 것은 그가 맹시사의 용기는 증자의 용기와 유사하다고 말해놓고, 그럼에도 그들 간의 차이를 말하는 부분이다. 맹자는 맹시사는 기운을 지키는 것이고, 증자는 요약함을 지키는 것이라고 평가한다. 물론 이 둘 중에서 맹자가 더 높이 평가하는 것은 맹시사의 기운이 아니고, 증자의 요약함이다. 앞서 맹시사

---

9. 『맹자』「공손추상」 "北宮黝之養勇也 不膚撓 不目逃 思以一豪挫於人 若撻之於市朝 不受於褐寬博 亦不受於萬乘之君 視刺萬乘之君 若刺褐夫 無嚴諸侯 惡聲至 必反之 孟施舍之所養勇也 曰視不勝猶勝也 量敵而後進 慮勝而後會 是畏三軍者也 舍豈能 為必勝哉 能無懼而已矣 孟施舍似曾子 北宮黝似子夏 夫二子之勇 未知其孰賢 然而 孟施舍守約也 昔者曾子謂子襄曰 子好勇乎 吾嘗聞大勇於夫子矣 自反而不縮 雖褐 寬博 吾不惴焉 自反而縮 雖千萬人 吾往矣 孟施舍之守氣 又不如曾子之守約也."

는 북궁유와의 대비에서는 요약함을 지킴으로써 상대적으로 높은 평가를 받았는데, 증자와의 대비에서는 기운을 지키는 사람으로 그려진다. 맹시사와 증자가 둘 다 요약함으로 용기를 가졌지만, 그럼에도 맹시사와 증자가 비교될 때, 맹시사는 기운을 지킨 사람, 증자는 요약함을 지킨 사람으로 묘사된 이유는 증자의 요약함에는 정직함 즉 도덕적 옳음의 요소가 포함되어 있었기 때문이다. 사실 위 구절에서 요약함의 의미는 처음 북궁유와 맹시사의 태도에서 보듯이 상대방의 강함에 관계없이 자신에게 두려움이 없게 자신의 감정을 조절하는 것이었는데, 이 감정의 조절이 그저 패배를 승리로 여기는 마음 상태의 조절이 아니라, 도덕적 옳음에 의거해서 자신의 마음을 움직이지 않게 되었을 때 비로소 진정한 부동심의 상태라고 보았던 것이다.

맹자는 바로 기운과 도덕성의 관계에 대해서 주목할 만한 이야기를 하였다.

(마음의) 뜻(지志)은 기운을 이끄는 장수이다. 기운은 몸에 가득차 있다. 무릇 뜻이 지극한 것이고, 기운은 부차적인 것이다. 그러므로 말하기를 그 뜻을 지니고, 그 기운을 난폭하게 하지 마라. …… (호연지기浩然之氣는) 말하기 어렵다. 그 기운은 지대지강至大至剛하고, 곧음(직直)으로 길러서 해가 없으면 천지 사이에 가득찬다. 그 기운은 옳음(의義)과 함께하고 도 (도道)와 함께 한다. 이것들이 없으면 (호연지기는) 굶주린다. 이것은 옳음이 모여서 생긴 것이고, 옳음이란 밖으로부터 들어와서 내가 취득한 것이 아니다. 행동을 함에 마음 속에 만족함이 없으면 굶주린다. 그러므로 내가 말하기를 고자는 옳음을 일찍이 알지 못했는

데, 그것이 밖에서 온다고 생각했기 때문이다.[10]

　사실 맹자는 고자가 옳음의 기원을 밖에서 찾는다고 하면서 고자를
비판하였기에, 상대적으로 '기운을 난폭하게 하지 마라'라는 부분은
이와는 다른 입장을 취하는 것처럼 보인다. 마치 '기운을 난폭하게 하
지 마라'는 옳음이 기운에 달려있는 것처럼 보이게 하기 때문이다. 맹
자가 '의지가 기운을 이끄는 장수이다'라고 할 때는 틀림없이 마음이
기운보다 더 중요한 것임을 말하는 것이다. 그렇다면 왜 맹자는 여기
서 거꾸로 '기운을 난폭하게 하지 마라'고 하는 것일까? 맹자가 이렇
게 말한 까닭은 내면의 것이 외면에 의해서도 영향을 받을 수 있다고
보기 때문이다. 즉, 맹자는 의지가 기운보다 더 우선적인 것이라고 인
정했지만, 여전히 외부의 상황도 내면에 영향을 준다는 사실을 받아
들였던 것이다. 따라서 위의 '기운을 난폭하게 하지 마라'의 뜻은 결국
내면의 도덕이 원만히 자랄 수 있는 외부 환경에도 신경을 써야 한다
는 것이다. 물론 이 환경은 날마다 옳은 일 (직直)을 함에서 생겨나는
만족함 (겸慊)의 감정적 피드백에 의해서 계속 원만히 유지 혹은 더욱
확장되는 것이고, 또 이러한 증자의 용기를 기름의 과정을 내면적 지
향을 가리키는 '요약함 (약約)을 지키는 것'이라고 표현하였기에 궁극
적으로 도덕성의 근원을 안이라고 믿는 맹자의 입장이 여전히 견고히

---

10. 『맹자』「공손추상」 "夫志 氣之帥也 氣 體之充也 夫志至焉 氣次焉 故曰 持其志 無
暴其氣…. 難言也 其為氣也 至大至剛 以直養而無害 則塞于天地之閒 其為氣也 配
義與道 無是 餒也 是集義所生者 非義襲而取之也 行有不慊於心 則餒矣 我故曰 告
子未嘗知義 以其外之也."

유지될 수 있었다. 다시 말해, 맹자의 강조점은 양기를 통해 부동심을 얻는다기보다는 부동심을 통해 양기를 하는 것에 있다.

수양의 문제: 이기적인 욕심(사욕)의 조정과 극복

수양과 사욕의 극복

아리스토텔레스는 인간 삶의 최종 목표가 행복이라고 하면서 이런 행복을 구성하는 것이 무엇일까 고민했다고 할 수 있다. 동아시아 전통에서는 행복이라는 말보다, 도道나 덕德이라는 말이 인간 삶의 최종 목표로 추구되어 왔다고 주장해야 할 듯싶다. 동아시아 전통에서 추구되어온 도나 덕을 서구에서 추구해온 행복과 같은 것으로 볼 수 있을까 하는 것은 그 자체 하나의 논란거리가 되는 문제이다.[1] 하지만 인간의 최상의 삶flourishing life을 행복이라 하건, 혹은 도나 덕이라고 하건, 그것들의 구현에 가장 방해가 되는 것으로 동·서가 다 사욕私

---

1. 정재현, 「유학에 있어서의 도의 추구와 행복 – 선진 유가를 중심으로」, 『철학논집』 42, 서강대철학연구소, 2015, 39–62.

欲을 지목한 것은 매우 흥미로운 부분이다. 나는 이 장에서 동아시아 여러 사유전통 중에서도, 초기의 지적 전통을 대변하는 맹자와 묵가가 바로 이 사욕을 어떻게 생각했고, 그것을 어떻게 극복하려 했는지를 다루려고 한다. 왜냐하면 맹자와 묵가는 동아시아 사유의 전형을 형성해온 제자백가의 사상가들 중에서도 가장 초기에 위치하면서 그 토대를 형성한 사상가들이자, 또 서로 매우 이질적인 접근방식을 보여주기 때문이다. 그들은 다른 제자백가 사상가들처럼 제후나 대부와 같은 당시의 정치적 실력자들을 대상으로 그들의 사고를 전개했다.[2] 기본적으로 이 시기의 사상가들이 어디까지나 위로부터의 개혁 즉 지배층의 노력과 역할에 의한 점진적 사회적 변화를 선호했기 때문이리라. 따라서 맹자와 묵가는 대개의 모든 사람들이 그들의 최상의 삶을 방해하는 이런 사욕을 갖고 있는 것도 문제이지만, 보다 심각한 것은 지도자의 사욕이라고 보고 있고, 그들의 사고도 이들 지도자의 사욕을 극복하는 방법에 집중되어 있다.[3] 이것은 또한 유가와 묵가가 이상적 덕목으로 삼았던 인과 겸애의 구현방식이 될 것이다.

맹자의 경우는 동아시아 사고 전통 일반에서 강조하듯이, 기본적으로 사욕의 극복은 수양을 통해 이루어지는 것으로 보았다. 그는 공자

---

2. 이 글에서 묵가와 맹자의 사상을 다루면서 그들이 제시한 지도층의 덕이나 능력 대신에 지도층의 사욕 극복방안으로 표현한 것은 다분히 추상적인 성향으로서의 덕의 능력보다는 구체적인 행위방식을 통해 사욕의 극복과정을 이해해 보려고 하기 때문이다.

3. 『묵자』「겸애상」「겸애중」「겸애하」편에서 혼란의 원인으로 지목된 불상애不相愛(서로 사랑하지 않음)나 별애別愛(부분적 사랑)를 일종의 사욕私欲으로 이해한다.

를 이어받아 사람들은 알면서도 그렇게 행하지 못하는 경우가 있음을 인정한다.[4] 따라서 최상의 행위는 단순히 무엇이 옳은지를 알고 하는 행위가 아니라, 그런 행위를 적절한 감정이나 의지를 갖고 하는 것이었다.[5] 관심의 초점이 행위 그 자체의 적절성에서 행위자의 품성의 적절성으로 옮겨간 것이다. 품성의 적절성은 단지 이성적 사고에 의해 이룩되는 것은 아니었다. 무엇이 옳은지를 알게 되면 자연스럽게 그쪽으로 행동으로 옮겨간다는 묵가의 주의주의voluntarism를 버리고 맹자가 수양을 강조하게 되는 것은 이상한 일이 아니었다. 인간의 의지, 욕구가 단순한 이성적 사고에 의해 수정되기는 어려운 일이었다. 사실 수양을 인간의 의지, 욕구, 행위 간의 관계를 적절히 하는 것이라고 정의하면, 이러한 수양을 통해 사욕을 극복한다는 생각은 동아시아에서는 매우 일반적인 것이었다. 그런데, 욕심 자체를 부정하지 않고 여민동락與民同樂의 개념을 통해 욕심의 이기적 표출방식이 문제라고 본 맹자의 입장은 동아시아 전통 내에서도 매우 독특하면서도, 세련된 형태의 수양을 강조하는 입장이다. 반면, 이러한 감정의 조정으로서의 사욕 극복방안과는 달리 감정을 배제한 지성의 방법을 통한

---

4. 단지 개념적으로 무엇이 옳은지를 아는 사람과 그것을 실천하기를 즐기는 사람의 차이를 김명석은 지자知者와 인자仁者로 구분한다. 『논어』 안에서 이러한 구분에 대한 김명석의 논문을 참조하라. 김명석, 「호오개념의 도덕심리학적 분석-『논어』에 보이는 도덕적 앎과 실천의 관계문제를 중심으로-」, 『동양철학』 31집, 2009, 105-111.

5. 김명석은 앞의 논문에서 '지자의 이로움'과 '인자의 즐거움'이라는 표현으로 인자를 추구하는 유가의 목표가 단순히 옳은 행위에 머무르지 않음을 나타내고 있다.

길을 제시한 묵가도 우리는 주목해야 한다. 묵가는 일종의 주지주의 intellectualism 내지 주의주의voluntarism 철학가로서, 기본적으로 우리가 그것이 옳은지 알면서도 그렇게 하지 않는 경우는 없다라던지(주지주의), 우리의 의지에 의해 감정이 조절될 수 있다(주의주의)고 보았다.[6] 맹자 혹은 유가가 사단이나 혹은 심지어 친친의 경향성을 통해 인이 성취될 수 있다고 본 것과는 달리 묵가는 긍정적 의미의 경향성을 인정하지 않았다.[7] 그들의 궁극적 목표인 겸애는 경향성을 따르는 것이 아니라, 경향성을 극복하는 것이다. 이러한 주지주의적이면서도 주의주의적인 태도의 표명은 비교적 수양을 중시해온 동아시아 문맥에서 보자면 특이한 일이다. 우리는 이처럼 극단적으로 달라 보이는 맹자와 묵가의 사욕극복의 방식을 비교하여 살펴보려고 한다.[8] 결론을 미리 말하자면, 완전히 상이한 것처럼 보이는, 사욕에 대한 두 접근방식이 생각보다는 유사성이 많다는 것이다.

---

6. cf. Nivison (1996), 121-132.

7. Shun (1997), 34, 131.

8. 공자와 맹자 같은 초기유가의 사유를 덕윤리virtue ethics로, 묵가의 사유를 결과주의 consequentialism로 보는 것도 이러한 차이와 연관이 있다. Van Norden (2007) 참조.

사욕의 배제로서의 겸애의 수양

묵가의 이익추구

기본적으로 하층민이고, 기술자 공인계층에 속한 묵가의 계급적 성격은 그들로 하여금 이익 추구에 대해서 호의를 가지게 하였다.[9] "의로움이 이로움이다"[10]라는 후기묵가의 언급에서 보듯이, 묵가에게 있어서 이익의 추구는 의로운 행위, 도덕적 행위를 하는 데 있어서 필수적인 것이었다.[11] 그들은 심지어 사적인 이익의 추구 즉 사욕에 대해서도 호의적이었다. 일반 백성은 물론이고, 심지어 이상적 지도자인 성인이나 인인仁人이 가지는 사욕도 항상 부정적으로 이야기 하지 않았다. 현명한 사람을 부유하게 해 주어야 그런 사람들이 모여든다고 주장하는 것은[12] 적어도 그것이 타인에게 해가 되지 않는 이상은 늘 옹호되었다.[13] 겸애는 자신의 이익을 위해서도 좋은 일이라는 식으

9. 앤거스 그레이엄, 『도의 논쟁자들: 중국 고대철학 논쟁』, 나성 옮김, 서울: 새물결, 2001, 72 참조. 『논어』 4:16. "군자는 옳음에 밝고, 소인은 이익에 밝다"(君子喻於義 小人喻於利)는 공자의 말도 신분 계층에 따른 관심의 차이를 보여주는 측면이 있다.

10. 『묵자』 「경상」. "義 利也."

11. 묵가가 손익계산의 지성을 강조하는 이유가 바로 여기에 있다. 지성知이 감성心보다 더 강조되는 이유가 여기에 있다. 물론 여기서의 이익은 공익을 가리킨다. 이러한 이유로 묵가의 윤리적 입장은 공리주의utilitarianism 내지 결과주의 consequentialism라고 한다.

12. 현명한 사람을 부유하게 해 주어야 그런 사람들이 모여든다고 주장하는 것은 현명한 사람도 이기적인 동기에 의해 움직임을 말해준다.(『묵자』 「상현상」)

13. 「상동하」 참조. Shun (1997), 31.

로 겸애의 근거로 자기 이익을 말하기도 하였다. 물론 이러한 사실에
도 불구하고, 묵가의 성인은 사익을 추구한 사람이었다라고 단정적으
로 말할 수는 없다.[14] 예컨대, 『묵자』「비악」편에 보면 인자仁者는 단지
자신의 안일을 위해 일하지 않는다고 했다.[15] 전반적으로 이익에 대해
호의적인 묵가였지만, 유가와 마찬가지로 묵가도 의로움과 이익이 충
돌되었을 때는 의로움을 따라야 한다고 했던 것이다. 물론 이 때의 이
익은 사욕이고, 의로움은 공익이 될 것이다. 다시 말해 사욕은 그 자
체로 나쁘지 않지만, 그것이 공익에 충돌될 때, 희생되어야 할 것이었
다.[16] 이처럼 묵가가 이익을 말할 때는 늘 공익을 염두에 두고 있음을
이해해야 한다.[17]

공익이 아닌, 사사로운 이익의 추구 즉 사욕을 행복이나 도의 추구
의 결정적인 장애로 보는 구절은 바로 『묵자』「겸애」편에서 보인다.
「겸애」편에서 묵가는 성인이란 '천하를 다스리는 사람'(이치천하위사
자以治天下爲事者)인데, 그런 성인이 제대로 일을 하기 위해서는 바로
천하를 혼란에 빠지게 한 원인을 적시하고 그것에 대한 처방을 내놓

---

14. 묵가의 입장을 이기주의로 해석한 것에 대해서는 郭沫若, 郭沫若全集, Vol. 2, 北
京: 人民出版社, 1982, 107-25 참조.

15. 『묵자』「비악상」.

16. 의로움과 녹 혹은 작위가 대비되고 있다 (『묵자』「경주」). 이것은 사실 유가도 마찬
가지이다. 물론 묵가의 견해로는 희생이 아니라, 공익이 진정한 사익이라고 할 것
이다.

17. 물론 이렇게 이야기하면 유가도 공익은 찬성한다고 말할 수 있기에, 유가와 묵
가의 차이는 많이 줄어들 것이다. cf. Wai Wai Chiu, "Assessment of Li利 in the
Mencius and the Mozi" Dao, 13, 2014, 199-214.

아야 한다고 하였다. 묵가가 보기에 천하 혼란의 원인은 '서로 사랑하지 않는데'(불상애不相愛) 있다. 그런데 사실 우리가 주목해야 하는 것은 묵가가 말하는 것은 소극적으로 서로를 사랑하지 않음을 넘어서서 상대를 미워하는 것, 즉 상대를 해치는 데까지 나아가는 불상애를 혼란의 원인이라고 보는 것이다. 다시 말해서, 자신을 사랑하는 것이 문제가 되는 것이 아니라, 타인을 해치는 것이 문제인 것이다.

아버지는 자신을 사랑하면서도 자식은 사랑하지 않기에 자식을 해치고서 자신을 이롭게 한다. 형은 자신을 사랑하면서도 아우를 사랑하지 않기에 아우를 해치고 자신을 이롭게 한다. 임금은 자신을 사랑하면서도 신하를 사랑하지 않기에 신하를 해치고 자신을 이롭게 한다.[18]

위의 인용문에서도 보듯이, 묵가는 자연스럽게 사랑을 이익과 연결시킨다. '사랑함'이란 '이익을 줌'이다. 묵가는 위의 인용문에서 '~을 사랑함'을 '~을 이롭게 함'으로 규정하고, 한 걸음 '더 나아가 타인, 즉 특별히 자신과 상대되는 사람을 사랑하지 않음 혹은 미워함'을 함축하는 것으로 이해한다. 물론 '~을 사랑함'이 '~을 이롭게 함'으로 여겨지듯이 '~을 사랑하지 않음 혹은 미워함'도 '~을 해롭게 함'으로 이해한다. 이렇게 보자면 세상의 혼란은 바로 '자신만을 사랑함' 혹은 '자신과 가까운 사람만을 사랑함'에서, 좀 더 정확하게 이야기하자면, '자

---

18. 『묵자』「겸애상」. "父自愛也不愛子 故虧子而自利 兄自愛也不愛弟 故虧弟而自利 君自愛也不愛臣 故虧臣而自利."

신만을 이롭게 함' 혹은 '자신과 가까운 사람만을 이롭게 함'에서 기인한다고 할 수 있을 것이다. 아니 좀 더 정확하게 말해서는 '자신만을 이롭게 하려고 남을 해침'이라고 보아야 할 것이다. 바로 이 '자신만을 이롭게 함' 혹은 '자신과 가까운 사람만을 이롭게 함'과 더불어 '남을 해침'이 결합되어야 도덕성과 충돌하는 사욕의 정의에 딱 부합하게 될 것이다. 우리는 여기에서 왜 묵가가 「겸애중」과 「겸애하」편에서 성인聖人을 인인仁人으로 표현하면서 그 사람이 하는 일을 「겸애상」에서처럼 '천하를 다스리는 것'(이치천하위사자以治天下爲事者)으로 하지 않고, '세상의 이익을 늘리고, 세상의 해로움을 없앤다'(흥천하지리興天下之利, 제천하지해除天下之害)[19]라고 했는지 이해할 수 있다. 그것은 천하를 다스리는 것이나 천하의 이익을 도모하고 해로움을 제거하는 것을 동일한 것으로 보기 때문이다. 이것은 도덕성을 단순한 호오의 감정 대신에 계산적 이성과 연결시켰기에 가능해진다.

묵가의 실천적 지성

묵가의 성인聖人 혹은 현명한 사람(선량지사賢良之士)이란 단순히 덕행이 두터운 사람(후호덕행厚乎德行)일 뿐만 아니라, 말에 뛰어나고 (변호언담辯乎言談), 정치적 능력을 보이는 사람(박호도술博乎道術)이다.[20] 여기서 담론을 잘 한다는 것은 단순히 말을 잘한다는 의미가 아니다. 그것은 명실관계를 잘 따진다는 것이다. 사태의 종류를 잘 파악

---

19. 『묵자』「겸애중」, 「겸애하」.

20. 『묵자』「상현상」.

한다는 것이다. 또한 규범을 현실에 잘 적용한다는 것이다. 이것이 묵가의 지성의 의미이다. 단순한 개념적 파악에서 그치는 것이 아니라, 그것을 현실 생활에서 구현해 낼 수 있는 능력을 강조한다. 따라서 그런 사람은 덕행이 두터운 사람이고, 또한 정치적 능력을 보이는 사람이다라고 말할 수 있다. 이렇게 보았을 때, 묵가가 겸애兼愛(보편적 관심), 비명非命(운명론을 거부함), 상동尙同(의견의 일치를 중시함)을 세상의 혼란을 극복할 대표적 방법으로 제시했다는 것은 바로 이러한 실천적 지성의 강조의 관점에서만 이해된다.

여기서는 이 세 가지 중에서 특별히 겸애를 중심으로 묵가의 실천적 지성을 말하려고 한다. 먼저 결론부터 말하자면 겸애는 바로 '겸상애교상리兼相愛交相利'(두루 사랑하려는 의도 하에서, 타인과의 교제에서 그를 이롭게 해 주려고 함)[21]가 보여주는 손익계산의 의지(지志)이다. 여기서 지성을 말하면서 또한 의지를 말하였는데, 그 이유는 묵가에 있어서 의지와 지성이 구분되었는지가 의문이기 때문이다. 다만 지성을 사용하는 방식 중에 의지의 측면이 중요하게 부각됨을 지적할 수 있다. 지성이든 의지든 이들이 극복하려고 하는 대상은 역시 사욕이다. 유가의 사욕극복이 수양인 데 반해서 묵가의 사욕극복은 다분히 이성적이고, 의지를 강조하는 사고이다. 유가의 사욕극복이 감정의 조정이라면, 묵가의 사욕극복은 감정의 배제이다. 묵가는 지성주

---

21. 흔히들 교交를 상相과 마찬가지로 '서로, 상호적으로'라고 번역하는데, 나는 여기서 로빈스Dan Robins의 해석을 따라 교交를 '(타인과의) 상호 교제를 함에 있어서'로 번역한다. cf. Robins (2012), 68.

의, 혹은 주의주의를 통해 먼저 지성적 판단이나 굳건한 의지의 수립이 무엇보다도 먼저 이루어져야 함을 주장한다. 감정은 그 뒤에 작동되어야 한다.

묵가에게 사욕은 그것이 혼란의 원인이면서, 또한 혼란 그 자체이기에 거부된다. 그렇다면 그가 사욕을 극복하는 방법은 무엇인가? 그것은 바로 '자신이나 자신과 가까운 사람만을 사랑하기'가 아니라, '모든 사람을 사랑하기'(겸애)이다. 즉 사욕의 극복은 사랑의 대상을 부분에서 전체로 확대시킬 때 가능한 것이다. 사욕의 문제점은 사랑함에 있지 않고, 그 사랑의 대상이 부분적임에 있다. 그런데 사실은 사랑의 대상을 전체로 확장한다는 것은 이 문제가 단순히 대상의 범위만의 문제가 아니라, 사랑한다는 행위 자체의 성격이 바뀌어진다는 점이다. 그것은 그저 인간 내면의 수동적이고 우연적인 감정 상태만을 의미하지 않는다. 그것은 이익을 증진시키려는 심사숙고를 통해 생겨난다.[22] 겸애는 흔히 박애나 무조건적 사랑 내지 무차별적 사랑으로 이해되는데, 사실 겸애는 이것들과는 달리 감정이라기보다는 의지나 지성적인 관심이라고 할 수 있다. 따라서 사랑이라는 말보다는 '관심'concern이나 '배려, 혹은 보살핌'care이 겸애兼愛의 애愛에 대한 더 나은 번역일 것이다. 묵가는 곳곳에서 자신들의 도덕적 행위가 감정과는 관계가 없음을 드러낸다:

기쁨, 노여움, 즐거움, 슬픔, 사랑, 미워함 (등의 감정)을 버리고 인의

---

22. 『묵자』 「대취」. "利愛生於慮"(이익을 주는 사랑은 숙고에서 생긴다).

仁義를 사용해야 한다. 손, 발, 입, 코, 귀가 의義에 따라 일을 할 때 반드시 성인이 된다.[23]

감정은 자연스럽게 자신의 육체를 중심으로 편향되어 있기 때문에, 보편적 관심으로 승화될 수 없다. 묵가는 감정에 치우치는 보통 사람과는 달리 성인이나 인인과 같은 정치적 지도자는 각각 천하를 다스리는 사람이나 세상의 이익을 흥기시키고, 세상의 손해를 제거하는 이성적 사람으로 정의한다. '다스려진 천하'가 바로 묵가가 말한 이익의 하나이므로 우리는 위의 정의를 통해 성인이나 인인은 세상의 다스려짐, 이익, 행복 등등을 지향하는 사람이고, 혼란, 손해, 불행, 재앙 등을 억제하려는 사람으로 볼 수 있을 것이다. 이러한 공적 이익을 추구하는 활동은 결코 감정에 의해 이루어질 수 없다. 이처럼 묵가가 강조하는 이익이나 행복은 처음부터 공동체의 것[24]이다. 물론 설사 그것이 공익이긴 하지만 여하간 이익의 추구를 이렇게 공개적으로 도덕체계 혹은 정치체계의 목표로 제시하는 경우는 아마 묵가 이외에 동아시아 전통에서는 찾아보기 힘들 것이다. 유가는 공익을 부정하지 않지만, 또한 대 놓고 하는 이익추구를 달가워하지도 않았다.

---

23. 『묵자』「貴義」 "必去喜 去怒 去樂 去悲 去愛 而用仁義 手足口鼻耳從事於義 必為聖人"

24. 사적 이익의 추구는 공적 차원에서 손해를 가져오므로 이익이 아니라 손해이다. 묵가가 「상동」편에서 사람의 수만큼 의로움이 있다고 할 때, 그 의로움도 사적 이익이 아니라 공적 이익이다. 단순히 사적 이익을 말하는 것이었으면, 왜 다른 사람의 의로움의 개념을 비난하고 자신의 의로움만을 의롭다고 여겼겠는가?

묵가의 이익관

그렇다면 묵가의 성인이 확보하려고 한 공익은 무엇인가? 묵가는 이익 즉 공익으로 세 가지를 든다. 첫째, 재화를 증식시키는 것. 둘째, 인구를 늘리는 것. 셋째 형정刑政이 잘 다스려지는 것이다.[25] 묵가가 세 가지 이익을 말하지만, 이 세 가지 중에 무엇이 가장 중요한 지를 물어 봄으로써 이익의 본질적 의미를 탐색해 볼 수 있다. 먼저 세 가지라고 하지만 사실은 두 가지라고 할 수 있다. 두 번째의 인구를 늘리는 것을 이익으로 본 이유는 바로 첫 번째의 재화의 증식에 있기 때문이다. 즉, 인구 증가 자체가 이익이 되는 것이 아니라, 인구의 증가로 인한 재화의 증가가 공동체에게 이익이라고 볼 수 있다. 그렇다면 재화가 느는 것과 형정이 잘 다스리는 것 사이에 무엇이 더 중요한 것인가 물을 수 있다. 그렇다면 형정이 무엇인가? 사실 『묵자』에는 이에 대한 자세한 설명이 없다. 흥미롭게도 공자는 형정刑政과 덕례德禮를 대비시킨다.

공자께서 말씀하셨다. 정政으로 이끌고, 형刑으로 가지런히 하면 백성들은 면하여도 부끄러움이 없다. 덕德으로 이끌고, 예禮로 가지런히 하면, 부끄러움이 있고, 바르게 함이 있다.[26]

흔히들 정政은 정령, 형刑은 형벌을 가리킨다고 한다. 공자가 보기

---

25. 『묵자』「비명」"古者王公大人 爲政國家者 皆欲國家之富 人民之衆 刑政之治."
26. 『논어』 2:3. "子曰 道之以政 齊之以刑 民免而無恥 道之以德 齊之以禮 有恥且格."

에 정령과 형벌은 결코 덕德이나 예禮와 같은 규범일 수가 없다. 덕례가 자발적 규범이라면 형정은 타율적 규범이 될 것이다. 혹은 구성적 규범이냐 규제적 규범이냐의 차이일 것이다. 덕례가 인간됨의 변형을 지향한다면, 형정은 행위의 교정만을 지향한다. 덕례가 수양의 틀이라면, 형정은 수양의 틀이 아니다.[27] 공자가 말하는 형정은 묵가의 형정과 다르다. 유가에게 형정은 오직 미래의 악을 예방하는 역할만 하지만, 묵가에게 형정은 도덕성을 함유한 것이다. 또한 묵가가 형정을 강조한 이유는 유가의 덕과 예가 지나치게 감정과 관습에 의지하기 때문에 올바름의 객관적 기준으로 삼기 힘들었다고 믿었기 때문이었다. 형정은 덕과 예와는 다르게 감정이나 관습에 의존하지 않고, 지도자의 판단, 그리고 공동체의 이성적 판단에 의해 새롭게 제정될 수 있다. 그것은 구체적인 것이다.

개술이라는 나라에서는 맏아들을 낳으면 갈라 먹으면서, (이는 다음 태어날) 동생에게 좋은 일이라고 말하고, 할아버지가 죽으면 할머니를 져다 버리면서, 귀신의 처하고는 같이 살수 없다고 말한다. …… 또 염인국에서는 부모가 죽으면 살을 발라버리고 뼈만 묻어야 효자라고 하고, 의거국에서는 부모가 죽으면 장작을 모아 화장을 하는데 연기가 오르는 것을 하늘나라에 오른다라고 말하고 그렇게 해야만 효자라고 한다. 이것으로 위에서 정치를 행하고 아래서는 풍속을 삼아, 그치지 않고 행하며, 유지하고 버리지 않는다. 이것이 어찌 진실로 인의의 도리이겠

27. cf. Kupperman (1999) 39.

는가? 이른바 습관을 적절하다 생각하고 습속을 옳은 것으로 여기는 것이다.[28]

올바름은 단순한 편의적인 것이 아니다. 오랫동안 해 왔기에 우리에게 익숙한 것이 올바름을 보장하는 것은 아니다. 올바름은 바로 올바름의 기준을 통해 정해져야 한다. 이런 점에서 형정의 다스림은 구체적인 기준을 통해 완성된다. 그것은 철저히 손익계산을 통해 그 정당성이 확보되어야 한다. 그리고 이때의 손익은 물론 물질적인 것일 것이다. 따라서 묵가에게 형정의 다스림 같은 정신적 이익이 더 중요한가, 아니면 재화나 인구 같은 물질적 이익이 더 중요한가와 같은 질문을 제기하는 것은 잘못일 것이다. 형정의 구조는 재화의 증대를 가져오는 구조이고, 형정의 다스림은 물질적 재화가 갖추어져 있는 상태를 의미할 것이다. 인구의 증가가 재화의 증대를 가져오기에 이익인 것처럼, 형정의 구조도 재화의 증대를 가져오기에, 이익이 된다. 묵가는 이처럼 물질적인 이익과 정신적인 이익을 구분하지만, 또한 이것들이 서로 대대적인 관계를 이루고 있다고 본다.

묵가의 이익이 단순히 물질적인 것이 아닌 이유는 형정 이외에도 묵가는 유가의 덕과 예를 연상시키는 인륜관계의 원만함 즉, 부모와 자식 간의 친애, 형제간의 우애, 군신간의 화목함 등을 이로움 내지 다스림의 상태로 보는 데에서도 보인다. 또한 『여씨춘추』 등을 통해 전해 내려오는 묵가의 거자 맹승과 관련된 고사에서도 정신적 이익도

---

28. 『묵자』「절장하」.

존중한 묵가의 태도를 볼 수 있다.[29] 그 고사에 따르면, 즉 양성군과의 약속을 지키기 위해 자신이 거느린 초나라 묵가가 전멸을 당하는 길을 택하는 맹승의 논리는 바로 이런 행위가 후대의 묵가에 대한 좋은 평판을 가능하게 하고, 따라서 이것은 묵가에게 이익이 된다는 것이었다. 심지어 아직 실행에 옮기지 않은 계획도 좋은 의도를 가진 것이 그렇지 않은 의도를 가진 것보다 더 이익이 되는 것으로 보았다.

이처럼 묵가는 의로움의 가장 핵심적 요소를 이익으로 봄으로써, 즉, 이로움을 적극적으로 의로움의 필요조건으로 집어넣음으로써, 유가의 감정주의와 관습주의로부터 벗어났다. 이로움이 의로움의 충분조건은 아니기에, 이로운 것이 모두 의로운 것은 아니다. 하지만, 이롭지 않은 의로움을 생각할 수 없다고 함으로써 보다 구체적인 길로 나아갔다. 유가는 한 번도 이런 방식으로 의로움을 규정해 본 적이 없다. 물론 의로움을 통해 이로움이 더 잘 확보된다든지 아니면 진정한 이로움은 의로움에서 온다는 방식으로 얘기하기는 했다. 하지만 유가에게 이익은 의로움을 추구한 결과 생겨나는 것이지, 한 번도 이것이 의로움의 본질적 부분을 차지하지는 않았다. 오히려 유가가 강조하는 것은 이렇게 대놓고 이로운 것을 추구하는 것이 가져올 폐해였다. 이익의 추구는 설사 공익이라고 하더라도 강조되어서는 안 될 것이었다. 이런 맥락에서 의로움과 이로움을 어떻게든 연결시켜 보려한 묵가와는 달리, 유가는 의로움과 이로움은 대개의 경우 서로 대치된다고 생각하였다. 유가 특히 신유학이 일종의 금욕주의로 해석되어 온

---

29. 『여씨춘추』「離俗覽」, "上德."

것은 그들이 바로 이런 대치를 선호했기 때문일 것이다.

물론 묵가에게서도 때로는 의로움과 이로움이 충돌되는 경우가 있었다.[30] 그러나 이것은 사욕과 의로움의 충돌이지, 이로움과 의로움의 충돌은 아니었다. 공익에의 추구가 바로 묵가가 생각하는 의로움의 추구였다.

묵가의 동기주의

묵가는 일반적으로 유가의 동기주의 내지 의도의 강조를 비판한 것으로 알려져 왔다. 즉 묵가가 유가와 달라지는 지점은 묵가는 도덕적 행위를 함에 있어서 단순한 의도가 중요한 것이 아니고, 실질적 성취가 중요하다고 생각했다는 것이다.

지혜가 있다는 것은 반드시 하늘을 존경하고 귀신을 섬기며 사람들을 사랑하고, 쓰는 것을 절약하여야 하는 것이니, 이것들이 합쳐져야 지혜가 있는 게 되오. 지금 당신은 말하기를 공자는 『시경』『서경』을 널리 알고, 예의와 음악에 밝고 만물에 대하여 자세하다고 하면서 천자가 될 수 있는 분이라 하였소. 이것은 남의 장부를 계산하면서 부자가 되었다고 생각하는 것과 같은 짓이오.[31]

묵가는 여러 곳에서 의도(지志)와 성취(공功)를 분별해야 한다고 한

---

30. 『묵자』「경주」

31. 『묵자』「공맹」

다.[32] 그렇게 분별한 이유는 성취를 꼭 구현해 보려고 했기 때문일 것이다. 그러나 묵가에 있어서도 의도는 여전히 중요하다.

> 무마자가 묵자에게 말하였다. "선생께서는 천하를 아울러 사랑한다 하지만 아직 그 이로움이 보이지 않습니다. 저는 천하를 사랑하지 않지만 아직 해로움이 보이지 않습니다. 결과가 모두 나타나지 않았는데, 선생께선 어찌하려 홀로 스스로는 옳다고 하면서 저는 그르다고 하십니까?" 묵자가 말하였다. "지금 여기에 불이 났다 합시다. 한 사람은 물을 들고서 그것을 끼었으려고 하고 있고, 한 사람은 불을 들고서 그것을 더 타오르게 하려 하고 있소. 결과는 모두 나타나지 않았지만 당신은 두 사람 중에서 누구를 귀하게 여기요?"[33]

묵가의 의도는 명확하다. 그는 단지 결과만 가지고 도덕성을 판단하는 것이 아니고, 결과를 지향하는 의도를 가지고 도덕성을 판단하겠다는 것이다. 이 때문에 묵가의 미덕은 단지 그 결과에서 성립하지 않고, 대상을 이롭게 하려는 의도와 대상을 이롭게 할 수 있는 능력에서 성립한다. 실제 결과는 미덕을 구성하지 않는다.[34]

---

32. 『묵자』「대취」.

33. 『묵자』「경주」.

34. 『묵자』「경상」「경설상」에서 정의된 효孝(효도)나 의義(의로움) 등등의 정의를 보면 이를 명확히 알 수 있다. 이 때문에 묵가의 윤리학설은 고전적 의미의 공리주의나 결과주의가 아니다. 나는 이를 '의도 공리주의' 혹은 '의도 결과주의'라고 부른다.

사욕의 조정으로서의 인의 수양

맹자의 반이익주의

맹자는 앞서 말했듯이, 이익을 추구하는 시도 자체를 자기 파괴적이라고 보았다. 자기 이익을 추구하는 시도는 결국 자기의 이익을 확보하지 못하는 결과를 낳기 때문이다.[35]

왕께서 어떻게 하면 내 나라를 이롭게 할까 하시면, 대부들은 어떻게 하면 내 집안을 이롭게 할까 하며, 사士·서인庶人들은 어떻게 하면 내 몸을 이롭게 할까 하여, 윗사람과 아랫사람이 서로 이利를 취한다면 나라가 위태로울 것입니다. 만승의 나라에 그 군주를 시해하는 자는 반드시 천승을 가진 공경의 집안이요, 천승의 나라에 그 군주를 시해하는 자는 반드시 백승을 가진 대부의 집안이니, 만승에 천승을 취하며, 천승에 백승을 취함이 많지 않은 것은 아니지만, 만일 의義를 뒤로 하고 이利를 먼저 하면 모두 빼앗지 않으면 만족해하지 않습니다.[36]

이 글은 어떻게 보자면 의로움의 궁극적 동기가 사익일 수 있다는 점을 보여주기도 한다. 하지만 동기의 중요성을 강조하는 맹자의 입장, 혹은 유가 일반의 입장에서는 이로움은 동기가 아니라 의로운 행위의 결과라고 보아야 한다. 다시 말해 이로움을 얻기 위해 의로움을

---

35. 사실 이 점은 『묵자』「경주」편에서 묵가도 공감한다.

36. 『맹자』「양혜왕상」.

행한다기 보다는 의로움이 의로운 것이기 때문에 했는데, 그 행위의 부산물로 이로움이 따른다고 이해하는 것이 더 정합적일 것 같다. 오랫동안 맹자가 칸트의 의무론적 윤리론으로 해석되어온 이유가 여기에 있다.[37] 니비슨David S. Nivison은 패자가 되고 싶은 제후들에게(즉 이익을 얻고 싶어 하는 제후들에게) 인정을 권한 맹자의 행위는 적어도 맹자가 궁극적 이기의 동기를 가지면서도(즉 패자가 되고 싶음), 인자한 마음으로 인자한 행동을 할 수 있음을 용인하는 어려움을 보여준다고 했다.[38] 즉, 궁극적 이기의 동기를 갖는 사람이 취한 인자한 마음이 위선이 아니라고 어떻게 말할 수 있겠는가라고 문제를 제기할 수 있을 것이다.[39] 그러나, 나는 이러한 니비슨이 보여준 맹자의 어려움은 맹자와 같은 동기주의자들이라면 누구나 가지는 어쩔 수 없는 이론적 어려움이라고 본다. 사실 궁극적 앎이 완벽한 동기에서 이루어진다고 한다면, 어느 정도의 시행착오를 거쳐 우리의 동기가 순수해진다는 것을 받아들여야 하지 않겠는가? 다시 말해 처음 패자가 되고 싶은 제후가 (처음에는 의도적으로) 인자한 심정으로 인자한 행동을 하였지만, 점차 자신의 원래 동기인 패자가 되고 싶음이 (명실 공히 참된) 인자한 심정으로 전이되고, 그럼으로써 마침내 참다운 인자한 행위 즉 '인자한 심정으로 하는 인자한 행동'을 할 수 있게 된다고 이해해야 하지 않을까?

---

37. 이러한 입장의 대표적인 학자가 대만과 홍콩에서 활약한 모종삼이다.

38. Nivison (1996), 107.

39. 니비슨은 위의 책에서 몇 가지 해결방안을 제시한다. Nivison (1996) 106-108.

맹자의 사욕긍정

그런데 여하간 공개적으로 이익을 추구하는 시도를 자기 파괴적으로 본 맹자가 사실 왕도정치를 방해하는 지도자의 사욕에 대해 약간은 긍정하게 되는 상황은 어떻게 생겨나는가? 제선왕은 왕도정치를 권하는 맹자에게 자신은 그런 이상적 정치를 할 수 있는 재질을 가진 존재가 못되고, 그저 세속적인 사욕을 추구하고 싶을 뿐이라고 한다. 여기서 제선왕이 든 세속적 욕심의 예는 세속적 음악을 즐기고, 패자가 되고 싶고, 호화로운 궁전에서 거처하고 싶고, 재물과 여색을 좋아하는 것이다.[40] 흔히들 생각하는 유가의 태도로 본다면 맹자는 당연히 이런 사욕을 거부하고 바로 인의의 감정으로 인의의 행동을 하기를 강권할 것이다. 그러나 맹자는 일단 제선왕의 사욕에 대해 긍정한다. 그리고 나서 맹자는 왕의 사욕 그 자체는 아무 문제가 없고, 문제는 그것을 다른 사람과 공유할 수 있느냐(여민동락與民同樂)에 있다고 덧붙인다.[41]

(제선) 왕께서 일찍이 장포에게 음악을 좋아한다고 말씀하셨다하오니 그런 일이 있습니까? 왕이 얼굴빛을 변하고 말씀하였다. 과인은 선왕의 음악을 좋아하는 것이 아니라, 다만 세속의 음악을 좋아할 뿐입니다. 맹자께서 말씀하셨다. 왕께서 음악을 좋아하심이 심하시면 제나라는 거의 다스려질 것입니다. 지금 음악이 옛 음악과 같습니다. …… 홀로 음악을

---

40. 『맹자』「양혜왕하」.

41. 『맹자』「양혜왕하」 참조.

즐김과 다른 사람과 음악을 즐김이 어느 것이 더 즐겁습니까? 남과 더불어 하는 것만 같지 못합니다.[42]

사욕과 성인의 욕구의 차이는 단지 그것을 다른 사람에게도 허용하게 하느냐, 아니면 혼자에게만 허용하느냐의 차이이다. 흔히 사욕을 개인의 즐거움과 연관시키는 통념과 달리, 맹자가 동락을 강조하는 것에 우리는 주목해야 한다. 이것은 우리로 하여금 맹자에게는 두 가지 종류의 감정이 있는 것과 마찬가지로[43] 두 가지 종류의 즐거움이 있다는 점을 깨우쳐 주는 것 같다. 감각적 즐거움과 정신적 즐거움 말이다. 그런데, 사실 홀로 음악을 즐기는 것 보다 다른 사람과 음악을 즐김이 더 즐거운 것은 제선왕도 동의하는 바이다. 성인의 즐거움은 결코 성인이 되어야만 느끼게 되는 즐거움은 아니라는 말이다. 물론 맹자는 용기를 좋아한다는 제선왕의 말에 그 용기를 좀 더 키우라는 이야기를 한다.[44] 이것도 얼핏 보면 두 가지 종류의 용기를 가리키는 것 같지만, 맹자의 전체적인 취지는 보통의 사욕과 성인의 욕구 사이에는 생각만큼 커다란 본질적 차이는 없다는 것이다. 맹자는 생각보다는 쉽게 두 감정과 두 즐거움을 동일성의 관점에서 바라보려고 한다. 사실 조선시대의 대표적 논쟁인 사단칠정 논쟁의 관점에서 바라본다면, 맹자의 입장은 사단과 칠정의 유사성이나 연속성을 강조한

---

42. 『맹자』「양혜왕하」.

43. 육체적 감정과 도덕적 감정을 말한다. 주 23 참조.

44. 『맹자』「양혜왕하」.

입장과 비슷할 것이다. 여하간 사단이 그저 자연적 감정과는 전혀 별개의 감정이 아니라, 그 자연적 감정의 표출방식에서 약간의 차이가 나는 것과 마찬가지로, 성인의 감정은 자연적 감정의 극복이라기보다는 자연적 감정의 조정이라고 보아야 할 것이다. 맹자의 사욕 극복이 그 사욕의 조정에 불과하다는 주장이 바로 여기서 나올 수 있고, 이것이 바로 맹자가 수양을 강조하는 지점이다.

묵가와 맹자의 타협

묵가의 사욕극복 방식과 맹자의 사욕극복 방식은 정말 타협하기 불가능한 것일까? 맹자의 수양의 방법과 묵가의 지성의 운용은 정말 양립하기 어려운 것인가? 맹자의 사욕조정과 묵가의 사욕배제는 다른 것인가? 그렇지 않은 듯하다. 묵가는 사실 성인이나 인인이 도덕적 행위를 할 때, 극렬한 감정이나 관습에 호소하는 것을 배격하지만, 그러나 그에게서도 사욕의 감정이나 관습은 결국 그 자체는 악이 아니었다. 다만 대다수의 사람이 최소한의 생존권도 보장받지 못하는 당시의 상황에서 화려한 음악이나 의식을 수행한다는 것이 세상에 커다란 손해를 끼치는 것이란 판단에서 배척했을 뿐이다. 사실 묵가에게도 음악은 즐겁다. 묵가도 인간인 이상 감정적으로는 쾌락이 있을 것이다. 의례, 의식도 그러했을 것이다. 그러니 후대의 묵가인 이지가 묵가의 박장의 교설에도 불구하고, 자신의 부모를 후장하고, 그것을 변명하지 않았겠는가?[45] 그러나 그것들이 즉 후장, 음악, 의례가 근검

---

45. 『맹자』「등문공상」.

절약했던 성왕들의 일과 부합되지 않고(본本), 상식적이지도 않았고(원原), 백성들의 실용적 이익과 부합하지 않았기에(용用) 이에 비난했던 것이다.[46] 음악이나 의식이 만약 백성들의 이익에 부합하였다면 혹은 상충되지 않았다면, 그것들을 비난하지 않을 수 있었다. 다시 말해서, 상황이 조금 좋아져서 백성들이 최소한의 의식주의 생존문제가 해결된다면, 음악이나 의례의 즐거움은 결코 세상의 이로움에 배치되는 것이 아닐 것이다.

묵가에 있어서 지성은 손익계산을 하는 것이었다. 올바른 행위는 바로 이 손익계산 후에 욕구를 따르는 것이다.[47] 사실 묵가에게 있어서 혼란의 의미는 바로 욕망(욕欲)과 결과(득得)의 불일치였다. 묵가는 이렇게 묻는다. 우리는 기본적으로 이익을 원하는데, 왜 해로움을 얻게 되는가?[48] 맹자 같으면, 우리의 욕구나 감정이 가지는 비합리성, 충동성을 이야기 할 텐데, 지성을 강조하였던 묵가는 그 질문에 대해 우리가 충분히 손익계산을 하지 못하기 때문이다라고 대답한다. 즉 우리가 충분하게 지성을 사용하지 못해서 우리의 욕구와 실제 상황이 차이가 난다는 것이다. 이런 욕구와 상황의 갭을 줄일 수 있는 것은 욕망을 컨트롤할 수 있는 지성의 운용이다. 이렇게 본다면, 묵가는 우리가 지성을 충분히 사용하지 못했을 때 가지게 되는 욕구는 사실은

---

46. 본本(역사적 전거), 원原(상식적 지식), 용用(실용성)의 판단기준이 바로 이른바 묵가의 三表(세 가지 기준)이다.『묵자』「비악상」.

47. 『묵자』「경상」. "爲 窮知而縣於欲也." [위爲(목표)는 앎을 다하고서, 욕구에 따르는 것이다.]

48. 『묵자』「비명」;「친사」. "失其所欲 得其所惡."

우리가 욕구하는 것이 아니고, 우리의 욕구는 우리가 가지게 되는 상황과 연계된 것이다라고 믿는 것이다.

천하 사람들은 누구나 그가 좋아하는 것을 흥하게 하고, 그가 싫어하는 것은 없애려 합니다. 지금 당신은 어떤 고을에 용사가 있다는 말을 들으면 반드시 좇아가 그를 죽이고 있으니, 이것은 용감한 것을 좋아하는 게 아니라 용감한 것을 싫어하는 것입니다.[49]

왜 사람은 행복해지지 않는가? 대체로 사욕이라고 말을 한다. 그러나 묵가는 사욕이 문제가 아니라 지성이 사욕을 컨트롤하지 못하는 것이 문제라고 본다. 이렇게 본다면 묵가에게 있어서 오직 지성을 통해 욕구되는 것만이 자신이 진짜 원하는 것이다. 즉, 묵가는 유가처럼 알고도 행동하지 못하는 이유가 있다고 생각하지 않았다. 그들은 마치 서구의 주지주의자 혹은 주의주의자와 마찬가지로 의지와 지식이 함께 감정을 컨트롤한다고 보았다. 「상현」편에서도 묵가의 주지주의主知主義적인 면과 주의주의主意主義적인 면을 볼 수 있다.

그러므로 옛날에 성왕이 정치를 할 적에 다음과 같은 말을 하였다. "의롭지 않은 자는 부하게 해주지 말고, 의롭지 않은 자는 귀하게 해주지 않고, 의롭지 않은 자는 친하게 지내지 않고, 의롭지 않은 자는 가까이하지 않아야 한다" 그래서 나라의 부귀한 사람들은 이 말을 듣고서 모

---

49. 『묵자』 「귀의」.

두 물러나 의논하였다. "처음 우리가 믿고 있었던 것은 부귀였다. 지금 임금님께서는 의로운 사람이면 가난하고 천한 것도 가리지 않고 등용하고 계시다. 그러니 우리도 의로움을 행하지 않을 수가 없다."[50]

여기서 부귀한 사람들이 무엇이 이익이 되는 지를 살피고 나서, 이제 의로움을 행하는 것이 가장 이롭다고 생각해서 의로움을 행한다고 말하는 부분을 보자. 여기서 '의로움을 행하는 척 한다'고 하지 않고, '의로움을 행한다'라고 하는 것이 중요하다. 묵가는 맹자가 보여주는 역설적 사고 즉 근원적 동기에 있어서는 이기적이어도 이것이 의로운 행동 (적절한 감정을 수반하는 행동)을 하는 데에 방해가 되지 않는다는 사고를 이미 하고 있었다. 여기서 먼저 알게 된 선각자가 백성들을 설득하고, 혹은 협박하는 것이 정당화된다. 설사 협박을 당하더라도 무엇이 이익이 되는지를 알고 선택을 하면, 얼마든지 우리의 의도나 의지가 거기에 따라간다는 사고를 하였다는 것이다. 묵가의 지성의 운용도 어떤 점에서는 의도 내지 의지에 의해 이끌려지고 따라서 이러한 의도 내지 의지에 의해 혹은 지식에 의해 이루어지는 동기부여가 중요하며,[51] 또한 그리고 지성의 판단 후의 욕구는 바로 그 지성의 영향을 받아 형성될 수 있다는 믿음을 묵가는 가지고 있었다고 볼 수 있다. 이 점에서 신광래는 상당히 흥미로운 주장을 한다.

---

50. 『묵자』「상현상」.

51. 『묵자』「경주」.

묵자의 이상을 실천하기 위해, 사람들은 자주 접촉하는 사람들 특히 직접적인 가족 구성원들에 대한 애정을 키우는 것에서부터 시작해야 한다. 이렇게 하고 난 후, 묵가의 교리에 따라, 가족 구성원에 대한 애정으로부터 이전에 전혀 접촉이 없었던 사람들까지 포함한 타인들에 대한 애정으로 확대할 수 있다. 직접적인 가족 구성원에 대한 애정을 키우기 위해, 그런 애정을 가진 사람이 행동하는 방식대로 행동할 수 있다. 그렇게 행동하는 것은 감정과 정서에 피드백 효과를 가져올 것이고, 그렇게 해서 그런 애정의 발달을 촉진시킬 수 있다. 부모를 후하게 장례 치르는 것은 그런 종류의 행동일 수 있다. 돌아가신 부모님을 추억하는 것뿐 아니라 아직 생존한 다른 가족 구성원에 대해서도 애착의 느낌을 강화시킬 수 있기 때문이다. 따라서, 부모에 대한 사치스런 장례는 그 자체로 겸애의 실천을 촉진시키는 역할을 한다는 점에서 정당화될 수 있다.[52]

위의 글에서 신광래는 묵가 이지가 부모로부터 사랑의 베풂을 시작하는 것이 유가처럼 부모에 대한 특별한 감정이 있기 때문이 아니라, 그야 말로 무차별적 겸애를 달성하기 위해서 억지로 마치 그런 감정이 있는 사람처럼 부모에게 잘 하기 시작하는 것으로 묘사한다. 이렇게 억지로 함으로써 피드백 효과에 의해 감정이 생겨나고 그로부터 겸애를 할 수 있는 동력을 갖게 된다는 이야기다. 이 주장의 가정은 묵가는 자기애는 있을지 몰라도 적어도 부모에 대한 사랑은 억지

---

52. Shun (1997), 131-2.

로 해서 갖게 되는 것으로 보았다는 것이다.[53] 이것이 맹자가 인자함의 내재적 감정을 획득하기 위해 처음에는 의도적으로 노력하는 것과 무슨 차이가 있을까?

맹자의 도덕은 그것이 감정에 기반한 것이 아니면, 성립이 될 수 없었다. 이른바 맹자는 왜 우리가 도덕적 행위를 해야 하는가 즉 왜 우리가 사익을 추구하는 행위를 하지 않아야 하는가라는 질문에 그것이 우리의 본성 때문이다라고 하였다. 그러나 이미 양주가 지적하였듯이 우리의 육체적 본능도 본성이 아니든가? 맹자도 이를 인정한다:

맛에 대한 입의 관계, 아름다움에 대한 눈의 관계, 소리에 대한 귀의 관계, 냄새에 대한 코의 관계, 편안함에 대한 사지의 관계는 우리의 성性에 속하지만, 그 속에는 명命이 있다. 군자는 이것을 성이라 하지 않는다. 아버지와 아들에 대한 인仁의 관계, 군주와 신하에 대한 의義의 관계, 손님과 주인에 대한 예禮의 관계, 어진 사람에 대한 지知의 관계, 천도에 대한 성인의 관계는 명에 속하지만, 그 속에는 성도 있다. 군자는 이것을 명이라고 하지 않는다.[54]

---

53. 약보적자나 겸애는 이렇게 해서 최종적으로 갖게 된 윤리적 태도이지, 원래부터 있던 성향이 아니다. 이 점이 이지의 약보적자의 의미이다. 이것은 사단과 같은 무차별적 경향성을 긍정한 것이 아니다.

54. 『맹자』「진심하」 "孟子曰 口之於味也 目之於色也 耳之於聲也 鼻之於臭也 四肢之於安佚也 性也 有命焉 君子不謂性也 仁之於父子也 義之於君臣也 禮之於賓主也 智之於賢者也 聖人之於天道也 命也 有性焉 君子不謂命也."

맹자가 육체적 욕구와 도덕적 욕구를 둘 다 성性 (본성)과 명命 (운명)의 요소를 가진 것으로 보았으면서도, 하나는 성으로, 하나는 명으로 일컫는 것은, 성과 명의 차이 때문이다. 성과 명은 둘 다 천에 의해 주어진 것이면서도, 전자는 우리의 노력에 의한 변형의 가능성을 가진 것인 반면, 후자는 그렇지 않기 때문이다. 전자가 더 중요한 것은 이것이 우리의 노력에 의해 바뀔 수 있는 것이면서, 오직 이것만이 인간과 동물을 차이지울 수 있기 때문이다. 군자는 성의 이런 측면을 보아, 도덕적 욕구와 관련된 욕구만을 성이라고 불렀던 것이다. 맹자의 성개념은 이처럼 주어진 것이라는 의미보다는 바꿀 수 있는 것, 그리고 인간만이 가지고 있는 본질적인 것이라는 의미를 가지고 있다. 충동적인 것이 아니라, 사려에 의해 성립되는 성질에 맹자는 주목했던 것이다. 사단이 중요하지만, 사실 더 중요한 것은 그 사단의 싹을 확장시키는 권權(잼), 탁度(헤아림), 사思(생각함)의 심心(마음)의 추론 (추은推恩)능력이라는 것이다.[55] 맹자는 물론 앞에서 다룬 이지에 대한 비판에서,[56] 이지의 이성적 태도를 비판하였다. 즉 다시 말해서 맹자는 다음과 같이 묻는다. '이지는 정말로 형의 아이에 대한 사랑이 이웃집 아이에 대한 사랑과 같다고 생각하는가'라는 물음을 통해, 맹자는 이지의 입장이 우리의 자연적 감정에 기반하고 있지 않음을 지적하고 있다.[57] 맹자의 입장은 도덕은 그 정당성과 추동력에 비추어 보

---

55. 『맹자』「양혜왕상」.

56. 『맹자』「등문공상」.

57. Ibid.

앉을 때, 인간의 감정과 같은 자연적 사실에 기반해서 세워야 한다는 것이다. 맹자는 또한 이를 매장의 도덕적 관습에 대한 사유실험thought experiment[58]을 통해 보이려 하였다. 그에게 있어서, 매장이라는 도덕적 관습은 그것이 자신의 부모의 시신에 대한 것이었기에 자연스럽게 이루어진 것이라고 말한다. 이 말은 아마도 전혀 모르는 사람의 시신이 길거리에 방치되었더라면, 어쩌면 매장이라는 도덕적 풍습이 생겨나지 않았을 것임을 함축한다. 매장의 정당화는 바로 자신의 부모의 시신을 보았을 때, 즉각적으로 이뤄진 반응에 기반해서 생겨났다. 길거리에 버려진 부모의 시신이 짐승이나 벌레에 의해 손상되는 모습을 도저히 참을 수 없어서 부모의 시신을 매장하기 시작했다는 것이다.

그 이마에 땀이 맺히고, (그 시신을) 흘겨보고 제대로 쳐다보지 못했다. 무릇 이렇게 땀이 난 것은, 남들에게 보여주기 위해 난 것이 아니요, 마음 안의 감정이 얼굴에 드러난 것이다. 그는 집으로 돌아가서 들 것을 가져와서 그 시신을 매장했다. 매장하는 것이 진실로 맞다면 효자와 인인이 그 부모를 매장하는 것은 역시 그 도리가 있는 것이다.[59]

사실 앞서 지적하였듯이, 이러한 이야기는 매장이라는 도덕적 관습

---

58. 사유실험은 종종 역사적 사실을 찾으려는 것이 아니고, 이론적 정당화를 위해서 행해진다.

59. 『맹자』「등문공상」 "其顙有泚 睨而不視 夫泚也 非爲人泚 中心達於面目 蓋歸反蘽 梩而掩之 掩之誠是也 則孝子仁人之掩其親 亦必有道矣."

이 어떻게 출현했는지에 관한 역사적 사실을 말한다기보다는, 매장의 도덕적 관습이 어떤 토대와 동기부여를 가지고 생겨났는지에 대한, 즉 도덕적 관습의 정당화와 동기부여의 문제를 다룬 것이다. 맹자의 매장에 대한 이야기는 자연적 감정이 도덕적 관습의 정당화와 동기부여에 관여한다는 점을 드러낸다. 이런 부모에 대한 친친의 감정을 다른 사람의 부모나 형제의 시신에게로 확대시킨 것이 매장이라는 도덕적 관습의 토대라는 것이다.[60] 도덕적 관습의 근원에 우리의 자연적 감정이 있다는 것은 유가의 도덕적 정당화 혹은 동기부여가 기본적으로 감정을 통해서 이루어진다는 사실을 보여준다. 그러나 감정만으로 도덕적 관습이 정당화되거나 동기부여 되지는 않는다. 오히려 친친의 감정이 온전한 도덕으로 발전하기 위해서는 입장을 바꿔서 보는 恕의 이성적 원리나 실천적 이성이라고 할 수 있는 권權의 원리를 인정해야 한다. 부모에 대한 매장의 풍습은 감정에서 나왔다. 맹자는 그것을 가지고 매장의 도덕적 풍습을 정당화하려고 하였다. 그것은 의심할 바가 없다. 하지만 정말 이 친친이 절대적인 것일까? 나아가 맹자가 강조한 사단의 보편적 도덕심이 정말 절대적인 것일까? 군자가 푸

---

60. 사회적 자선의 도덕적 관습도 당연히 자신의 혈족에 대한 보살핌을 확장해서 나온 것이라고 할 것이다. 그러나 측은지심은 친친의 확장이 아니라, 처음부터 보편적이었던 것이 아닌가? 따라서 측은지심이나 그 발현이 친친으로부터 나왔다는 유가의 입장은 규범적 선언이지, 그 진위를 옹호할 수 있는, 즉 정당화시킬 수 있는 주장이 아니다. 그럼에도 요점은 친친이나 사단이나 다 그 자체보다는 확장에서 그 도덕적 가치를 찾아야 한다는 것이다.

줏간을 멀리해야 한다[61]는 맹자의 말은 사실 사단 중의 측은지심이 항상 올바른 행동에로 우리를 이끌지 못함을 보여준다. 사실 희생에 쓸 소를 희생에 쓰지 못하게 한 제선왕의 행위는 매우 잘못된 것일 수 있었다. 제선왕의 측은지심은 사실 그대로 표출되어야만 하는 것이 아니라 예법을 위해 눌렀어야 할 것이었다. 이렇게 본다면, 맹자의 사단도 지성적 판단에 의해 그 적절성이 평가되어야만 하는 것이다. 사단의 수양이란 혹은 자연적 감정의 조정이란 결국은 지성적 판단의 개입이라고 할 수 있다. 맹자가 그려내는 사단과 혹은 윤리적 선의 행위는 단순한 감정에 머무를 수 없다. 거기에는 적절성이라는 이성의 요소가 깊숙이 배어있어야 한다. 일반적으로 후대의 유가 전통은 즉 신유학 전통에서는 순수한 감정과 어떤 편견을 가진 의도나 욕심을 구분하지만,[62] 그러나 사실 순수한 감정도 우리의 지성에서 완전히 자유로운 감정이 아니다. 순수냐 아니냐는 이미 평가가 전제된 것으로, 이미 이성이 개재된 감정이기 때문이다. 이것은 사실 묵가가 말한 도덕적 행위란 우리의 지성을 다한 후에 욕망을 따르는 것이다라고 말한

---

61. 『맹자』「양혜왕상」. 사실 이 부분은 도덕적 감정의 정상적 발전을 위해서는 적절한 주위 환경이 필요하다는 것과 이 적절한 주위 환경의 마련을 위한 고려는 사단과는 다른 이성적 숙고의 능력임을 말해주고 있다.

62. 『朱子語類, 卷五 性理二』, 82조목. "정情은 본성이 발한 것이다. (중략) 정情은 이렇게 발하는 것이고, 의意는 이렇게 되어야 한다고 주장하는 것이다. 예컨대 그것을 사랑하는 것은 정情이며 그것에 나아가서 사랑하려고 하는 까닭이 의意이다. 정情은 마치 배나 수레와 같으며 의意는 마치 사람이 그 배나 수레를 부리는 것과 같다."(曰 情是性之發 情是發出恁地 意是主張要恁地 如愛那物是情 所以去愛那物是意 情如舟車 意如人去使那舟車一般."

것과 매우 유사해진다.[63] 신유학이 너무나 당연시한 정情과 의意의 구분도 절대적이라기보다는 그 공동체의 공적인 절차를 통해 확정될 수밖에 없는 취약성을 지닌다.

우리는 묵가와 맹자가 추구한 이상적 정치질서를 구현하는 것에서 묵가와 맹자가 공히 사욕을 주요 방해요소로 보았음을 살펴보았다. 또한 공히 혼란된 정치의 원인을 주로 지도자의 사욕에서 찾았음도 알 수 있었다. 이러한 사욕을 극복하는 과정으로 묵가는 겸애라는 이성적 관점을, 맹자는 어떤 이기적 편견도 없는 순수한 감정의 회복에 주목하였다. 맹자의 입장은 이른바 양심의 회복이라고 할 수 있다. 이러한 묵가와 맹자의 두 가지 접근방식을 우리는 각각 '지성의 운용'과 '수양'이라고 볼 수 있다.

그러나 묵가의 지성의 운용에서, 욕구나 감정은 비록 지성의 통제를 받는 것들이지만 여전히 우리로 하여금 행위를 하게 하는 요소이다. 묵가는 우리의 의도를 강조함으로써 감정을 도덕의 영역에서 완전히 배제하지 않았다. 또한 수양을 강조한 맹자는 손익계산보다는 순수한 도덕적 감정을 강조하였다. 그는 공자와 마찬가지로 적절한 감정이 뒷받침된 행위만이 도덕적 행위라고 보았다. 하지만 그가 강조한 친친이나 사단의 감정도 이미 이성적 요소가 개재되어 있다고 할 수 있다. 또한 친친이나 사단은 사思나 권權 같은 지성적 활동이 반

---

63. 물론 맹자의 사단에 내재된 도덕적 이성이 과연 묵가의 손익계산적인 지성과 같은 것이냐에 의문을 제기할 수도 있을 것이다. 그러나 나는 이 둘 사이에 차이점보다는 강한 유사성이 있다고 생각한다.

드시 필요하다고 보는 점에서 묵가의 지성적 접근에 상당히 수렴한다고 할 수 있다.

결국 맹자가 되었건, 묵가가 되었건, 사욕이란 한 번에 해소되는 것이 아니고, 오랜 시간을 들여 매일 노력하는 가운데 극복될 수 있는 것이다. 감정에 의해 성립되는 것이 아니고, 매일 매일의 삶에서 어떤 자세로, 어떤 태도로, 어떤 판단을 내리며 사느냐가 중요한 것이다. 맹자와 묵가의 시도는 의도를 가지고, 지성적으로 판단하는 것이나, 적절한 감정을 지니고 행동하는 것 등이 사욕극복의 과정에 둘 다 필요함을 잘 보여준다.

6장

결론

이 책은 유가의 인仁과 묵가의 겸애兼愛에 대한 비교 연구를 수행하였다. 유가의 인과 묵가의 겸애에 대한 비교 연구는 기존의 연구가 주로 유가의 입장 특히 맹자의 입장만을 반영하는 불공정한 것이었다는 인식하에 시작되었다. 또한 유가와 묵가의 윤리이론을 그저 유가의 덕이론과 묵가의 결과론 내지 공리론의 차이라고 보는 최근의 견해[1]에 대해서도 불만족스럽다는 생각으로 진행되었다.

먼저 첫 번째 불만도 두 가지 점으로 나누어 말해볼 수 있을 것이다. 하나는 묵가의 겸애가 무차별적 사랑이라는 주장을 가리킨다. 이것은 맹자가 그렇게 규정한 이래로 동아시아 전통에서는 묵가의 사상으로 당연히 받아들여지고 있던 생각이었다. 이에 대해 묵가의 「겸애」편은 묵가 또한 차별성을 가진 사랑을 무시하지 않았다는 사실을

---

1. 대표적으로는 Van Nordern (2007)이 있다.

보여준다. 다른 하나는 묵가의 겸애가 무차별애라는 앞의 견해에서 따라 나오는 것으로, 지나치게 묵가의 입장을 상식선에서 받아들이기 힘든 것으로 만드는 것이다. 사실 묵가의 겸애는 생각만큼 우리가 감당하기 힘든 이상한 주장이 아니다. 마찬가지로 자신의 부모를 사랑하는 마음을 확장함으로써 자연스럽게 타인을 사랑할 수 있게 된다는 유가의 주장도 생각만큼 지극히 당연하고 자연스러운 것은 아니다. 물론 유가가 주장하는 것이, 인간이 구체적으로 자신과 가까운 사람과의 교류로부터 무언가 우리의 감정을 구체적으로 발전시키는 기회를 얻게 된다는 점을 가리키는 것이라면 얼마든지 받아들일 수 있다. 그렇지만 그 가까운 사람이 반드시 부모여야 한다든지, 혹은 타인에 대한 사랑이 반드시 가까운 사람에 대한 특별한 감정의 확장을 통하여야 한다든지, 아니면 그 확충이라고 하는 것이 쉽게 이루어질 수 있는 그것이라든지 하는 주장들은 반드시 설득력이 있는 것들은 아니다. 묵가의 겸애 주장이 강조하듯이 타인에 대한 보편적 관심이나 사랑은 가까운 사람에 대한 특별한 감정과 처음부터 그 기원에 있어서 다를 수 있다. 예컨대 아리스토텔레스가 말하듯이, 이성의 보편적 체계인 국가의 법을 통해 위로부터 인간의 도덕의식은 계발될 수 있다.[2]

인과 겸애에 대한 기존 연구에 따르면, 인은 성격을 나타내는 덕성이고, 겸애는 덕성이라기보다는 불편부당의 평등적 행위를 지향하

---

2. 아리스토텔레스는 스파르타의 경우를 예시로 한다. Aritotle, Nicomachean Ethics. X.9, I864-65.

는 결과주의적이며 공리주의적인 행위규칙이라고 한다. 그러나 공자나 맹자의 덕성들이 그 결과에 대한 고려를 하지 않는 행위자의 단순히 의도나 행위자의 성격에만 국한되는 것인지는 의심스럽다. 마찬가지로 겸애도 단순한 행위규칙을 가리키는 것 이외에 그와 연관된 내면적 성격, 즉 특별히 지성적 덕성과도 밀접한 연관을 가진다고 할 수 있을 것이다. 즉 묵가는 윤리적 덕성은 아니지만, 여전히 다른 차원의 덕성, 즉 지성적 덕성의 측면을 강조하고 있다고 할 수 있을 것이다.

이 책은 먼저 이성과 감정의 개념을 통해 인과 겸애를 해명해 보았다. 물론 이것은 인은 감정이고, 겸애는 이성이라는 이분법이 아니다. 본문에서 살펴보았듯이 인은 자연스러운 본능이나 불안정한 상태의 감정이 아니라, 노력을 통해 이룩해야 할 하나의 덕성으로서 단순한 순간적 감정에 머물 수 없고, 안정적인 상태의 이성적 요소를 포함하고 있다. 마찬가지로 겸애도 단순한 이익계산의 태도를 넘어서, 그것을 실행하기 위한 동기부여의 감성적 요소가 게재되어 있다고 할 수 있다. 적어도 감정에 대한 고려가 있었다고 볼 수 있다. 그러므로 인과 겸애의 차이는 좀 더 세심하게 이루어져야 한다. 그럼에도 일단 이성과 감정의 차이를 통해 인과 겸애를 비교하여 볼 수 있다. 예컨대 이성과 감성을 사용해서 인과 겸애를 이야기하는 것은 가족 즉 친족에 대한 감정을 도덕과 관련해서 어떻게 보느냐의 관점 차이를 드러내는 방식이다.[3] 먼저, 감정의 관점이 혈연에 대한 정을 도덕의 근거로 보는 관점이라는 것, 그리고 이성의 관점은 그것을 거부하는 관점

---

3. 앞서는 관습을 벗어나는 것을 묵가의 이성적 태도라고 지적했다.

이라는 것을 생각해야 한다. 그러나 묵가의 겸애가 단순히 이성적 입장이기에 효를 거부하고, 유가의 인은 감정적 입장이기에 효孝를 옹호하는 것은 아니다. 적어도 그 행동에 있어서 묵가의 겸애나 유가의 인은 효를 지지할 수 있다. 아니 지지하고 있었다. 묵가의 겸애와 인은 그 효를 어떠한 관점에서 바라보아야 하는 지를 보여주는 개념이라고 할 수 있다. 묵가의 겸애의 이성의 관점은 반드시 전체에 대한 사랑 (혹은 타인에 대한 사랑)[4]이 가족에 대한 사랑으로부터 출발해야 한다는 점을 부인한다. 우리는 얼마든지 처음부터 전체 (혹은 타인)에 대한 관심을 가질 수 있다. 일종의 영원의 상에서 사물을 바라보는 것과 같은 것이다. 혹은 본문에서도 지적하였듯이 전체에 대한 사랑이 부모나 친지와 같은 가족에 대한 사랑부터가 아니라, 이웃사촌, 혹은 친한 친구에 대한 사랑으로부터 출발할 수도 있다고 본다. 반면, 유가의 인의 감성의 관점은 부모나 친지와 같은 혈연적 친족에 대한 감정의 인지나 특정한 상황에서의 특별한 사람들에 대한 인지가 윤리적 행동을 하는데, 결정적이라고 생각했다고 볼 수 있다. 이것은 도덕행위나 도덕적 판단에 있어서 감정의 역할을 강조하는 현대의 도덕 심리학이나 덕이론과 유가윤리가 공명하는 부분이다.[5] 그래서 유가는 관습과 가족에 그렇게 목을 맨 것이다. 그러므로 유가의 인과 묵가의

---

4. 왜냐하면 타인에 대한 사랑이 자신에 대한 사랑을 부정하는 것이 아니므로, 타인에 대한 사랑의 강조는 전체에 대한 사랑으로 볼 수 있다.

5. 물론 나중에 다루겠지만 감정과 도덕의 관계에 있어서 감정의 역할은 정당화의 관점에서의 근거와 동기화의 관점에서의 동인이라는 두 가지 차원에서 말할 수 있겠다.

겸애의 차이는 구체적 행위에서보다는 그 행위를 어떤 관점에서 바라보느냐에 따라 나뉜다고 보는 것이다. 본문에서는 또한 도덕적 행위의 토대와 수양의 방법에서의 견해 차이로 묵가의 겸애와 유가의 인을 설명했다. 적어도 이런 메타적 관점에서의 감정과 이성의 차이가 유가의 인과 묵가의 겸애의 차이로 말해질 수 있다. 이런 감정과 이성에 입각한 유가와 묵가의 도덕이론에서의 차이를 볼 때, 유가의 강점은 어떻게 성인이 될 수 있느냐의 문제에 (즉 개인적 접근), 묵가의 강점은 어떻게 사회를 잘 조직할 수 있느냐의 문제에 (즉 사회적 접근) 각각 강점이 있다고 할 수 있다. 또는 유가에게서는 어떻게 참된 인간성의 감정을 실현하느냐의 문제가 중요하고, 묵가에게서는 사회적 정의(의義)가 무엇이냐의 문제가 중요했다고 할 수 있다.

이러한 과정을 통해 본론에서 끄집어낸 결론은 묵가의 겸애와 유가의 인의 차이는 서구윤리학의 보편주의universalism과 개별주의particularism, 즉 보편적 덕목인 정의justice와 개별적 덕목인 충성loyalty 간의 충돌상황과 유사하다는 것이다. 서구의 저명한 법철학자이자 윤리학자이며 개별주의자인 누스바움Martha C. Nussbaum은 충성과 같은 개별적 덕목은 더 이상 정의와 같은 보편적 덕목과 충돌되는 것이 아니고, 오히려 그런 보편적 덕목을 더욱 강화시키는 위상을 가지고 있다고 주상한다. 이러한 누스바움의 주장은 바로 유가가 이미 2500년 전에 말하던 것과 정확히 일치한다. 따라서 묵가의 겸애는 바로 이런 개별주의자의 입장과 맞서는 보편주의자의 입장으로 이해되어야 한다. 즉, 서구의 보편주의자들이 말하는 추상적 정의가 일차적으로 묵가의 겸애, 즉 무차별적 사랑일 것이다. 그러나 묵가는 좀 더 문제를 치밀하게 파고 들어가 이러한 무차별의 이상이 현실에 옮겨질 경우에는 차별이 나타날 수밖에 없음을 인정한다. 그러니 겸애는 두 가지 차원이 있다. 그 이념적 차원과 실제적 차원의 두 가지 이다. 바로 이런 이해를 바탕으로 기존의 겸애에 대한 두 가지 해석, 즉 무차별애love without distinction로서의 겸애와 통합적 보살핌inclusive care 간의 갈등을 이념과 실제는 물론이고 동아시아의 체와 용, 이기론에서의 불상잡과 불상리 등의 개념자원을 이용하여 조화롭게 해명해 보았다.

　본문에서 충분히 다루지는 못했지만, 인과 겸애의 문제는 서구 전통에서의 자유와 평등의 조화 문제에도 시사점을 줄 수가 있다고 생각한다. 서구 전통에서 자유는 자칫하면 개인주의 나아가 이기주의의 폐해를 줄 수 있는데, 이러한 단점을 보완하기 위해서 서구 전통에서는 평등의 가치가 자유의 가치와 함께 선양되어야 한다고 주장한다. 반면, 동아시아 전통에서는 비록 자유의 개념에 해당하는 가치는 찾기 힘들지만, 적어도 평등에 해당하는 가치는 겸애나 박애와 같은 주장에서 많이 발견할 수 있다. 그러한 평등의 가치를 배경에 깔고 우리가 주목하는 것이 인仁이나 예禮이다. 인이나 예는 겸애나 박애보다는 차이에 주목하면서도 평등을 지향하는 가치체계이다. 다시 말해 겸애가 가지고 있지 않은 개성과 차별성을 인과 예는 풍부하게 가지고 있는 점이 하나의 장점으로 내세울 수 있을 것이다. 인은 특히 겸애와의 비교 속에서 이런 측면이 발전되어 왔다고 생각한다.

　묵가의 겸애가 이념과 실제의 두 측면을 아울러 갖고 있다고 해서, 묵가가 보편적 이념을 중시했다는 사실을 가벼이 생각해서는 안 된다. 사실 묵가의 묵가 됨은 바로 그 보편성에 있는 것이지, 현실과의 타협에 있는 것이 아니다. 인이 예를 넘어서지 못하고 구체적 가치에 머문 반면 겸애는 예를 넘어서는 보편적 가치의 측면을 가지고 있다. 보편적 가치란 그 무조건성 때문에 그 타협 불가능성 때문에 존재의 의가 있는 것이다. 동아시아 가치 중에서 이 만큼 보편적 가치의 독자적 의의를 강조한 사상이 어디에 있을까? 서구의 무조건적 인권개념, 의무개념에 버금가는 보편적 가치로서의 겸애의 의미가 물어져야 한다.

이 책에서 또한 강조한 것은 단순히 겸애와 인의 비교뿐만이 아니고, 또한 묵가가 겸애를 옹호하는 가운데에서 행사한 방법론이었다. 이것은 아마도 유가의 인은 물론이고 동아시아 철학의 방법론으로 제안될 수 있으리라고 본다. 묵가, 특히 후기 묵가는 겸애가 어떻게 논리적으로 옹호될 수 있는지를 보이려고 노력했다. 또한 후기 묵가는 '도적을 사랑하는 것은 사람을 사랑하는 것이 아니다'와 '노예를 사랑하는 것은 사람을 사랑하는 것이다'의 두 주장을 통해, 묵가의 겸애가 무엇을 의미하는지를 잘 보여주었다. 흔히들 후기묵가에서 드러난 이 문제는 의무론이나 결과주의와 같은 보편성의 이론들에 입각해서 해결을 하려고 하나, 내가 지적한 것은 이러한 틀이 후기묵가의 경우에는 딱 들어맞지 않는다는 것이다. 내가 주목한 것은 '애도愛盜'(도적을 사랑한다), '애인愛人'(사람을 사랑한다), '애장愛臧'(노예를 사랑한다)과 같은 표현의 지칭범위를 정하는 데 있어서, 단순히 서구의 '모든'all이나 '약간'some의 양가적 양화논리에 의하지 않고, 이른바 제 삼의 가치인 '명사의 총칭적 사용'the generic use of nouns 혹은 '총칭사'generics의 논리에 의거하는 것이다. 고전 중국어의 명사는 관사가 없고, 복수형이 없다는 점에서 그동안 물질명사mass noun로 비견되어 왔지만[6] 나는 보통명사가 때로는 총칭적으로 사용된다는 최근의 언어철학, 의미론의 성과를 이용하여 이를 고전 중국의미론, 중국논리학에 적용해 보았다.[7]

후기묵가는 또한 이러한 논리방식과 별도로 또한 특유의 의도 공리주의를 사용하여 겸애 주장을 옹호한다. 의도 공리주의는 묵가의 특유한 공리주의로 내가 생각한 용어이다. 이에 따르면, 의로움이란 '이로움을 주려는 동기와 능력'에 있는 것이지, 실제로 이로움을 반드시 동반하는 것은 아니란 것이다. 이러한 묵가의 의도 공리주의는 서구의 결과론적 공리주의와는 차이가 있다고 하겠다. 묵가의 의도적 공리주의는 또한 단순히 의義와 이利를 동일시하는 것이 아니라고 한다. 그들에게 있어서 이利는 의義의 필요조건이고, 이런 점에서 제일 핵심적인 것이지만, 이利가 의義가 되기 위해서는 아마도 삼표 중의 다른 두 기준 즉 역사적 전거인 본本과 사람들의 경험적 상식인 원原이 보강되어야 할 것이다. 이것이 아마도 효가 단순히 이익을 주기 때문에 이로운 것이 아니고, 그 자체가 이롭다는 생각의 기저에 깔려 있는 것이 아닐까 한다. 하여간, 후기묵가는 겸애가 실제 모든 사람에게 이로움을 주지는 않아도, 그 의도와 능력에 있어서 모든 사람을 사랑하는

---

6. cf. Chad Hansen, Language and Logic in Ancient China, Ann Arbor: University of Michigan Press, 1983.

7. 물질사mass terms와 총칭사generics의 구분에 대해서는 Francis Jeffry Pelletier ed., Kinds, Things, and Stuff: Mass Terms and Generics, New York: Oxford University Press, 2010 참조.

의도와 능력을 보여준다면 성립되는 미덕임을 드러내려고 하였다.

유가의 인은 이처럼 묵가의 겸애의 영향을 받아, 더욱 이성적으로 발전하였다. 인의 이성적 성격이 보다 확연히 드러나는 것은 신유학에서의 인개념일 것이다. 특히 정이천과 주희는 인은 본성이고 원리인 반면, 사랑愛은 그러한 원리가 발현되는 감정이라고 함으로써, 인의 이성적 성격을 분명히 하였다. 인의 감성적 성격은 신유학의 또 다른 주장 즉 형이상학적 주장인 만물일체론萬物一體論에서 드러난다.[8] 장재, 정호, 왕양명 등은 이러한 만물일체를 주장하면서, 신유학의 이성주의를 경계했던 것이다. 흥미롭게도 이성주의를 따르는 주자학자의 양명학자에 대한 우려는 주관주의였고, 감성주의를 따르는 양명학자의 주자학자에 대한 우려는 이성주의가 가지는 무기력, 언행불일치였다. 이것은 정확하게 묵가와 유가가 논쟁 중에 각각 상대의 감성주의와 이성주의에 대한 우려와 일치한다. 그러나 나는 주자학자들이 단순히 양명학자들과 차이가 나는 이성주의자들이 아니고, 그들에게서는 원리에 대한 강조만큼이나 만물일체 내지 생생生生의 작용에 주목한 사실을 높이 평가한다. 그들은 적어도 양명학자들에게는 분명하지 않은 원리와 작용 혹은 체體와 용用의 적절한 구분과 통합이 명확히 제시되고 있다. 이것은 사실상의 인과 겸애에 대한 통합이라고 생각한다. 결국, 유가의 인仁 개념의 역사적 전개는 묵가의 겸애설이 유

---

8. 물론 만물일체론을 보편주의와 연결시켜서 이성주의적 성격으로 바라볼 수도 있지만, 여기서는 만물일체의 형이상학적 주장과 연계된 직관주의, 감성주의에 주목한다. 이러한 직관주의적, 감성주의적 만물일체론은 사물에까지도 관심을 가지는 일종의 생태주의적 사고라고 볼 수 있다.

가의 인설仁說의 발전과정에 실제로 적지 않은 역할을 하였음을 보여

준다고 하겠다.

참고문헌

『논어』
『논어집주』.
『대학공의』
『맹자』
『맹자정의』
『맹자집주』
『묵자』
『여씨춘추』
『율곡전서』
『장자』
『정몽』
『朱子語類』
『춘추번로』

강진석, 「關於"忠恕"的視角和解釋之探討」, 『國際中國學硏究』, Vol. 15, 2012.
郭沫若, 郭沫若全集, Vol. 2, 北京: 人民出版社, 1982.
그레이엄 앤거스, 『도의 논쟁자들: 중국 고대철학 논쟁』, 나성 옮김, 서울: 새물결, 2001.

김도일, 「맹자의 감정모형: 측은지심은 왜 겸애와 다른가?」, 『동아문화』41, 2003.

김명석, 「호오개념의 도덕심리학적 분석-『논어』에 보이는 도덕적 앎과 실천의 관계문제를 중심으로-」, 『동양철학』31집, 2009.

김비환, 「유교민주주의에 있어서 유교, 자유주의 그리고 가치다원주의」, 『유교문화연구』제1집, 2000.12.

김영건, 「모종삼의 도덕적 형이상학과 칸트」, 『신학과 철학』, 서강대 신학연구소, 2004.

_____, 「도둑을 죽이는 것은 사람을 죽이는 것이 아니다」, 『철학논집』32, (2013): 93-122.

김충렬, 「'충서' 덕목의 비판적 이해와 선양」, 『과학사상』No.23, 1997.

남경희, 『말의 질서와 국가』, 이화여대출판부, 1997.

노사광, 『중국철학사』고대편, 정인재 역, 서울: 탐구당, 1986.

니비슨, 데이비드 S., 『유학의 갈림길』, 김민철 옮김, 철학과 현실사, 1996.

戴卡琳, 「『墨子·兼愛』上, 中, 下篇是關於兼愛嗎? -"愛"範圍的不斷擴大」, 墨子 2011年國際研討會論文集, 中國·包頭, 2011.08. 60-72.

渡邊卓, 『古代中國思想の研究』, 동경: 창문사, 1973.

罗祥相, 「釋"忠恕"与"一貫"」, 『孔子研究』, 2012.

랠프 워커, 『칸트-칸트와 도덕법칙』, 이상헌 옮김, 궁리, 1999.

뤄양, 「孔子忠恕思想考論」, 『동서사상』제6집, 2009.

매킨타이어, 『윤리의 역사, 도덕의 이론』, A. 매킨타이어 지음; 김민철 옮김.

牟宗三, 『심체와 성체』, 양승무, 천병돈 옮김, 예문서원, 1998.

_____, 『現象與物自身』, 臺灣: 學生書局, 1984.

_____, 『政道與治道』, 牟宗三全集10, 臺灣: 學生書局.

_____, 『中國哲學十九講』, 牟宗三全集29, 臺灣: 學生書局.

_____, 『중국철학특강』, 정인재, 정병석 공역, 형설출판사, 1985.

문병도, 「孔孟의 恕의 도덕 판단 방법론에 관한 소고」, 『동양철학』 제8 집, 1997.

_____, 김형철, 「儒家와 칸트의 도덕판단 방법론 비교연구」, 『철학』, 2003.

卜师霞, 「孔子忠恕思想的内涵」, 『孔子研究』, 2007.

徐向東, 『自我, 他人與道德– 道德哲學導論』, 下冊, 北京: 商務印書館, 2007.

신정근, 「선진시대 초기 문헌의 인의 의미」, 『동양철학연구』, 31집, 2002.

安晋军, 「儒家忠恕的实践难点剖析」, 『学理论』, 2009.

안효성, 「일이관지(一以貫之)에 대한 새로운 고찰 –충서(忠恕)에서 서(恕)로」, 『중국철학』 12권, 2004.

왕양명, 『전습록』 I, II, 정인재·한정길 역주, 서울: 청계출판사, 2004.

王汉苗, 『儒家恕道思想研究』, 曲阜师范大学博士論文, 2010.

王希, 「孔子忠恕思想浅析」, 『宜宾学院学报』, 2006.

유동환, 「현대신유가의 유가심성론 재건에 대한 시론적 연구」, 『현대신유학 연구』, 동녘, 1994.

유흔우, 「초순 논어통석의 연구– 일관충서에 대한 해석을 중심으로」, 『공자학』 제5호, 1999.

이상익, 「유교의 忠恕論과 自由主義」, 『철학』, 2004.

이철승, 「유가철학에 나타난 충서(忠恕)관의 논리 구조와 현실적 의미」, 『中國學報』 Vol. 58, 2008.

이택후, 『중국고대사상사론』, 정병석 옮김, 한길사, 2005.

임마누엘 칸트, 『윤리형이상학 정초』, 백종현 옮김, 아카넷, 2005.

张吉勇, 「中国人人际交往中"忠恕"之道的心理学分析」, 『社会科学论坛(学术研究卷)』, 2008.

张师伟, 「孔子"仁"与墨子"兼爱"比较」, 2008.

张之沧, 「从"仁"何以到"为人民服务"?」, 『江苏教育学院学报(社会科学版)』, 2005.

張踐, 「忠恕之道的現代價值」, 『學術界』, 2004.

程顥, 程頤, 『二程集』, 제1책, 臺北: 漢京文化事業有限公司, 1983.

정재현, 「중국적 세계' (천하) 질서의 성격」, 『철학』 제57집, 한국철학회, 1998.

_____, 「夷之는 二本인가?: 『맹자』 「등문공상」 5장을 중심으로」, 『중국학보』 58, 2008.

_____, 「유교 인륜도덕의 보편화 가능성 문제」, 『유교사상연구』, 31호, 2008.

_____, 『묵가사상의 철학적 탐구』, 서울: 서강대학교출판부, 2012.

_____, 「유학에 있어서의 도의 추구와 행복 – 선진 유가를 중심으로」, 『철학논집』 42, 서강대철학연구소, 2015.

_____, 「맹자와 묵자에 있어서의 私欲의 조정혹은 극복의 문제– '수양'과 '지성의 운용'–」 『철학논집』 46, 서강대철학연구소, 2016.

정종모, 「소수자 담론으로서 유학의 가능성: 강유위 『대동서』를 중심으로」, 『중국학보』 83, 2018.

주희, 『대학·중용집주』, 성백효 역주, 전통문화연구회, 1998.

_____, 『인설』, 임헌규 옮김, 서울: 책세상, 2003.

지준호, 「서와 유가의 실천윤리」, 『한국철학논집』 제19집, 한국철학사연구회, 2006.

陳桂蓉, 「儒學恕道的現代價值探微」, 『福建師範大學學報』, 1999.

채인후, 『순자의 철학』, 천병돈 옮김, 서울: 예문서원, 2000.

하치야 구니오, 『중국사상이란 무엇인가』, 한예원 옮김, 서울: 학고재, 1999.

황경식, 『덕윤리의 현대적 의의』, 서울: 아카넷, 2012

黃順力, 「池田大作的和平思想与孔墨学说」, 『厦门大学学报(哲学社会科学版)』, 2005.

Angle, Stephen C., "Virtue Ethics, the Rule of Law, and the Need for Self—Restriction" in Brian Bruya, The Philosophical Challenge from China, MIT Press, 2015.

_____, Sages and Self—Restriction: A Response to Joseph Chan in Philosophy East and West, 64/3, 2014.

_____, "Is Conscientiousness a Virtue? Confucian Answers," Virtue Ethics and Confucianism, ed. by Stephen C. Angle and Michael Slote, New York: Routledge, 2013.

_____, Contemporary Confucian Political Philosophy, Malden: Polit Press, 2012.

Anscombe, G. E. M., "Modern Moral Philosophy" Philosophy 33, 1958.

Aritotle, Nicomachean Ethics.

Brewer—Davis, Nina, "Loving Relationships and Conflicts with Morality," Dialogue, 52/02, 2013.

Joseph Chan, ""Self—Restriction" and the Confucian Case for Democracy," in Philosophy East and West, 64/3, 2014.

_____ Reply to Stephen C. Angle in Philosophy East and West, 64/3, 2014.

Chan, Wing—tsit, "The Evolution of Confucian Concept Jen," Philosophy East and West, 4/4, 1955.

Chiu, Wai Wai, "Assessment of Li 利 in the Mencius and the Mozi" Dao, 13, 2014.

Cua, A. S., Ethical Argumentation: A Study in Hsun Tzu's Moral Epistemology, Honolulu: University of Hawaii Press, 1985.

Defoort, Carine ""The Growing Scope of 'Jian 兼': Differences Between Chapters 14, 15 and 16 of the Mozi." in Oriens Extremus 45, 2005/6.

Fingarette, Herbert, Confucius: The Secular as Sacred, New York:

Harper Torchbooks, 1972.

_____, "Following the One Thread of the Analects," Journal of the American Academy of Religion Thematic Issues S, 1980.

Fraser, Chris, "Mohism." The Stanford Encyclopedia of Philosophy. Fall 2012 Edition. Edward N.Zalta ed. URL = http://plato. stanford.edu/archives/fall2012/entries/mohism/

_____, The Philosophy of the Mozi, New York: Columbia University Press, 2016.

Fung Yu-lan, A History of Chinese Philosophy, Vol. 2: Princeton: Princeton University Press, 1983.

Graham, A. C., Later Mohist Logic, Ethics and Science, Hong Kong: The Chinese University of Hong Kong, 1978.

_____, Disputers of the Tao, La Salle: Open Court, 1989.

Hansen, Chad, Language and Logic in Ancient China, Ann Arbor: University of Michigan Press, 1983.

Ivanhoe, Philip J., "The Golden Rule in the Analects, in David Jones,"Confucius Now: Contemporary Encounters with the Analects. Chicago: Open Court Press, 2008.

_____, "Reweaving the One Thread of the Analects," Philosophy East and West 40:1, 1990.

Im, Manyul, "Action, Emotion, and Inference in Mencius," Journal of Chinese Philosophy 29/2, June 2002.

Kant, Immanuel, Critique of Pure Reason, tr. Paul Guyer and Allen W. Wood, New York: Cambridge University Press, 1998.

Kim, Myeong-seok, "Is there No Distinction between Reason and Emotion in Mengzi,"in Philosophy East and West 64/1, 2014.

_____, "The Meaning of "Love" (Ai) in the Analects," Sungkyun Journal of East Asian Studies Vol.14 No.2, 2014.

_____, Choice, "Freedom, and Responsibility in Ancient Chinese Confucianism," Philosophy East and West, 63/1, 2013.

_____, "Emotion and Judgment: Two Roots of Moral Motivation in Mengzĭ," unpublished manuscript.

Kim, Sungmoon, "Confucian Constitutionalism: Mencius and Xunzi on Virtue, Ritual and Royal Transmission," Review of Politics 73/3, 2011.

_____, "Before and after Ritual: Two Accounts of Li as Virtue in Early Confucianism" Sophia 2012.

Kupperman, Joel J., Learning from Asian Philosophy, New York: Oxford University Press, 1999.

Leslie, Sara−Jane, "Concepts, Analysis, Generics, and the Canberra Plan," (with M.Johnston) Philosophical Perspectives 26, 2012.

Levenson, Joseph Richmond, Confucian China and its modern fate: A Triology, Berkeley: Univ. of California Press, 1965.

Liu Xiusheng (ed), Essays on the Moral Philosophy of Mengzi, Indianapolis, Hackett Publishing Company, 2002.

Loy Hui−chieh, "On the Argument for Jianai," Dao, 2013. 12.

McLeod, Alexus, "Ren as a communal property in the Analects," Philosophy East & West, 62/4, 2012.

Munro, Donald J., The Concept of Man in Early China, Stanford Univ Press, 1969.

Nivison, David S., The Ways of Confucianism, La Salle: Open Court, 1996.

Noddings, Nel., Caring: A Relational Approach to Ethics and Moral Education,Berkeley: University of California Press, 2013.

Paton, H. J., The Moral Law, London: Hutchinson University Library, 1965.

Pelletier, Francis Jeffry ed., Kinds, Things, and Stuff, Mass Terms and Generics, New York: Oxford University Press, 2010.

Robins, Dan, "Mohist Care," Philosophy East and West, 62/1, January 2012.

Shun, Kwong-Loi, Mencius and Early Chinese Thought, Stanford: Stanford Univ.Press, 1997.

Singer, Peter, "Ethics", Encyclopedia Britannica Online, Web. 6 Apr. 2010.

Slingerland, Edward, Confucius-Analects with Sellections From Traditional Commentaries, Indianapolis, Hackett Publishing Company, Inc. 2003.

Snow, Nancy E. ed., The Oxford Handbook of Virtue, New York: Oxford University Press, 2018, p.1.

Tiles, J. E., Moral Measures: An Introduction to Ethics West and East, New York: Routledge, 2000

Van Norden, Bryan W., Confucius and the Analects, New York: Oxford University Press, 2002.

_____, Virtue Ethics and Consequentialism in Early Chinese Philosophy, New YorK: Cambridge University Press, 2007.

Wong, David B., "Universalism Versus Love with Distinctions" Journal of Chinese Philosophy 16, 1989.

Yi, Byeong-uk, "Articles and Bare Nominals" in http://individual. utoronto.ca/ byeonguk/Articles%20&%20bare%20nominals.pdf.

Yoon, Youngeun, "Total and Partial Predicates and the Weak and Strong Interpretations," Natural Language Semantics 4, 1996.